网络营销 复合型人才培养系列

INTERNET MARKETING

电商运营与营销

从入门到精通 微课版

刘喜咏 纪伟娟 顾孔平 / 主编

谢爱平 金珊 / 副主编

人民邮电出版社

北京

图书在版编目（CIP）数据

电商运营与营销：从入门到精通：微课版 / 刘喜
咏，纪伟娟，顾孔平主编. -- 北京：人民邮电出版社，
2019.1（2021.5重印）
　（网络营销复合型人才培养系列）
　ISBN 978-7-115-50107-3

　Ⅰ．①电… Ⅱ．①刘… ②纪… ③顾… Ⅲ．①电子商
务－商业经营②网络营销 Ⅳ．①F713.365

　中国版本图书馆CIP数据核字(2018)第260118号

内 容 提 要

　　在电子商务市场竞争越来越激烈的环境下，运营与营销是保证电商企业正常发展的基本条件。本书从电商运营和营销的角度出发，介绍了电商运营和营销的基础知识、店铺规划、直通车引流、钻展推广、活动营销、内容营销、渠道营销、数据分析、店铺优化、移动电商和跨境电商等时下流行的运营与营销知识，帮助电商从业人员更好地管理和发展店铺，让店铺获得更多的竞争优势，成为电商市场中的常青树。

　　本书以电商运营与营销为写作导向，可作为高等院校电子商务专业的"电商运营与营销"方向的专业教材，也可作为各类电子商务培训机构的培训用书和从事电子商务相关人员的工作参考书。

　◆ 主　　编　刘喜咏　纪伟娟　顾孔平
　　　副 主 编　谢爱平　金　珊
　　　责任编辑　刘　尉
　　　责任印制　焦志炜
　◆ 人民邮电出版社出版发行　　北京市丰台区成寿寺路 11 号
　　　邮编　100164　　电子邮件　315@ptpress.com.cn
　　　网址　http://www.ptpress.com.cn
　　　北京市艺辉印刷有限公司印刷
　◆ 开本：700×1000　1/16
　　　印张：18　　　　　　　　　　　2019 年 1 月第 1 版
　　　字数：340 千字　　　　　　　　2021 年 5 月北京第 6 次印刷

定价：52.00 元

读者服务热线：(010)81055256　印装质量热线：(010)81055316
反盗版热线：(010)81055315
广告经营许可证：京东市监广登字 20170147 号

前言
PREFACE

在互联网快速发展与信息技术的推动下，电子商务的发展越来越迅速，竞争也越来越激烈。电商市场的消费者拥有越来越多的信息获取渠道与方式，商家逐渐变得被动。此时，如何将产品更好地推销出去，让消费者接受并主动传播，吸引更多的客户，成为商家竞争的关键。而且，电子商务市场所涉及的领域越来越广泛，如何在新的市场，如移动电商、跨境电商等重要的电商领域中发挥自己的优势也是电商商家需要迫切考虑的问题。

大多数电商商家可能意识到了市场的变化，但由于思路与运营方法的局限性，不能很好地运用新的营销手段来运营店铺，店铺收益大不如前。造成这种结果的原因主要是运营与营销人才的缺失，没有及时运用最新的营销策略。本书从电商运营与营销的角度出发，系统全面地介绍了当前电商市场环境下的运营与营销方法，帮助电商商家和从业人员不断升级自己的技能，提高自身和企业的综合竞争力。

本书内容

本书共有11章，每章内容都十分重要，读者在学习过程中要循序渐进，注重理论与实践结合，以便更好地掌握本书所述的内容，以下为本书思维导图，可参考学习。

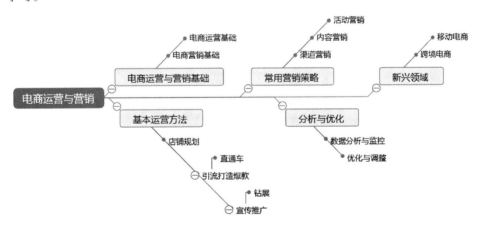

本书特色

作为电商运营与营销的专业教材，与目前市场上的其他同类教材相比，本书具有以下特点。

（1）案例丰富。本书每个章节均以案例导入的方式引导读者进行学习，并在介绍相关知识的过程中穿插对应的案例。案例以文字或图片的形式进行展示，具有较强的可读性和参考性，可以帮助读者快速理解与掌握相关内容，加深对知识的理解。

（2）理论与实践结合。本书在讲解理论知识的同时，在每节后均设置"任务实训及考核"栏目，帮助读者在学习完知识后迅速实践，加强记忆与运用效果。

（3）资源丰富。本书将需要重点讲解的内容做成附赠资源，读者可扫码学习，本书还提供PPT课件、教学大纲等相关教学资源，优化教学效果。

本书由黄冈职业技术学院刘喜咏、江苏联合职业技术学院武进分院纪伟娟、恩施职业技术学院顾孔平任主编，湖北科技职业学院谢爱平、常州科技经贸技工学校金珊任副主编。第1章、第2章、第4章由刘喜咏编写，第3章、第5章、第8章由纪伟娟编写，第6章、第9章、第11章由顾孔平编写，第7章由谢爱平编写，第10章由金珊编写。

本书在编写过程中，参考了文案写作的同类书籍和相关资料，在此谨向这些资料的作者致以诚挚的谢意。由于时间仓促和作者水平有限，书中难免存在不足之处，欢迎广大读者、专家给予批评指正。

编　者

2018年6月

目录

CONTENTS

第 8 章 数据分析，诊断运营情况.....183

第 1 章

电商运营与营销基础

学习目标

　　随着互联网的快速发展，电子商务快速兴起并蓬勃发展，其中运营与营销成为支撑电商发展的关键。它们通过各项运营计划与营销手段来推广产品、留住客户、优化企业运营模式，是电商企业成功经营的基础。本章先介绍电子商务的基础知识，再对电商运营与营销的相关知识进行介绍。

学习导图

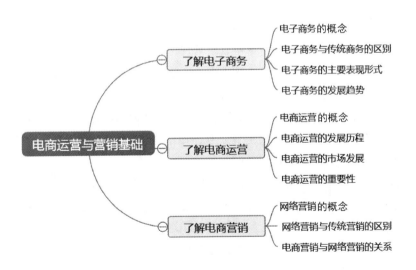

案例导入

　　2012年的"双十一"，上线仅4个多月的三只松鼠旗舰店当日成交额就达到766万元，一举夺得零食/坚果/特产类目第一名，创造了中国食品电商的奇迹，也奠定了三只松鼠在互联网食品品牌中的领头羊地位。2013年的"双十一"，三只松鼠旗舰店单日销售额达3 562万元，连续两年蝉联食品电商行业冠军。2014年"双十一"销售达1.2亿元；2015年"双十一"销售额达2.66亿元，全年销售额破25亿元；2016年"双十一"仅28分40秒销售额就破亿元，全天销售额达5.08亿元。三只松鼠每年都在刷新自己的销售业绩，连续5年全网食品销售第一，从一个名不见经传的"小卒"摇身一变成为互联网食品的品牌大咖。

　　三只松鼠之所以能有如此快速的发展，除了其精准的市场定位和发展策略外，还依赖于其高超的运营与营销手段。三只松鼠在创业之初采取低价策略、用户体验至上策略和对话式影响策略快速成长起来。他们主推坚果、干果系列的产品，十分注重用户的体验，推出"一对一"的服务，在每一个购买的商品包装箱上都会贴上一段给快递的话语"快递叔叔我要到主人那了，你一定要轻拿轻放哦，如果你需要的话也可以直接购买"，并且在每个包装箱中都配备了果壳袋、开壳器和封口夹，为消费者提供更加便捷的消费服务。

　　凡是在三只松鼠购物的用户都不难发现，他们的每款产品都配有精心设计的故事和图片，他们通过精美的文字和故事吸引消费者的注意力，通过故事来传播自己的品牌文化，使消费者产生认同感，并加强自己的品牌竞争优势。

　　除此之外，三只松鼠也没有忽略目前最流行的各种电商营销手段。其中最重要的就是微博、微信的互动。三只松鼠成立了自己的微博账号，且打造了一个松鼠家族体系，包括松鼠老爹、松鼠小贼、松鼠小美、松鼠小酷、松鼠服务中心等"成员"，通过"成员"与粉丝之间沟通互动，扩大自己的忠实粉丝群体。同时，当有活动时，三只松鼠还会联合各大电商账号，如1号店、京东、天猫等，然后通过这些账号发布广告吸引更多的粉丝。

　　微信是目前的重要营销平台，三只松鼠也开通了自己的官方订阅号及公众号，通过推送产品信息、优惠信息、抽奖活动等来引发消费者的热情，为店铺引流并持续增加人气。

　　在这些运营与营销手段的支持下，三只松鼠很快发展起来，并成为坚果类目的第一名。三只松鼠的快速发展让投资者看到了他们的实力，2015年，三只松鼠获得第四轮融资，总金额达3亿元，三只松鼠估值40亿元。

　　三只松鼠没有采取传统的电视广告等营销方式进行宣传，但却达到了比传统营销方式更好的效果，其传播的速度之快，范围之广、影响的人群之大远远超出了人们的想象，电商营销是电子商务环境下特有的营销方式。

【思考】

（1）什么是电子商务？电子商务目前的发展趋势是怎样的？

（2）什么是运营与营销？运营和营销包含哪些方式？

1.1　了解电子商务

随着互联网技术的成熟与经济的不断发展，电子商务也蓬勃发展起来，逐渐成为当前商务活动中的主流形态。电子商务的发展与应用极大地改变了人们的生活方式，成为人们日常生活中密不可分的一部分，如在线购物，水费、电费缴纳，车票和机票预订等。

课堂讨论

针对下列问题展开讨论：

（1）周末加班没有时间外出购物该怎么办？

（2）在外地出差突然收到紧急通知要往回赶，来不及去车站买票该怎么办？

电子商务是21世纪新经济发展的重要方向，了解并熟悉电子商务能够帮助我们更好掌握电商运营与营销的发展新趋势。本节将介绍电子商务的基础知识，包括电子商务的概念、电子商务与传统商务的区别、电子商务的主要表现形式、电子商务的发展趋势等内容，帮助读者快速了解电子商务。

1.1.1　电子商务的概念

在中国电子商务协会发布的《中国电子商务发展分析报告》中将电子商务定义为：电子商务是以电子形式进行的商务活动。它在供应商、消费者、政府机构和其他业务伙伴之间通过电子方式，如电子函件、报文、互联网技术、智能卡、电子资金转账、电子数据交换和数据自动采集技术等，实现非结构化或结构化的商务信息的共享，以管理和执行商业、行政和消费活动中的交易。

简单来说，可以将电子商务看作是利用互联网及现代通信技术进行任何形式的商务运作、管理或信息交换，包括企业内部的协调与沟通、企业之间的合作以及网上交易等内容。

电子商务的特点

1.1.2 电子商务与传统商务的区别

电子商务与传统商务可以从运作过程、商品流转机制以及地域范围和商品范围三方面来进行区别。

1．运作过程的区别

电子商务和传统商务的交易过程中的实务操作都是由交易前的准备、贸易磋商、合同与执行、支付与结算等环节组成的，但其交易具体适用的运作方法却是完全不同的。表1-1所示为电子商务与传统商务运作过程的比较。

表1-1 电子商务与传统商务运作过程的比较

运作过程	电子商务	传统商务
交易前的准备（即商品信息的发布、查询和匹配的过程）	交易的供求信息一般通过网络进行获取，可以实现快速和高效的信息沟通	交易双方通过报纸、电视、户外媒体等途径了解有关产品或服务的供需信息，并进行信息的匹配
贸易磋商	交易双方通过网络进行协商，将书面单据变成电子单据，并将其在网络上进行传递	交易双方进行口头协商或书面单据的传递，包括询价单、订购合同、发货单、运输单、发票和验收单等
合同与执行	电子商务环境下的网络协议和电子商务应用系统的功能保证了交易双方所有的交易协商文件的正确性和可靠性，并且在第三方授权的情况下具有法律效力，可以作为在执行过程中解决纠纷的仲裁依据	交易双方必须以书面形式签订具有法律效力的商贸合同
支付与结算	一般采取网上支付的方式，如信用卡、电子现金和电子钱包等方式	一般通过支票和现金两种方式进行支付与结算，其中支票多用于企业间的交易过程

2．商品流转机制的区别

传统商务下的商品流转是一种"间接"的流转机制。制造企业所生产出来的商品大部分都经过一系列的中间商后，才能到达最终用户手中。这种流转机制无形中给商品流通增加了许多环节，也增加了相应的流通、运输和存储费用，加上各个中间商都要获取自己的利润，这样就造成了商品的出厂价与零售价有很大的差价。一些制造企业就采取了直销的方式（把商品直接送到商场销售），这种方式降低了商品的销售价格，深受消费者的欢迎。但是，这并不能给生产企业带来更大的利润，因为直销方式要求制造厂商有许多销售人员经常奔波在各个商场之间。

电子商务的出现使得每一种商品都能够建立最直接的流转渠道，制造商可把商品直接送达用户手中，还能从用户手中得到最有价值的需求信息，实现无障碍的信息交流。

3．地域范围和商品范围的区别

传统商务所涉及的地域范围和商品范围是有限的，而互联网的推广与普及，特别是各类专业网站的出现打破了这一限制，人们可以在任何地方和任何时间进行商务活动。

从某种意义上讲，电子商务其实就是传统商务的发展，电子商务下的客户可能就是传统商务下的客户群，电子商务的物流系统也可以建立在传统商务的物流系统基础上，电子商务是传统商务的一种延伸与升华。

🎓 **专家指导**

> 电子商务中的许多活动都可以沿袭传统商务中的活动方式，并对其加以改进延伸，使之适应新的商务条件。而且，传统商务的已有销售渠道、信息网络等也可为电子商务所用。

1.1.3　电子商务的主要表现形式

 **课堂讨论**

针对以下问题展开讨论：

（1）你在京东商城上买过东西吗？交易流程是什么样的？

（2）你经常在网上团购吗？

（3）你怎样出售自己的闲置物品？

电子商务的交易对象、交易过程、商品交易过程完整程度、适用网络类型和交易地域范围不同，其表现的形式也不相同，主要包括B2C、C2C、C2B、B2B、O2O、B2G和C2G等，下面对主要的几种方式进行介绍。

- **B2C：** B2C（Business to Consumer）是指企业与个人消费者之间进行的商品或服务的交易，即网络零售。这类电子商务基本上表现为在线零售，企业通

过建立自己的网站，推销自己的产品（如食品、汽车等消费品）、服务（远程教育、在线医疗等网络服务）。消费者可以通过访问网上商店浏览商品，进行网上购物或接受服务。近年来，随着互联网的快速发展与全球网民的增多，B2C得到了快速发展。目前典型的B2C电子商务网站有亚马逊、当当网、京东商城和天猫等。

- **C2C：** C2C（Consumer to Consumer）是个人消费者之间通过网络商务平台实现交易的一种电子商务模式。该模式需要能够为买卖双方提供在线交易的平台，在该平台中，卖方可以自行提供商品信息，而买方可以自由选择商品并支付货款。目前，我国主要的C2C电子商务平台有淘宝、拍拍和易趣等，其中淘宝是我国最大的C2C电子商务交易平台，拍拍是京东战略收购的原腾讯电商旗下的业务，易趣主要为海外销售的用户提供交易平台。

- **C2B：** C2B（Consumer to Business）是指从消费者到企业的电子商务，它是互联网经济时代新的商业模式。在C2B模式下，应该先有消费者需求产生而后有企业生产，即消费者向企业提出需求，企业再根据需求组织生产。C2B模式的一般情况是消费者根据自身需求定制产品和价格，或主动参与产品设计、生产和定价。

- **B2B：** B2B（Business to Business）是指企业与企业之间通过互联网或私有网络等现代信息技术手段进行的各种商务活动，如谈判、订货、签约和付款等。

- **O2O：** O2O（Online to Offline）是指将线下的商务机会与互联网结合，让互联网成为线下交易的平台。O2O模式一般通过打折、提供信息和服务预订等方式，把线下商店的消息推送给互联网用户，从而将他们转换为自己的线下客户，适用于需要到店消费的商品和服务，如餐饮、健身、电影和美容美发等。O2O模式增加了实体商家宣传的形式与机会，为线下实体店面降低了营销成本，提高了营销的效率；对于个人用户而言，O2O模式能够通过网络了解商家信息及其提供的活动服务，而且在线购买服务能够获得比线下消费更低的价格。

专家指导

B2G（Business to Government）涵盖了政府与企业间的各项事务，包括政府采购、税收、商检、管理条例发布，以及法规和政策颁布等。C2G（Consumer to Government）涵盖个人与政府之间的若干事务，如个人公积金缴纳、养老金的领取以及个人向政府纳税等。

1.1.4　电子商务的发展趋势

从2006年开始，我国的电子商务发展就相当迅速。到目前为止，已经逐步发展完善，并延伸出越来越多的新领域。电子商务的发展趋势主要表现在以下4个方面。

（1）电子商务平台之间的竞争越来越激烈，电子商务零售化趋势日益明显。电子商务市场日益集中，逐渐出现一种新型的垄断局面。据相关数据统计，2016年10月至2017年9月的十二个月时间，我国网络零售额达到近6.6万亿元，相比上一周期增长38%，是我国电商零售额同期的最高纪录。其中网上零售服务成为增长最快的一个领域，占全部零售额的24.52%。

（2）其他类型的电子商务逐渐发展并开始蓄力，如移动电子商务、生活服务电商、农村电商等。其中农村电商的发展最为突出，农村网民规模逐步扩大，网络普及率逐年上升。截至2016年年底，农村网店达832万家，带动就业人数超过2 000万人。阿里巴巴、京东、苏宁等电商巨头纷纷在农村设立了服务点，快递乡镇网点覆盖率超80%。农村电商是未来一段时间电商的主要发展方向。

（3）海外商品通过电商渠道快速进入中国市场，跨境电商成为中国外贸增长的主要动力。据统计，2017年上半年，中国跨境电商交易规模达3.6万亿元，同比增长30.7%。目前，我国跨境电商的主要出口地为美国、欧盟、东盟；主要出口渠道为亚马逊、阿里全球速卖通。

（4）在互联网和电子商务的普及下，更多的电子商务服务将会出现，仓储物流、生活服务电商、移动电商等都成为热点。

1.1.5　任务实训及考核

根据介绍的相关知识，完成表1-2所示的实训任务。

表1-2　实训任务

序号	任务描述	任务要求
1	在淘宝上浏览商品，并购买	分析淘宝属于哪种电子商务表现形式，并解析其购物流程
2	使用手机订一张电影票	体验移动设备与计算机的不同

填写表1-3的内容并上交，考查对本节知识的掌握程度。

表1-3　任务考核

序号	考核内容	分值（100分）	说明
1	什么是电子商务？什么是B2C电子商务		
2	电子商务的发展趋势如何		

1.2　了解电商运营

　　电商企业要发展离不开运营，运营其实是围绕商品管理而展开的一系列计划、组织、实施和控制，是与产品生产和服务创造密切相关的各项管理工作的总称。但电商运营又与传统的市场运营有所不同，它的发展速度非常快，模式十分丰富，需要更加人性化和精细化的操作方式。本节将对电商运营的相关知识进行介绍，包括电商运营的概念、电商运营的发展历程、电商运营的市场发展、电商运营的重要性等知识。

针对下列问题展开讨论：
　（1）传统的运营方式有哪些？与电商运营相同吗？
　（2）电商运营需要做哪些工作？都要会店铺设计、管理、数据分析吗？

　　电商运营不同于传统的市场运营，通过对电商运营的概念、发展历程、市场发展和重要性等知识的学习，熟悉电商运营的工作范畴，了解其必要性，为后面的运营工作做好准备。

1.2.1　电商运营的概念

　　与传统的市场运营不同，电商运营主要是以数据为导向来指导运营工作的。它通过从数据中挖掘用户的行为模式和潜在需求，优化各种运营策略，促进企业的持续化发展。

你认为电商运营需要做哪些工作？你未来想成为一名怎样的运营人员？

电商运营所涉及的范围非常广，不仅要掌握全面的商品信息，还要根据企业的现状和发展阶段，结合实际情况分析并制订运营方案，维持企业各事项的正常开展。以网店运营为例，其工作范围主要包括以下内容。

- **负责网店的总体运营**：包括组织产品销售、制单、发货、售后等营销工作。
- **监控网店每日的重要数据**：熟悉网店平台的运作规则、市场环境和竞争对手，及时调整运营方向，时刻关注营销数据、交易数据，顾客管理、优化店铺及商品排名数据等。
- **保持网店的正常运作**：负责协调网店各部门工作，如优质顾客服务工作、经营业绩配合工作和日常管理工作等，并促进各部门人员的沟通，负责整个团队的业绩考核工作。
- **促销活动策划**：负责执行与配合相关营销活动，策划店铺促销活动方案。
- **制订销售计划**：带领和管理本团队成员出色完成销售业绩目标。
- **制订网店推广方案与计划**：网店运营过程中，为了尽可能地增加访问量，让更多的买家光临店铺购买商品，以增加盈利，就需要积极制订网店推广方案与计划，并协同团队成员共同完成。

总的来说，电商运营是一个综合技能较强的岗位，需要先研究市场需求，根据市场需求来制订运营计划，从细节出发严格把控全局。电商运营是阶段性的工作，应该按照工作计划来制订阶段目标，如月目标、半年目标、全年目标等，并实时监控目标结果，总结已实现的目标，分析未实现目标的原因，进一步改善并做到更好。

网店运营人员的任职要求

专家指导

电商运营需要具备基本的调研、产品定位、管理分类、开发规划、运营策划、产品管控、数据分析、分析执行及跟进等能力。这些能力也是传统市场运营必须具备的，但与电商运营不同的是，其执行的对象不同。

1.2.2　电商运营的发展历程

电商运营是随着电子商务的快速发展而兴起的，特别是在近20年的时间内，电商运营这个职能也是逐渐演变出来的。

其实，最开始是没有电商运营这个说法的，1994~1997年，在互联网刚刚兴起的时候，"信息"才是人们对互联网最为关注的内容。门户网站和BBS在这个时间

段内开始大量兴起，于是产生了网络编辑和社区管理员这两个工作。其中，网络编辑主要的工作职能是进行内容的采集、编撰和写作；社区管理员则主要是进行帖子的加精、置顶、删帖，以及组织盖楼帖活动。可以说，这个时期的网络编辑和社区管理员就是最接近运营的工种，电商运营也是基于这个基础开始发展起来的。

随着互联网的不断发展与网民的增加，越来越多的商机开始出现，人们开始意识到"流量"对于互联网的重要性。此时，"在线推广"开始出现，其主要工作是进行流量引导和渠道开发。

2001~2005年是电商运营出现的关键时期，此时以淘宝为首的电商开始了在线交易与支付。这些在电商平台上开店的卖家要进行商品的选择、管理、分类，库存的管理、配送，以及维系客户忠诚度等工作。这些工作就构成了电商运营的雏形，运营这个职业开始出现在电商行业中，运营人员主要负责店铺的日常经营活动和销售业绩的提升。

而随着互联网的发展，越来越多的信息和用户加入其中，怎么从众多的网站信息中精确查找到自己需要的信息成为人们关注的重点。此时流量入口成为各大互联网企业争夺的重点，谁能获得更多的点击量和曝光率，谁就能更快速地推广产品，此时开始演化出了SEO（搜索引擎优化）和SEM（搜索引擎营销）。而论坛、网站、QQ等众多平台也开始加入了流量集合的舞台，围绕如何获取更有效的流量并降低流量成本而出现了"流量运营"的工种。

随着"流量运营"的出现，原本的网络编辑开始被称为"内容运营"，社区管理开始被称为"社区运营"，越来越多的与电商行业相关的工种开始与"运营"挂钩。相应地，这些"运营"的工作重心也向着流量与展现开始倾斜，开始考虑如何才能与其他平台更好地合作，怎么才能更好地管理和维护用户关系等。这些岗位需要越来越多的技能和专业知识，所涉及的工作不再单一，此时"运营"就成为对包括编辑、策划、网络推广等一系列工作的统称。

1.2.3　电商运营的市场发展

据中国电子商务研究中心监测数据显示，截至2016年12月，中国电子商务交易额为22.97万亿元，同比增长25.5%。如图1-1所示。其中，B2B市场交易规模为16.7万亿元，网络零售市场交易规模为5.3万亿元，生活服务O2O交易规模为9700亿元。从图1-1中可以看到电子商务的交易规模在逐年上升。这说明电子商务行业仍然处于不断上升的发展阶段，越来越多的人加入电商行业，电商行业的从业人员需求量会越来越大。

图1-1 2011~2016年中国电子商务市场交易规模（数据来源：中国电子商务研究中心）

截至2016年12月，中国电子商务服务企业直接从业人员超过305万人，由电子商务间接带动的就业人数，已超过2240万人，如图1-2所示。报告显示，电商企业对人才的需要以高级综合人才、技术性人才、运营人才为主。在这些企业需求中，电商运营、IT工程师、美工等所占的比重较大，而具有3~5年大型电商企业管理经验，能独立完成企业电商部门或店铺的综合管理的综合性人才是最为稀缺的，电商运营人才就属于这种综合性人才，具有广阔的发展空间，也是未来电商行业更加需求的人才。

图1-2 2011~2016年中国电子商务服务企业从业人员（数据来源：中国电子商务研究中心）

1.2.4　电商运营的重要性

电商运营通过运营人员强烈的责任心、敏锐的市场洞察力和数据分析能力，以各项数据指标来检测企业的运营状况，为企业发展提供强有力的支持，并控制企业成本扩大销售额，是维持企业正常运行的基础。其重要性主要表现在降低仓储成本、提高产品转化率、提升用户黏性以及提升综合竞争力4个方面。

1．降低仓储成本

了解企业存库数据是运营人员的基本要求。在库存基础上为企业生产、销售、计划及物流部门制订流转计划，根据实际的库存量和需求量来调整安全库存界限，保证库存与市场需求相适应，降低企业的采购资金，加快资金周转。

同时，对仓储的包装物进行合理处理，对具有再利用价值的物品采取回收策略；对不能回收的物品进行其他处理，使其产生相应价值。

2．提高产品转化率

企业的盈利是由销售的产品而决定的，而运营可以制订一系列产品推广计划，帮助产品更好地进行销售，形成更多的转化，提高产品的最终收益。在这个过程中，运营人员要先通过分析市场环境、竞争对手、产品自身来找到潜在的真实消费者，然后采取一系列促销、推广活动来刺激消费者消费。为了达到更高的转化效果，运营人还要对各项数据进行分析，改善店铺的装修、产品展示布局，以更有吸引力的方式来促成交易。

3．提升用户黏性

用户是企业发展的基石，电子商务环境下的企业竞争非常激烈，用户品牌忠诚度很容易发生变化，而运营则要尽量挽留企业的客户，加大二次营销的力度，提升用户的黏性，增加企业的忠实客户。忠实客户是为企业带来利益的真正客户，它们认可企业的产品和服务，并充当了口碑营销的传播媒介，为企业带来越来越多的新鲜客户和重复购买。

4．提升综合竞争力

电商运营通过数据分析与表现，对企业的各项计划、安排和经营方式进行调整，能够提升企业的综合竞争力，包括产品竞争力、市场开拓竞争力、商业模式、管理模式、品牌形象等。

1.2.5　任务实训及考核

根据介绍的相关知识，完成表1-4所示的实训任务。

表1-4　实训任务

序号	任务描述	任务要求
1	分析电商运营的工作内容	结合电商市场与工作岗位进行说明
2	分析电商运营的发展	结合电子商务的发展进行说明

填写表1-5的内容并上交，考查对本节知识的掌握程度。

表1-5　任务考核

序号	考核内容	分值（100分）	说明
1	什么是电商运营		
2	电商运营的重要性表现在哪些方面		

 ## 1.3 了解电商营销

营销是指根据市场需要组织生产产品，并通过销售手段把产品提供给需要的客户的过程。电商营销是基于电子商务完成一系列营销环节、实现营销目标的过程。

 课堂讨论

针对下列问题展开讨论：
（1）什么是电商营销？电商营销是网络营销吗？
（2）电商营销与传统营销有什么区别？

电商营销不是网上销售，也不是网站推广，它不限于网上，也不等同于电子商务，它是传统营销理论在电子商务环境中的应用和发展。本节将对电商营销的相关知识进行介绍，为电商运营与营销打好理论基础。

1.3.1　网络营销的概念

网络营销是随着互联网的发展而产生的一种新兴的营销模式，是以现代营销理论为基础，建立在互联网之上，借助于互联网技术和功能来更有效地满足顾客的需求和愿望，从而实现企业营销目标的一种手段。

网络营销是企业整体营销战略的一个组成部分，其目的是实现企业营销目标，

既包括线上销售也包括传统的线下销售。企业在进行网络营销时，不仅需要进行网上推广，在必要时也需要采用传统的营销手段，以提高网上推广的渗透率。也可以理解为网络营销就是借助互联网平台，综合利用多种营销方法、工具和条件，并有效协调它们之间的关系来营造网上经营环境的过程。

传统企业为什么
要介入网络营销

1.3.2　网络营销与传统营销的区别

网络营销是基于计算机网络技术的迅速发展而形成的网络经济的一种营销方式，是一种新的市场营销途径。它与传统营销模式的不同主要表现在以下4个方面。

- **营销理念不同**：传统市场营销的根本目标是通过满足顾客的需求而实现企业价值，是先有顾客需求再有以需求为基础的营销活动，是一种滞后的营销活动。而网络营销可以提供更加直接的企业与顾客的交流方式，及时掌握顾客的需求，并对未来某一段时间内的需求进行预测，与顾客建立一种长期的需求关注和伙伴关系，消费者的角色发生了转变，成为企业营销策略的提供者，体现了顾客至上的理念。
- **营销目标不同**：传统市场营销的核心是产品、价格、渠道和促销策略，注重的是企业利润的最大化。而网络营销的核心是顾客、成本、便利和沟通，强调以顾客为中心，满足顾客需求，为顾客提供更加优质、便利的服务来实现企业价值。
- **营销方式不同**：传统市场营销的推销者主要是销售者自身，这种推销方式常常使企业与顾客之间的关系变得非常僵化，不利于企业的长期发展。而网络营销方式着重强调为顾客提供优质、便利的服务，让顾客在需求的驱动下主动寻找，使企业和顾客变成了一种合作关系，而不再是顾客单向地被动接受。
- **营销媒介不同**：传统市场营销的营销方式主要是营销人员与顾客的直接接触或广告，顾客十分被动。而网络营销以网络为平台，可以通过计算机、手机等网络终端为顾客提供更加便利的服务以实现营销的目的。

1.3.3　电商营销与网络营销的关系

电商营销作用于电子商务环境，而电子商务环境又包含于互联网环境，因此，可以说电商营销是网络营销的一种，它们是一种包含关系。电商营销比网络营销具有更加明确的营销环境，但其营销方法都是类似的，如搜索引擎营销、口碑营销、事件营销、自媒体营销（微信、微博等）、内容营销、电子邮件营销等都是目前较为常见的营销方式。

1.3.4　任务实训及考核

根据介绍的相关知识，完成表1-6所示的实训任务。

表1-6　实训任务

序号	任务描述	任务要求
1	说明电商营销的概念	从营销环境的出发点进行阐述
2	说明网络营销与传统营销的区别	从营销理念、营销目标、营销方式和营销媒介角度阐述

填写表1-7的内容并上交，考查对本节知识的掌握程度。

表1-7　任务考核

序号	考核内容	分值（100分）	说明
1	电商营销可以采取哪些方式进行		
2	电商营销与网络营销相同吗？为什么		

拓展延伸

电商运营与营销是基于电子商务环境，在传统市场运营与营销的基础上衍生出来的新概念，它们是随着电商的兴起而产生的，伴随着企业与电子商务的发展而逐步完善，是符合当前发展环境的运营与营销方式。电商企业要想持续运转，扩大企业规模，了解电商运营与营销的相关知识是非常必要的。除了上面介绍的基础知识外，还应掌握运营与营销的本质区别、传统营销与电商营销的关系。

一、运营与营销有什么区别？

营销的本质是以产品的现有功能为基础，创造新用户。这个创造指的是市场占有率，并不是指产品本身。而创新的过程则是通过赋予产品某种价值，激发现有用户，这种激发是为产品功能服务的；同时也通过一些运营活动来引导用户发现产品功能，收集用户反馈，以改良产品功能。如某个产品，有人因为电视广告购买，有人因为微博推广购买，有人因为他人推荐购买，让用户知道并购买这个产品是营销的功能。而怎么让用户知道产品的功能和用途，同时维护产品，留下客户，并让用

户信任产品，愿意继续使用产品并参与到产品的改良过程，这就是运营的过程。

二、传统营销是不是不适合电商营销？

虽然电子商务环境下的电商营销为传统营销带来了巨大的影响，也有着巨大的优势，但这并不等于电商营销就可以完全取代传统营销。电商营销因为网络普及率、网络固有缺陷等原因，使其不能完全取代传统营销的地位。网络营销与传统营销是互相依赖、互相补充和互相配合的关系，二者充分整合逐渐走向融合，才是未来市场营销的发展方向。

根据传统营销与电商营销的特点，企业在进行营销时，应该根据企业经营目标和细分市场，整合电商营销和传统营销策略，以最低的营销成本实现最佳的营销目标。传统营销与电商营销的融合，就是将网络营销作为企业营销策略的一部分，用电商营销的优点来弥补传统营销固有的不足，使营销策略更加完善，实现以消费者为中心的传播统一性与双向沟通，实现企业的营销目标。

实战与提升

通过本章知识的学习，对下列问题展开讨论与练习，在巩固所学知识的同时，拓展视野，进一步提高自己的能力。

（1）访问淘宝网和京东商城，观察网站的结构并搜索商品，感受电子商务与传统商务的不同。并比较淘宝与京东商城，分别说明它们的优缺点。

提示：从电子商务与传统商务的运作过程进行分析，可从交易前的准备、贸易磋商、合同与执行、支付与结算等角度进行体验。而淘宝与京东商城都是目前引领电子商务发展的重要平台，可以从其表现形式、盈利模式等角度进行对比分析。

（2）举例说明目前电子商务的新技术与发展趋势，并说说你的看法。

提示：电子商务的发展日新月异，可从自身入手，先谈谈自己对电子商务技术的看法，再扩展到其他领域。

（3）谈谈你对电商运营与营销的看法。

提示：可以列举一些具有代表性的案例来进行说明。

第2章

做好店铺规划，提高转化率

学习目标

电商竞争越来越激烈，怎样才能从众多竞争者中脱颖而出，获得更多流量和成交量呢？首先必须做好店铺规划，确定店铺的风格和定位，制订一个明确的店铺经营目标，分析消费者的行为，做好产品的分类与定价。然后进行店铺页面的美化，给消费者留下良好的第一印象。最后还要制订产品的促销策略，吸引更多的消费者进店，刺激他们进行消费，这样才能留住消费者，提高转化率。

学习导图

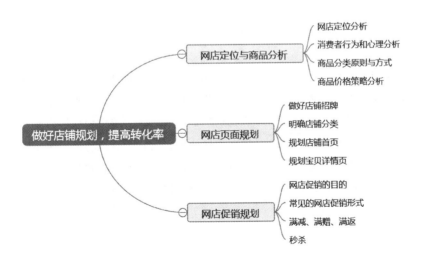

案例导入

　　梁凉是一名电子商务专业的学生，经过两年专业知识的学习，他按捺不住好奇心开始自己创业。他对灯具有一定的了解，也比较喜欢钻研这种产品，因此毫不犹豫地选择了以灯具作为自己的主销产品。然而，梁凉也知道，他只是一个新手卖家，没有雄厚的资金与一线产品能与其他店铺相比，因此他把目标定位于那些靠低价挤入市场的二、三线品牌。

　　梁凉对自己有足够的自信，他的货源由厂家直供，存货充足，信用度高，但由于是个新手，他并没有急着扩大店铺的规模，而是仔细地进行了产品的分类，他将产品分为灯具配件、室内/家具照明、户外/工程照明3大类。为了先让消费者熟悉他的店铺，他选择了一款外形比较别致的室内照明吸顶灯为主推产品，再搭配其他的灯具配件来进行销售；其余的产品则暂时不上架，待店铺有了一些人气后再进行丰富。

　　然后，梁凉开始进行店铺的装修，由于是灯具产品，梁凉特地跑到厂家实拍了生产过程和产品图片，每一张图片都十分清晰，能够让消费者直观地看到产品细节。他请设计专业的同学帮忙设计了一款美观的店招和海报，再按照产品的类别依次陈列产品，使买家一进店就能看到整洁、大方的页面布局。主推产品醒目诱人，极大地刺激了消费者的浏览欲望。当然，宝贝详情页他也没有忽略，针对吸顶灯的特点，从大小、材质、颜色、光源、包装、安装、售后等方面进行了详细说明。

　　这还不够，梁凉知道自己的竞争对手很多，因此他制订了一些促销计划：对首次收藏店铺、关注店铺的消费者发送5元的红包；发放满100元减20元、满300元减60元、满500元减150元的优惠券；开通限时打折活动，消费者在限定时间内购物享受半价优惠。

　　这些促销策略极大地刺激了消费者的热情，为店铺带来了很多流量和转化。经过一段时间的运营，梁凉发现大家对店铺的评价都比较高，这也进一步增强了他继续经营的信心。现在，梁凉的灯具店铺已经是二、三线品牌中的中坚力量了。回忆刚开始开店的那一段时间，梁凉总结之所以能这么快就开店成功，主要是因为自己有一个清晰的规划，做好了网店和产品的定位，明白自己要经营什么产品，知道消费者需要什么样的产品，做好了产品的规划与店铺美化，当然适当的促销策略也是必不可少的。

【思考】

（1）怎么进行网店定位及确定自己的经营方式？

（2）为什么要进行店铺页面规划和美化？哪些地方需要重点关注？

（3）促销手段有哪些？对消费者有什么作用？

2.1 网店定位与商品分析

由于网络技术和实现途径等特殊原因，电子商务市场与传统实体市场的消费者购买行为存在着较大的差异，因此通过对店铺和商品进行定位分析，可以更好地了解不同网络消费者群体的需求情况。

课堂讨论

网上购物，你最关心的是什么？材质、价格、质量，还是售后？如果有两家类似的网店都在销售同一种商品，你怎么来进行选择？

为了更好地理解电子商务市场，对网店的产品、消费者等进行定位，需要先做好网店和消费者的定位分析，这样才能更加贴近消费者的需求，吸引消费者到店铺浏览商品，增加店铺的人气与销量。

2.1.1 网店定位分析

网店定位是指为了寻找目标市场及客户群体，舍弃一些不符合消费者需求的产品，快速占领市场的策略。网店定位有利于有目的的备货、稳定消费群体、扩大消费群体，提升网店的整体竞争力。网店定位分析可以采取传统的市场营销定位方法——3C定位法，即对顾客群（Consumer）、公司/个人（Company/Personal）、竞争对手（Competition）进行定位和分析。

1. 顾客群分析

顾客群即网店的目标消费群体，它们是网店的潜在消费者，是支撑网店运行的基石。但不同消费者的职业、收入水平、性格、年龄、生活习惯和兴趣爱好等不同，其消费行为也不同。因此，要在建店初期做好消费群体的分析，找到符合自己产品定位的消费者，明确哪些消费者是自己的目标人群，这样才能针对这类群体来制订销售计划，刺激他们的购买欲望。

那么，怎么才能定位到适合企业发展的目标消费群体呢？这必须从两个方面来进行定位，一是具有与企业共同诉求的消费群体；二是具有能够帮助企业获得预期销售收入和利益的群体。这就需要采取一些方法来进行筛选，主要有以下3种方法。

- 通过对大规模消费人群的地理位置、消费水平、消费行为、年龄、收入等数据进行分析，将具有类似消费行为的群体筛选出来，并与企业的产品和目标进行匹配，得到最终的目标消费群体。
- 设计一些调查研究方式，如调查问卷、有奖问答、实地探访等，了解消费者的实际想法，有针对性地根据消费者的行为来调整产品定位。
- 对除了功能之外的消费者体验进行分析，找出消费者未被满足的需求和未被重视的感受，将其作为下一阶段的潜在客户需求。

顾客群分析是一个长期的过程，企业不仅要在产品定位时进行分析，还要在产品销售的过程中随时观察顾客群的变化，保证运营计划的完整运行。

4P定位分析法

2．公司/个人分析

企业自我分析应该先从市场行业入手，了解行业现状、竞争格局以及发展趋势，然后对企业的未来目标、拥有的资源、已有资源对企业的帮助、自身存在的优势、所经营的商品特征、行业特点，以及商品的成本、优缺点等进行分析，对自身情况做到心里有数。企业自我分析可以帮助企业正确认识自身所处的地位，帮助企业在原有信息的基础上进一步认识并提升自我，从而制订出符合企业发展的策略和方针。

3．竞争对手分析

对竞争对手进行分析可以发现市场空缺，以及自身与竞争对手的区别，找出产品和企业的竞争优势。分析竞争对手之前，要先找准竞争对手，通常寻找与自己相近的商品或企业（或者行业的前几名）进行研究，对比分析出竞争对手与自身企业的优劣，从而制订相应的策略来扬长避短，增强竞争力。

2.1.2　消费者行为和心理分析

对消费者行为和心理进行分析，可以帮助企业更好地进行消费者定位，并制订符合消费者购物意向的营销策略，提升消费者的购物欲望，增加企业销售额。

1．消费者行为分析

消费者的购买行为受购买意向左右。购买意向就是消费者选择某种商品的主观倾向，表示消费者愿意购买某种商品的可能性，是消费者产生购买行为前的一种消费心理表现。一般来说，影响消费者购买意向的因素主要有以下3点。

- **环境因素：**环境因素会影响消费者购买意向，如冬季雾霾严重，空气污染严重，防霾口罩在该时段就会比其他时段的人气高很多；又如某热播剧引起人们对某个商品的关注，受该热播剧的影响，购买该商品的人也会急剧增多。
- **商品因素：**主要是对商品的价格、质量、性能、款式、服务、广告和购买便捷性等因素进行考虑。如淘宝商品的优势不仅在于品种丰富多样，而且价格低廉，符合很多消费者物美价廉的消费需求。

- **消费者个人及心理因素**：由于消费者自身购买能力、购买习惯等不同，会产生不同的购买意向，并且消费者的心理、感情和实际的需求各不相同，也会产生不同的购买动机。如京东采取厂家直销的模式，因此质量更有保障，当消费者在购买金额较大的产品时更具有竞争优势。此外京东的仓储物流服务一直备受业内好评，提供有"限时达、次日达、极速达、夜间配和自提柜"等多种模式的配送服务。

综合以上因素，消费者在电子商务模式下的消费行为是不断变化的。因此，要想了解消费者的购买意向，就要重视消费者信息的收集，分析并发现消费者的消费规律，研究消费者在电子商务网站上产生购买行为的原因。

2．消费者心理分析

购买心理就是顾客因为一定原因而产生购买商品的一系列心理活动，它是针对不同的人群、不同消费者的购物习惯产生的不同购物行为。如有的人喜欢购买名贵的商品；有的人喜欢淘便宜货；有的人喜欢追求潮流；有的人喜欢经典复古。对消费者的消费心理进行研究，可以更加准确地定位消费者的购买行为，制订更加符合消费者需求的营销策略。

- **好奇心理**：好奇心是一种普遍的社会现象，是每个人都会有的一种心理，但不同的人其好奇心的强烈程度不同，因此也会导致不同的购买行为。对于那些好奇心旺盛的消费者来说，一般比较喜欢追求新奇、赶时髦，是各种潮流商品的常客。这一类型的消费者通常是青年消费者，他们不会在乎商品是否经济实惠，看重的是商品能否满足自己的好奇心。

- **实惠心理**：实惠心理是指消费者追求的是商品的物美价廉，这类消费者一般为家庭妇女或中老年消费群体。他们一般看重商品的功能和实用性，对商品外观、样式等不太注重。对价格低廉、经久耐用的商品很感兴趣，且购买能力惊人。如果商品定位于这样的消费群体，可以通过不断提高商品的性价比，提高商品的效用和功能，或在适当的时候进行有奖销售，来吸引更多这一类型的消费者。

- **炫耀心理**：炫耀心理是指消费者欲向他人炫耀和展示自己的财力、社会地位、声望等的心理，有炫耀心理的消费者一般具有求荣性和攀比性，经常购买名贵或时髦的商品。

- **攀比心理**：攀比心理是指消费者基于对自己所处的阶层、身份以及地位的认同，从而选择所在的阶层人群为参照对象而表现出来的消费行为。与炫耀心理相比，攀比心理的消费者更在乎自己是否也有某种商品，特别是对于别人

购买了的商品，他会出于"你有我也有"的心理来购买商品。针对这一类型的消费者，商家可以通过与参照群体的对比来吸引消费者。

- **从众心理：**通常人们所说的"随大流"就是从众心理，它是指个体在社会群体的无形压力下，不知不觉或不由自主地与多数人保持一致的社会心理现象。特别是在当今存在各种社会圈子的环境下，很多消费者都希望与自己所在的圈子保持同步，不愿落伍，因此有这种消费心理的消费者也占据大多数。对于这一类型的消费者来说，商家可以通过宣传商品，增加商品热度的方法来让消费者趋于追求。

- **崇外心理：**对于进口商品来说，一般吸引的是具有崇尚外国文化心理的消费者，这种消费者较喜欢购买外国商品且对所谓的原装进口商品趋之若鹜。在网站中销售这一类型的商品时一定要标明商品的原产地，明示进出口相关文件信息，以取得消费者的信任。

- **习惯心理：**很多消费者在购物的过程中都会产生一定的习惯，如偏向于购买某种品牌的商品、只购买价格不超过某个范围的商品等。这一类型的消费者一般会在自己心中制订一个"心理预期"，当商品的实际价格或功能不能满足或超过消费者预期时，就会让消费者另择其他商家。

- **名人心理：**与"名人心理"相对应的是"名人效应"。名人效应就是因为名人的出现所达成的引人注意或强化事物、扩大影响的效应，或通过模仿名人的某些行为或习惯而获得满足的现象。因此，可以将拥有名人心理的消费行为看作消费者对名人效应的推崇。通过明星代言、行业权威人士进行商品宣传都是对名人心理的消费者比较有效的方法。

2.1.3　商品分类原则与方式

商品分类是指为了一定的需求，根据商品的属性或特征，选择合适的分类标志将商品划分为门类、大类、中类、小类、品类或品目，以及品种、花色和规格等。现在市场上流通的商品多达数十万种，因此对商品进行分类，可以方便消费者购买，提高企业的商品经营管理能力。国内的大多数门户网站采用UNSPSC产品分类标准，电子交易市场则参照《商品名称及编码协调制度》，还有一些电子交易市场使用自编的产品分类系统。因此，并没有一个统一的电子商务市场的产品分类规范，但原则上来说要遵守以下规则。

- 必须明确分类商品所包含的范围，即商品的属性、特征等。例如一件衬衣，在进行分类时就要知道它的使用对象是女士还是男士，面料是纯棉还是丝质，板型是修身还是宽松等。

- 商品分类要从有利于商品生产、销售、经营的习惯出发，最大限度地方便消费者的需要，并保持商品在分类上的科学性。所谓科学性就是要选择商品最稳定的本质属性或特征作为分类的基础和依据。

- 选择的分类依据要适当，即选择一个合适的参照对象作为商品的分类依据，例如笔记本既可以指数码产品中的笔记本电脑，又可以表示办公文具中的笔记本。它们是两个完全不同的产品，因此在分类时就要先明确该产品的分类依据，一般是根据商品的用途进行划分。

商品分类时，可按照以下4种方式进行分类。

1．按商品用途分类

商品是为了满足人们的生活和工作需求而被生产出来的，因此商品的用途是直接体现商品价值的标志，也是进行商品分类的一个重要依据。按照商品用途进行分类可以对相同类型的商品进行更好的区分，如将日用品按照用途进行分类，可以分为器皿类、玩具类、化妆品类和洗涤用品类等。

2．按原材料分类

商品原材料因为成分、性质和结构等不同，会有不同的特征。通过对原材料进行商品分类，可以从本质上反映出商品的性能和特点，该分类方式适合于原材料来源较多且对商品性能起决定作用的商品。

但对类似汽车、电视机、洗衣机等多种原材料组成的商品则并不适用。例如，将纺织品按照原材料进行分类，可以分为棉、麻、丝、化纤和混纺织品等。

3．按商品生产方法分类

对于相同原材料的商品，可以通过生产加工方法来进行分类，如将茶叶按照不同的生产加工方式进行分类，可以分为红茶、绿茶、茉莉花茶、乌龙茶、白茶、黄茶和速溶茶等。

4．按商品主要化学成分分类

商品成分往往对商品的性能、质量和用途起着决定性的作用，特别是对于主要成分相同，但包含某些特殊成分的商品，商品成分可以让商品的质量、性能和用途完全不同。如玻璃的主要成分是二氧化硅，但由于某些特殊成分的添加，可以将玻璃分为铅玻璃、钾玻璃和钠玻璃等。

 专家指导

> 除了以上分类依据外，商品外观形状、生产产地、生产季节和流通方式等都可以作为商品分类的标志。例如苹果按照产地和流通方式可分为烟台苹果、新西兰进口玫瑰苹果、富士苹果和美国加利福尼亚蛇果等；茶叶按照采摘季节可分为春茶、夏茶、秋茶和冬茶等。

2.1.4　商品价格策略分析

价格是影响商品销量和网店利润的重要因素，定价前要综合分析消费群体的购物行为和心理，并在此基础上进行定价。

试着联想一下，在超市、百货等线下商店购物时，它们的商品价格有什么特点？

常用的定价方法有整数定价法、尾数定价法、数量折扣定价法和现金折扣法等。

- **整数定价法**：整数定价法适用于价格较高的一些商品，可以侧面体现出商品的质量，提升商品形象，如价值较高的珠宝、艺术品等。
- **尾数定价法**：尾数定价法是指采用零头结尾的方式对商品进行定价，常以"8""9"等数字作为尾数，给消费者一种价格划算的感觉，如图2-1所示。
- **成本加成定价法**：成本加成定价法是在成本的基础上以相对稳定的加成率进行定价；采用该定价法进行定价的商品，其价格差距一般不会太大。
- **习惯定价法**：习惯定价法是指按照市场上已经形成的价格习惯来进行定价。
- **数量折扣定价法**：数量折扣定价法是指当买家购买的商品数量较多时，对其给予一定的优惠，如满减、包邮、打折等，如图2-2所示。
- **现金折扣定价法**：现金折扣定价法即降价处理或打折出售，在参与活动、促销、清仓、换季时，即可采用现金折扣的方式对商品进行定价。

图2-1　尾数定价法

图2-2　数量折扣定价法

一般来说，整数定价法、尾数定价法等方法比较常用且适用范围较广，而数量折扣定价法、现金折扣定价法等方法，则可结合不同的销售环境进行使用。

不同销售周期的商品定价策略

2.1.5　任务实训及考核

根据介绍的相关知识，完成表2-1所示的实训任务。

表2-1　实训任务

序号	任务描述	任务要求
1	设计一个调查问卷进行顾客群分析	要求包括顾客性别、年龄、收入等内容
2	对商品进行类目划分	要求从商品用途和消费者需求的角度进行划分

填写表2-2的内容并上交，考查对本节知识的掌握程度。

表2-2　任务考核

序号	考核内容	分值（100分）	说明
1	怎么进行网店定位？网站定位包括哪些角度？		
2	消费者心理主要有哪些？每种心理有什么特点？		

2.2　网店页面规划

网店中的众多商品都是通过网页来展示的，这些页面中最重要的就是店铺首页和宝贝详情页。店铺首页是展示网店形象、介绍网店商品的主要页面，宝贝详情页则主要用于进行商品信息的介绍。

课堂讨论

针对下列问题展开讨论：
（1）店铺招牌中的优惠券会吸引你点击领取它吗？
（2）宝贝详情页要放哪些内容才会提高转化率？

本节将对网店页面规划所涉及的店铺招牌、店铺分类、店铺首页、宝贝详情页进行说明，让运营人员了解并掌握页面规划的相关知识，做好店铺店面的规划和引导，尽量增加消费者在店铺中的停留时间，增加店铺的流量与成交量。

2.2.1　做好店铺招牌

店铺招牌也叫店招，它始终展示在网店所有页面的最上方，是店铺形象和风格的代表，其效果的好坏可以直接影响买家对店铺的印象。店招中可以包含文字、图形、形状等元素。通过这些元素的组合，可以形成店铺广告语、收藏按钮、关注按钮、促销产品、优惠券、活动信息、搜索框、店铺公告、网址、联系方式等内容。但店招的展示范围有限，这些内容不能全部添加，一般可以通过几个内容的组合来进行展示。

同时为了进行网店商品的推广，给买家留下印象，设计店招时还要遵循两个基本原则，一是植入品牌形象；二是抓住产品定位。植入品牌形象可以通过店铺名称、店铺Logo来进行；产品定位则需要根据自身店铺所销售的产品来进行灵活设计，可以是店铺的爆款产品、优惠信息、宣传口号等，图2-3所示为常见的店招组合效果。

图2-3　常见的店招组合效果

专家指导

在规划店招内容时要注意，店招视觉重点不宜过多，1~2个即可，否则容易使重点混乱。其次要保证店招的风格与店铺所售产品的风格一致，若包含季节性要素，需要随季节的变换及时进行更换。

2.2.2　明确店铺分类

店招下方就是导航，导航与店铺分类密切相关，一般直接调用店铺分类作为导航的内容。店铺分类是将店铺中所有的商品按照一定的标准进行分类，这些分类可作为导航内容的依据，可以帮助买家快速找到符合他们需要的商品。

店铺分类尽量简单、直接，不要为了彰显产品种类的丰富而划分很多的类型。特别是对于某些分类较为模糊的产品，如服装可以按照性别分为女装、男装；按穿着位置分为上装、裤装、裙装等；按衣服用途分为家居服、职业装、运动装、休闲装等。而这些类别下又可以进行细分，这些细分的类别可以同时属于多个分类。如运动裤属于下装，也属于裤装；同时还可按照裤子长短分为七分裤、九分裤等。需要注意的是，如果店铺中这种类型的产品数量很多时，可尽量细分；若数量不多时，则尽量简洁，否则不利于消费者的购物体验。

店铺分类尽量不设置二级子类目，以最直观的方式将分类展示给消费者，像"下装→运动裤"等子分类虽然很详细，但消费者在查看时还要通过鼠标一层一层地点击，无形中给消费者设置了访问屏障，增加了消费者操作的难度，使消费者访问页面的深度受到影响，如图2-4所示。相反，如果设计单层店铺分类，将店铺中具有代表性的产品直观地展示在导航条中，可以方便消费者快速找到自己需要的产品，增加页面访问深度，如图2-5所示。

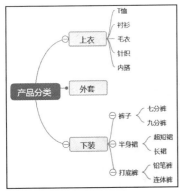

图2-4　子菜单分类

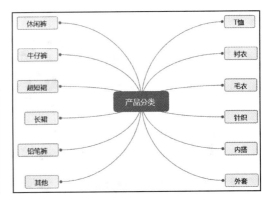

图2-5　单层店铺分类

🎓 **专家指导**

对于店铺主推销量或人气较高的产品，可以单独做一个产品集合页，将其单独作为一个分类放在导航条上，如"热卖爆款""2018新品""现货秒杀""清仓大促"等。

2.2.3　规划店铺首页

店铺首页规划是指首页的整体布局效果，好的布局效果不仅可以带给消费者良好的视觉感受，还可以引导消费者深入查看产品信息，起到疏导流量的作用。除了店招、导航条等通用元素外，店铺首页应该包括海报、优惠券、宝贝分类、产品展示、客服中心、售后说明等元素。图2-6所示为某店铺的首页示例，其中最重要的就是海报。海报占据着首页的最优展示位置，是首页中最醒目、最具有冲击力的内容，其效果的好坏直接影响着消费者对店铺的兴趣和商品点击率。

图2-6　某店铺的首页示例

1. 海报

在设计首页海报时，应该选择店铺中最具特色的产品或服务作为展示点，可围绕以下4个核心点展开设计。

- 首页海报要突出活动主题，内容要体现优惠信息和条件。
- 首页海报中的产品尽量选择主推产品或爆款产品，以引导流量。
- 首页海报可以是下一阶段的新品，吸引消费者收藏，提前为新品累积人气。
- 首页海报的风格应该与店铺整体风格一致，或做出差异化的效果，体现与其他店铺的不同，以此来吸引消费者点击。

首页中的海报有常规尺寸和全屏两种类型，建议设计为全屏海报，因为全屏海报覆盖的面积更广，具有更加强烈的视觉冲击力，能够快速吸引消费者的视线，使其产生点击行为。

2. 优惠券

优惠券是店铺给予消费者的一种优惠方式，可以让消费者享受更低的价格或更优质的服务，是一种常见的店铺推广方法和吸引消费者二次消费的策略。设计优惠券时，要包含使用范围、使用条件等信息。

- **优惠券的使用范围：** 明确使用的店铺，以及使用的方式是全店通用，还是在店内的单款、新品或者某系列产品上使用，以限定消费对象，起到引导流量走向的作用。
- **优惠券的使用条件：** 如全场购物满168元可以优惠10元，实现了有条件的打折，在刺激买家消费的同时可以最大限度地保证店铺利润空间。
- **优惠券的使用时间：** 一般情况下，如果店铺是短期推广，应当限定使用日期，一般设置优惠券的到期时间以接近消费周期为佳。限制使用时间可以让用户产生过期浪费的心理，从而提高顾客的用券率。
- **优惠券的使用张数：** 如"每笔订单限用一张优惠券"，可以限制折上折的情况出现。
- **优惠券的最终解释权：** 如"优惠券的最终解释权归本店所有"，一定程度上保留了法律上的权力，以避免后期活动执行中出现不必要的纠纷。

3. 其他内容

产品展示的内容十分丰富，如新品展示、热卖产品展示、优惠产品展示、特价产品展示等，需根据店铺近期的营销目标来确定展示的内容。

客服中心用于展示店铺中的客服服务，建议将客服按照交易流程划分为售前客服和售后客服，方便买家进行咨询。

售后说明的内容一般位于店铺首页的末尾，主要用于展示店铺的其他内容或消

费者比较关心的内容，如物流、包装、退换货等。

2.2.4 规划宝贝详情页

每一个查看宝贝详情页的消费者，都对商品有一定的兴趣，这就具备了潜在消费的可能。此时，如果宝贝详情页能够打动消费者，就会促使消费者产生购物行为。因此，宝贝详情页是十分重要的，它除了能介绍产品外，还能起到树立店铺形象、激发消费者购物欲望、提高转化率的作用。

宝贝详情页作为网店产品销售的主要场所，在进行页面规划时，既要注重页面的整体布局，也要考虑每一部分内容的合理性和吸引力度。一般来说，宝贝详情页以图片为主，文字为辅，其页面内容的设计思路如图2-7所示。

图2-7　宝贝详情页的设计思路

1．激发消费者兴趣

激发消费者兴趣最简单的方法就是塑造产品的实用价值，即让消费者看到产品能够带给他们的利益或好处。这个利益或好处应该是消费者最关心的、最需要的，即消费者的痛点。消费者的痛点可以从以下几个角度来思考。

- 消费者喜欢购买什么类型的商品？
- 消费者最喜欢什么样价位的商品？
- 消费者喜欢什么时候来购买？购买后什么时候使用？
- 消费者是自己购买还是帮其他人购买？
- 消费者喜欢什么样的风格？
- 消费者的购买频率如何？高还是低？造成这种结果的原因是什么？

总的来说，就是要站在消费者的角度去思考，深入分析消费者的购物行为，从中提炼出消费者最关心的问题，从而找出打动客户的卖点，制订有效的营销策略。如通过数据分析，得知消费者对收纳盒的要求是无异味、材料轻便、容量大、不变形等，因此在塑造产品价值时可以针对这些需求点来进行设计，通过具有良好视觉效果的产品效果图、细节图等图片或吸引人的文案作为激发消费者兴趣的内容，如图2-8所示。

图2-8 激发消费者兴趣的宝贝详情页

🎓 **专家指导**

为了使展示的内容吸引消费者的眼球，还可以添加一些多媒体元素，如视频等，但切记不要过度美化、内容过度复杂、颜色过度杂乱，也不要设置不合理的关联营销，否则容易让消费者反感，打消消费者继续查看的欲望，反而得不偿失。

2. 展示产品卖点

卖点是打动消费者购买的主要原因。商品卖点多种多样，并且商品不同，其卖点也不同。有些卖点效果轻微，不足以促使顾客产生购买行为；有些卖点挖掘得深入有效，可以很快建立起买家对商品的好感。一般来说，提取卖点的途径很多，可以从商品本身的特点进行提取，从商品使用环境中提取，也可以从商品与商品的对比中提取，但是不管怎么提取，都应该以消费者的实际需求为基础，否则就无法达到吸引消费者的目的。图2-9所示为通过产品工艺特点和新旧对比提取的商品卖点。

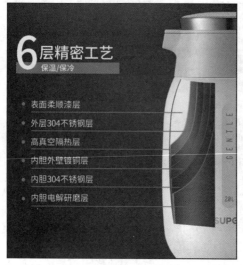
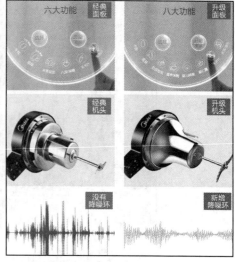

图2-9　展示产品卖点的宝贝详情页

3．展示产品品质

品质好的商品可以提升消费者的购买欲望和访问深度，最终提高转化率。品质的展示是多方面的，功能、性能、工艺、参数、材质、细节、性价比等都是表现商品质量的手段。在展示商品质量时，应该注意展示方法，如在展示参数、性能、工艺等数据时，不要直接使用烦琐的文字和数据，最好通过简单直白的图片搭配文字进行展示，让买家能够一目了然。在展示功能、细节、性价比等信息时，通常使用图片搭配简单文字的方式，即图片为主，文字为辅，注意详情页的整体视觉效果，突出商品本身，如图2-10所示。

图2-10　展示产品品质的宝贝详情页

4．打消消费者顾虑

完整展示了商品的基本信息后，还需进一步打消买家的顾虑，进一步催化买家的购买欲望。证书、售后服务、评价、包装、物流、消费保障等都是进一步打消买家顾虑的有效方式，如很多消费者都比较关心退换货产生的运费，商家除了保证7天无理由退换货外，还可延长退换货时间，如15天无理由退换货；另外，还可以为消费者购买运费险，这样不管因为什么原因引起退换货，都可以保证买家得到运费补偿，如图2-11所示。

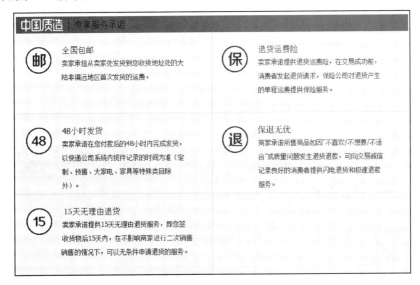

图2-11　打消消费者顾虑的宝贝详情页

5．营造紧迫感

营造紧迫感其实就是通过"饥饿营销"的方法来调控供求关系，制造供不应求的"假象"，从而达到维持商品较高售价和利润率的目的。饥饿营销的操作很简单，即用惊喜价将潜在消费者吸引过来后，然后限制供货量，造成供不应求的热销假象，从而提高售价；或使客户产生紧迫感，催促其下单，赚取更高的利润。如前100名下单者赠送赠品；限量秒杀；前1000名拍下立减50元等。需要注意的是，营造紧迫感一定要强调名额有限，否则不能激发消费者的购物欲望。

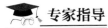 专家指导

以赠品为吸引消费者的手段时，要注意赠品的质量必须有保证，最好是与产品相关的周边产品，如服装产品可赠送腰带、围巾等。

2.2.5　任务实训及考核

根据介绍的相关知识，完成表2-3所示的实训任务。

表2-3　实训任务

序号	任务描述	任务要求
1	在淘宝中查找"三只松鼠旗舰店"，进入其首页并进行分析	要求根据首页包含的内容来进行分析，从产品定位、分类、店招、海报、品牌设计等方面分析
2	在淘宝中查找"百草味旗舰店"，进入其首页并进行分析	要求与三只松鼠进行对比，分析两者的异同

填写表2-4的内容并上交，考查对本节知识的掌握程度。

表2-4　任务考核

序号	考核内容	分值（100分）	说明
1	优惠券设计有什么原则？		
2	店铺分类有什么注意事项？		
3	怎么营造紧迫感，激发消费者的购物欲望？		

2.3　网店促销规划

促销是以创造一种实时销售为主要目的，对销售人员、分销商或最终消费者提供额外价值的营销方式。满减、满赠、包邮等都是常见的网店促销策略。网店可以通过这种优惠方式来刺激消费者产生消费行为，使流量、转化率和客单价得到提高，增加网店的销售额。

课堂讨论

针对下列问题展开讨论：

（1）元旦到了，百货商场中的各个店铺打出了满减促销信息，满599元减150元；满899元减300元等信息比比皆是，对此你有什么感受？

（2）网店有哪些促销方式？

（3）在产品的不同销售阶段，应怎样制订促销计划？

促销活动是网店运营时必不可少的一种营销策略，本节将对网店促销的目的、常见的促销形式，以及不同的促销活动进行介绍，以帮助商家更好地运营店铺，提高店铺销量与客单价。

2.3.1　网店促销的目的

促销活动对店铺的影响是非常大的，主要体现在以下4个方面。

- **快速让产品打入市场**：新产品采取促销的营销方式，可以快速增加消费者对产品的认知，提高产品的人气，从而增加销量。如果产品质量佳，消费者体验好，形成一定的人气与口碑，会引来源源不断的消费，此时该产品很有可能成为爆款，成为店铺的流量入口和销量保证。
- **促进新顾客下单**：促销活动是一种让利给消费者的活动，这种让利并不是经常性的，而是仅此一次，机不可失的。通过这种不容错过的心理，促使消费者尽快下单，完成交易。
- **形成二次购买**：第一次购买该产品后，对产品满意的消费者可能产生再次购买的行为，或者推荐该产品给亲朋好友。当他们认可该产品和店铺后，会成为店铺的忠实消费者，长期在你的店铺购物，从而提高复购率。
- **抢占市场份额**：促销活动进行得好，可以带来非常可观的销量和销售额，同时带来更多的消费者；这些消费者中不乏竞争对手的顾客，将这些顾客吸引过来成为自己的潜在消费者，可以增加自己的竞争力，抢占更多的市场份额。

2.3.2　常见的网店促销形式

促销是通过适当让利给消费者，以追求更大规模的销售从而获得更多利润的一种营销方式，它的运营方式简单、直接，如"满99元减20元"等。如果促销设计得太过复杂，会让消费者失去耐心，达不到促销的目的。常见的网店促销形式很多，如下所示。

- 满××元，减××元。如：满199元，减30元。
- 满××元，返××元。如：满199元，返30元无门槛店铺优惠券。
- 满××元，送××。如：满199元，送纯棉围巾一条。
- 加××元，送××。如：全场任意订单，加5元送腰带。
- 买××送××。如：买外套送T恤。
- 全场××折。如：全场3折起；全场5折优惠。
- 店铺优惠券。如：5元、10元、20元、30元、50元店铺优惠券。

- 抽奖。
- 秒杀。如：9.9元秒杀；19.9元秒杀。
- 原价××元，现价××元，还送××礼品。如：原价399元羽绒服，现价只要268元，还送价值128元精美皮包。
- 一件××元，两件××元。如：T恤1件78元，两件99元。
- 单件不包邮，满59元包邮或3件包邮。

以上这些促销形式都是非常简单、易于理解的。类似这样的促销形式还有很多，卖家只要遵循"只要……就能……还能"的方式，就能很好地说明促销活动的规则，方便消费者理解。"只要"表示促销的目的，如"满199元"；"就能"表示消费者得到的价值，如"减30元"；"还能"表示额外获得的附加价值，该项可根据实际情况酌情添加，如"还有精美小礼品一份"。

如果要提高客单价，应该采取哪种促销形式？

2.3.3 满减、满赠、满返

满减、满赠、满返是最为常用的促销方法，其核心为"满"，"减、赠、返"则是促销的技巧。

1. 满减

满减是一种打折的手段，即购买一定金额的商品后，可以从价格里减去一部分金额，如"满100元减30元；满300元减100元"。满减的核心目的是提高销售额，而销售额是由客单价和买家数量决定的。因此，可以说满减是为了提高产品的客单价和买家购买数量。

满减设置的最低标准一般是至少要2件及以上的产品组合才能实现，通过这种方式可以促进消费者购买更多的产品，提高客单价。同时，这个价格又是消费者比较敏感的，可以接受的价格底线，这就促使原本有些犹豫不决的消费者下单购买，提高购买数量。

需要注意的是，设置满减的优惠力度时，要根据自己店铺的实际情况来决定，一般适当高于消费现状即可，如店铺客单价为170元，那么可设置"满199元"的条件（优惠力度一般在10~30元的范围内）；而减的力度，则要通过199元与170元之间的差价来决定，要保证消费者能够得到的利益高于这个差价，才能促使他们产生购物行为。

2．满赠

满赠有两种常见的形式，一种是"满××元，送××赠品"，另一种是"满××元，加××元赠送××赠品"。对于中小卖家而言，比较适合第一种；而有忠实客户的品牌卖家，则适合选择第二种。这是因为忠实客户对品牌有一定的忠诚度，愿意花费额外的一点费用来获取更多该品牌的产品。

满赠设置条件与满减类似，首先要保证其客单价的提升在合理的范围内；其次，还要注意赠品要与销售的产品具有相关性，且其价值不能超出毛利，否则容易造成营业额亏损。当选择第二种满赠方式时，额外添加的金额必须是消费者可以"忽略"的，可设置为不超出支付产品的10%的价位，否则容易让消费者产生不值得的感觉，从而打消购物的念头。

3．满返

满返是指"满××元，返××"，返的是价值××的优惠券或机会。满返促销比满减、满赠的效果略差，因为消费者能享受到的利益需要二次消费才能使用，这样会让消费者考虑是否还会下次消费，从而造成犹豫心理，使购物行为受到影响。特别是一些返的内容还设置有消费额度，如"满199元，返30元店铺优惠券"，但这30元店铺优惠券需要满300元才能使用，这种情况会直接打消消费者的购物热情，使自己得不偿失。因此，建议满返的内容要有吸引力，且尽量不设置实现条件。

课堂讨论

满减、满赠、满返有什么区别？其优缺点各是什么？

2.3.4　秒杀

秒杀是指通过超低价、限时、限量、限购来销售产品的一种促销方式。秒杀需要事先与消费者约定销售时间、销售价格、销售数量等信息，通过这种"预约"的形式快速聚集人气，引爆流量，并在有限的时间内对流量进行引导，形成其他产品的连带销售，从而产生最大的销售效果。

秒杀活动是一种限制性的促销活动，包括限时、限量和限价3种类型，分别介绍如下。

- **限时**：限时是指在活动开始前与消费者约定秒杀的时间，并且一旦确定不能更改。时间上要尽可能选择整点秒杀，如上午10:00，上午12:00等，且在一段时间内的每个整点都有产品参与秒杀活动，如上午10:00到下午16:00的每个整

点。这样可以保证消费者在不同的时间点进入店铺都能参加秒杀活动，持续活动的热度，且最大限度地挽留消费者，保证秒杀活动的最终效果。

- **限量：** 秒杀是有数量限制的，必须控制参加秒杀活动的产品数量在一定范围内，保证消费者既能抢购到产品，又不会因为产品数量太多而造成掉价的感觉。一般来讲，比较稀缺的高价产品可设置得少一些，一般产品数量要适中，具体要根据网店的销售计划与产品属性来确定。

- **限价：** 限价是指产品的折扣价格，因为是秒杀的产品，所以折扣一定要高，要让消费者感受到诚意且愿意购买，如1折秒杀、1元秒杀等形式。

通过限时、限量、限价的方式引导消费者提前关注或收藏，在增加店铺人气的同时也带来了大量的流量，特别是活动开始前的1~2分钟，很多消费者都会在活动开始页面不停地刷新，以抓准时机抢购产品。当秒杀结束后，产品恢复原价，此时可在宝贝详情页中告知消费者，本款产品秒杀已经结束，现已恢复原价，更多的秒杀产品可点击××链接查看，引导消费者查看其他产品，形成流量转化。

 **专家指导**

进行秒杀活动时，建议单独制作一个新的产品页面，不在原有产品页面的基础上进行折扣设置。因为产品参与活动时要求低于其历史最低价，若直接在原来的产品页面中设置折扣，会影响产品参加其他活动。

2.3.5 任务实训及考核

根据介绍的相关知识，完成表2-5所示的实训任务。

表2-5 实训任务

序号	任务描述	任务要求
1	策划一个满减活动，该活动的产品为女装，客单价为159元	要求设置至少5个不同消费额度的条件
2	策划一个满赠活动，该活动的产品为耳机，客单价为89元	要求赠品与产品的周边产品具有一定的关联性
3	策划一个秒杀活动，该活动的产品为豆浆机，原价389元	要求限制活动的时间、数量、价格

填写表2-6的内容并上交，考查对本节知识的掌握程度。

表2-6　任务考核

序号	考核内容	分值（100分）	说明
1	网店促销的常见形式有哪些？		
2	秒杀的实现过程是怎样的？		

拓展延伸

网店规划就是对店铺中要展现给消费者浏览的内容进行规划，如展示哪些内容，放置在什么地方展示等。做好这些规划才能保证店铺页面美观，主题突出，起到引流与提高转化的效果。下面介绍一些网店规划过程中的疑难问题，帮助卖家更好地规划页面，尽最大可能提高转化率。

一、店招有哪些类型？

店招的组成内容虽然众多，但可按功能将其分为以下3类。

- **以宣传品牌为主的店招：** 可从符合品牌形象的店铺名称、Logo等方面入手，还可添加比较醒目的关注按钮或收藏按钮，方便更多买家关注店铺，进一步提高品牌的知名度，树立品牌形象。

- **以产品推广为主的店招：** 这种类型的店招主要是为了增加店铺主推产品的销量，因此主推产品是店招设计的重点。可在店招上放置性价比高、潮流时尚的2~3款主推产品，以吸引买家查看和购买。

- **以活动促销为主的店招：** 活动促销为主的店招主要是为了提高销量，以薄利多销为表现重点，因此店招上要尽量突出活动信息，可在其上添加活动促销文案、折扣信息或者优惠券等内容。

二、秒杀活动有什么注意事项？

秒杀活动的效果非常惊人，结合以下注意事项，通过秒杀活动可以更好地进行店铺运营，获得更多的流量与转化效果。

- 秒杀活动必须与消费者提前约定时间，也可通过一些推广活动告知消费者，如在微博、微信上发广告等，提前为活动蓄势。

- 秒杀活动的折扣一定要非常低，要让消费者产生不购买就吃亏的感觉，这样才能最大限度地激发消费者的购物热情。

- 秒杀活动可以为网店带来一定的新顾客，这些新顾客都是因为低价而被吸引而来的，虽然会为网店带来巨大的人气，但也具有很大的流动性。对于店铺的老顾客来说，秒杀活动可以更加拉近其与店铺的关系，具有一定的维护作用。但是，不管对于新顾客还是老顾客，秒杀活动都不应该经常使用。因为偶尔的活动可以刺激消费者回购，但长期开展低价折扣容易使消费者产生观望等待购买低价产品的心理，使网店的其他产品出现滞销的现象，反而得不偿失。

- 秒杀产品尽量选择新款产品或改款产品，不要选择当前的爆款产品，否则容易引起消费者的不满，使已经购买过高价产品的顾客产生不良情绪，引起与顾客的纠纷。

实战与提升

通过本章知识的学习，对下列问题展开讨论与练习，在巩固所学知识的同时，拓展视野，进一步提高自己的能力。

（1）为一家销售耳机的淘宝店铺产品进行分类，其产品种类较多，有音乐耳机、运动耳机等，类型也多种多样，入耳式、头戴式、蓝牙耳机等。

提示：可以按照耳机的用途进行分类，尽量划分得简单、直观，让消费者一眼就能找到自己想要查看的耳机类别。

（2）为一款LED小夜灯规划宝贝详情页，该产品的外观和细节如图2-12所示。该产品主打创意和藤条材质，体现自然、亲和的风格。

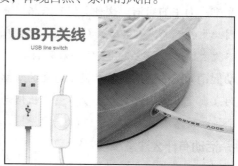

图2-12　产品外观和细节图

提示：首先，规划宝贝详情页的页面结构，确定需要包含的内容后再分别对每部分的内容进行规划。其次，提炼出产品的卖点，通过文案包装卖点，以图文结合的形式进行展现。

（3）为一款新品规划促销活动，该产品市场均价为89元，要求在不同的时期制订不同的促销策略。

提示：新品上市需要累积销量，提升人气，获得消费者的信任。前期应以引流为主；当产品销量达到饱和时，以提高客单价为主；当产品销量下滑时，则以清空库存为主。

第3章

直通车引流，打造店铺爆款

学习目标

不管经营哪一种类型的网店，卖家都在想方设法地使用各种推广手段引进流量、促进成交量。尤其是在如今竞争更加激烈的市场环境下，直通车凭借其精准的定位、点击付费等特点，成为当前各大卖家必不可少的引流工具。直通车的推广效果非常直观，可以快速为店铺或宝贝引入非常精准的流量，带来可观的成交量，帮助店铺打造爆款，建立竞争优势。

学习导图

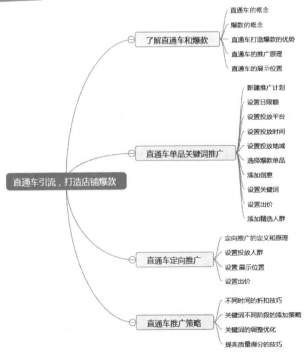

直通车引流，打造店铺爆款

- 了解直通车和爆款
  - 直通车的概念
  - 爆款的概念
  - 直通车打造爆款的优势
  - 直通车的推广原理
  - 直通车的展示位置
- 直通车单品关键词推广
  - 新建推广计划
  - 设置日限额
  - 设置投放平台
  - 设置投放时间
  - 设置投放地域
  - 选择爆款单品
  - 添加创意
  - 设置关键词
  - 设置出价
  - 添加精选人群
- 直通车定向推广
  - 定向推广的定义和原理
  - 设置投放人群
  - 设置展示位置
  - 设置出价
- 直通车推广策略
  - 不同时间的折扣技巧
  - 关键词不同阶段的添加策略
  - 关键词的调整优化
  - 提高质量得分的技巧

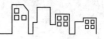

 案例导入

作为一个才开店一年的小卖家，刘丽深知流量对于店铺的重要性，因此，她花了大把的时间来钻研，怎么引进更多的流量，最终成了一个在直通车引流方面的资深人士。

刘丽刚开始使用直通车的时候，随便选择了店铺里的一款宝贝就进行推广，结果发现曝光率很低，偶尔有买家通过直通车推广的宝贝进入店铺，也只是草草浏览几下就退出了页面。这种情形让刘丽很无奈，因为她在直通车上投入了大量的精力，而且也花费了不少的资金。通过总结教训，她发现直通车引流要做好以下几方面的工作。

首先，要选择好宝贝。只有性价比最高的宝贝才具备成为爆款的潜质，才能投入成本进行重点培养。一般建议多放置一些宝贝到直通车中，通过对多款宝贝的数据进行观察，选择最终的爆款产品进行推广。

其次，直通车推广并不是简单地将宝贝添加到推广计划中就完了。很多新手卖家在使用直通车推广时，常常忽略了宝贝推广效果的测试。要想宝贝有更好的展现效果，就要在直通车中不停地进行测试，通过设置不同的出价、宝贝图片、宝贝标题来测试出最好的一组计划，然后再将这组最好的推广计划用于长期推广。与此同时，也不要忘了关注推广计划随着时间变化的展现效果。刘丽说，她之前就吃过这方面的亏，一看自己的推广计划前期展现效果好，宝贝点击量高，来店的人也多，就不管不顾了。直到做数据统计的时候才发现，虽然仍然有流量，但流量越来越少。

直通车引流是一个长期的过程。在做直通车时，一定要彻底明白直通车推广的原理，选择最具潜力的宝贝，通过多方面的测试来确定价格、投放地点，花费最小的成本达到最大的收益，让宝贝火起来。当然，直通车的运营也是有一定技巧的，直通车有单品推广和定向推广，不同的推广方式也会造成不同的结果，不同的推广时期也有不同的策略。重要的是，要调整好自己的心态，要多尝试、多总结分析，才能获得更有利的优势。

【思考】

（1）什么是直通车？直通车推广有哪些方式？

（2）直通车推广需要投入多少成本？

（3）怎么选择好的位置来推广？

（4）怎么设置宝贝的出价才合理呢？

3.1 了解直通车和爆款

　　淘宝直通车是为淘宝卖家量身定制的一种推广方式，不仅可以提高商品的曝光率，还能有效增加店铺的流量，吸引更多买家。因此，通过直通车来打造爆款是很多卖家的直接选择。那么，什么是直通车，直通车的原理和展示位置是怎样的呢？下面将对直通车的相关知识进行详细介绍。

针对下列问题展开讨论：
（1）在淘宝中搜索宝贝时，有些宝贝主图下有"掌柜热卖"4个字，是什么意思？
（2）什么样的宝贝适合使用直通车来进行引流？
（3）直通车推广的宝贝出现在哪里？怎么才能被买家看到呢？

　　在淘宝卖家中心中单击"营销中心"栏中的"我要推广"超链接，在打开的页面中单击"淘宝/天猫直通车"超链接，进入直通车页面，查看直通车的结构，并了解直通车的相关知识，为后面的直通车推广打下基础。

3.1.1 直通车的概念

加入直通车的条件

　　淘宝直通车是阿里妈妈旗下的一个营销平台，是淘宝的一种付费推广方式。买家可以通过点击直通车推广位置的宝贝进入详情页，产生一次甚至多次跳转流量。同时，淘宝直通车还给用户提供了淘宝首页热卖单品活动、各个频道的热卖单品活动以及不定期的淘宝各类资源整合的直通车用户专享活动。

　　淘宝直通车的推广形式是卖家通过设置关键词来推广商品，淘宝根据用户搜索的关键词在直通车展示位展示相关商品，买家点击商品产生流量，淘宝网通过直通车流量的点击数进行收费。当买家单击展示位的商品进入详情页后，将产生一次流量；当买家通过该次点击继续查看店铺其他商品时，即可产生多次跳转流量，从而形成以点带面的关联效应。此外，直通车可以多维度、全方位提供各类报表以及信息咨询，从而快速、便捷地进行批量操作，卖家可以根据实际需要，按时间和地域来控制推广费用，精准定位目标消费群体，降低推广成本，提高店铺的整体曝光度和流量，最终达成提高销售额的目的。

3.1.2　爆款的概念

　　爆款是指成交量非常大、供不应求的单品，能够为网店带来非常大的流量和成交量。与店内同类的其他产品相比，爆款的销量排名靠前，位于热搜排名榜的前列，其流量和交易额几乎占据整个店铺流量和总交易额的一半以上，影响着整个店铺交易额的持续增长。

　　爆款对店铺来说，并不仅仅代表着一件热销的单品，更重要的是，它能实现其他产品的连带销售，能够带动整个店铺的流量、销量、交易额，帮助店铺形成更加良好的销售周期和销售格局。图3-1所示为某店铺的产品销量，其中第一个产品为爆款，它与同类产品相比，销量高出几十倍，是引领店铺流量的主要产品。

图3-1　某店铺的爆款产品

　　爆款一般具有销量高、价格低、人气高等特点，它主要是通过以下3个方面为店铺带来良性循环的。

1．通过单品促销盈利

　　爆款一般都比同类型店铺同类产品的价格低，但这个价格是严格控制在店铺成本内的。爆款主张以高性价比的方式来占领市场，纵然单件产品的价格比市面上同类产品低，但在大的销量下，这点价格差异所造成的损失可以忽略。运营得好的爆款甚至可以为店铺带来非常可观的利润。

2．引爆流量，提升店铺整体运营能力

　　爆款带来的流量十分庞大，不仅可以增加爆款单品自身的流量，还能提升店铺的整体人气，带动店铺内其他产品被买家浏览的概率。同时，流量多，转化也会相对增加，店铺的整体销售额也会增加，从而形成一个以点带面的良性循环。

3．培养忠实客户，形成重复购买

爆款产品无论是从产品质量、包装、使用说明、发货速度，还是售后服务等方面，都能够给客户一个超出预期的良好购物体验，会为店铺带来一批忠实的客户，这些客户通过口碑传播为店铺带来更多的人气和客户，同时也形成了二次购买。

课堂讨论

当你需要购买某个商品时，亲朋好友向你推荐了一款曾经购买过的产品，你会考虑该产品吗？为什么？

3.1.3　直通车打造爆款的优势

店铺为什么要做爆款？就是为了在赚取利润的同时，降低推广的成本，提高店铺的人气和销量，提高店铺的整体运营能力。要达到这些效果，通过直通车来进行推广和引流是最简单、也是最直接的方式。特别是在如今电商行业竞争越来越激烈的环境下，通过一般的店内推广手段，很难与其他竞争者拉开差距，而直通车是淘宝为卖家量身定做的一款宝贝推广工具，能够带来大的流量和曝光率。一件单品要成为爆款，需要具备受众面广、价格有优势、详情页转化率高、销量好和评价好等要素，这些条件都是进行直通车推广的基本条件。因此，可以说直通车是打造爆款的最好途径之一。

直通车引爆宝贝流量，主要从质量得分、点击率、点击转化率等方面来表现。

- **质量得分**：质量得分是搜索推广中衡量关键词与宝贝推广信息和淘宝网用户搜索意向三者之间相关性的综合性指标。质量得分越高，代表关键词推广效果越好，就可以用相对更少的推广费用把更优质的宝贝信息展现在更适当的展示位置上，使买卖双方获得双赢。质量得分的影响因素有很多，主要集中在宝贝类目、属性和标题等方面，这些方面的要素是打造爆款的必要条件。

- **点击率**：直通车通过点击付费的方式推广宝贝，具有更加精准的投放效果，点击的目标用户群体很多都是推广宝贝的潜在消费客户。通过直通车的方式来打造爆款，可以为爆款产品带来更加精准的消费群体，引爆单品流量。

- **点击转化率**：直通车的推广方式主要为搜索推广，该推广方式是买家通过自身需求展开搜索的主要方式，即买家在淘宝首页通过关键词搜索，然后在结果页中浏览筛选符合自己需求的产品，这样产生的流量，其转化率也会相对较高。这样才会使爆款产品的流量尽可能地带来收益，增加店铺的综合评分。

3.1.4 直通车的推广原理

淘宝直通车具有精准推广的特点，其展现对象一般都是拥有精准购物需求的潜在买家，其展现原理表现为：卖家设置关键词，直通车匹配关键词给买家，买家点击商品产生流量。其具体展现形式如下。

- 卖家为需要推广的宝贝设置相应竞价词、出价和推广标题，淘宝直通车根据卖家设置的关键词，将宝贝推荐到搜索该关键词的目标客户的搜索页面。例如一家经营棉麻连衣裙的店铺，在直通车后台设置一款宝贝的推广关键词为"棉麻连衣裙"，并设置关键词竞价；当买家在淘宝中搜索"棉麻连衣裙"时，该宝贝就可能出现在淘宝直通车中的展示位置，被买家看到并点击。这种展示方式带来的买家流量通常比较精准，转化率会较高。
- 当买家在淘宝网中输入该关键词进行搜索或按照商品分类进行搜索时，就会在直通车的展示位置看到相关的直通车商品展示效果。
- 直通车展示免费，点击计费。当买家在直通车推广位置单击展示的商品图片进入宝贝详情页时，系统会根据推广时设定的关键词或类目进行扣费。其单次点击扣费公式为：单次点击扣费＝（下一名出价×下一名质量分）/本人质量分＋0.01元。直通车的扣费最高额度为卖家设置的关键词出价。当公式计算得出的金额大于出价时，将按照实际出价进行扣费。如果卖家的质量分越高，需要付出的单次点击扣费就越少。因此质量分越高，直通车排名越靠前，所需要付出的推广费用也将越少。

课堂讨论

同一个买家多次点击同一个直通车推广的宝贝，会产生多次费用吗？如果有其他用户发起了恶意点击，有什么后果？淘宝会怎么判断这种行为？

- 与淘宝自然搜索排名一样，直通车的排名越靠前，展示就越靠前。直通车的排名是由关键词出价和质量分综合决定的，如图3-2所示。关键词出价是指卖家在进行关键词竞价时设置的价格，也就是买家点击直通车推广展位的链接查看商品时的最高价格。关键词出价越高，直通车的排名就可能越靠前。

图3-2 直通车排名

3.1.5　直通车的展示位置

参加直通车推广的宝贝，主要在以下4个位置进行展示。

- 淘宝网搜索结果页面左侧，提示有"掌柜热卖"的1~3位展示位，如图3-3所示。

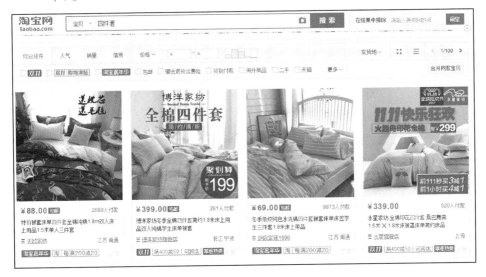

图3-3　淘宝网搜索结果页面左侧展示位置

- 淘宝网搜索结果页面右侧，有16个竖着的展示位，页面底端横着有5个展示位。每页展示21个宝贝，右侧展示1~16位，下面展示17~21位，搜索页面可一页一页往后翻，展示位以此类推，如图3-4所示。

图3-4　搜索结果页底端展示位置

- "已买到的宝贝"页面中的"掌柜热卖"，"我的收藏"页面中的"掌柜热卖"，"每日焦点"中的热卖排行；淘宝首页靠下方的"热卖单品"也是直通车的展示位置，如图3-5所示。

- 在天猫中通过输入关键词或点击类目搜索时，在搜索结果页面最下方有5个"掌柜热卖"的展示位置（展位个数与计算机分辨率有关），展示位以此类推。

图3-5 淘宝首页下方热卖单品展示位置

直通车的展示位置众多，商家可根据自己的需要选择不同的展示位进行商品投放。但要注意，不同的展示位参与竞价的竞争对手不同，出价也不同，要根据自己的产品定位与市场需求来确定符合自己目标消费群体的展示位。

专家指导

> 移动端也有直通车展示位，除了购物车页面、收藏店铺页面、手机淘宝首页的"猜你喜欢"等与PC端类似外，移动端自然搜索结果页的展示方式与PC端略有不同。移动端自然搜索结果页的直通车展示位置为移动端自然搜索结果页中的第一个宝贝，同时每隔5个或10个宝贝加入一个直通车展位。根据移动端移动设备的不同，展示位置也会有一些差异。

3.1.6 任务实训及考核

根据介绍的相关知识，完成表3-1所示的实训任务。

表3-1 实训任务

序号	任务描述	任务要求
1	以"保温杯"为关键字进行搜索，查看搜索结果页中的爆款产品，并进入该店铺查看其他产品	分析该爆款产品是否参加了直通车活动，并分析爆款产品与其他同类产品的区别
2	以相同的关键字在淘宝首页和移动端首页进行搜索，查看搜索结果页的直通车展示位	对比PC端与移动端的不同

填写表3-2的内容并上交，考查对本节知识的掌握程度。

表3-2　任务考核

序号	考核内容	分值（100分）	说明
1	直通车的推广原理是什么？		
2	通过直通车打造爆款的优势有哪些？		
3	直通车的展示位置主要包括哪些？		

3.2　直通车单品关键词推广

　　直通车打造爆款，最重要的就是进行单品关键词推广，它是打造爆款的核心。卖家在进行单品推广时，要先新建推广计划，并对计划的日限额、投放时间、投放地域等进行设置，然后再选择需要打造的爆款单品进行推广。下面将详细介绍通过直通车打造爆款单品并进行关键词推广的方法。

针对下列问题展开讨论：
（1）作为买家，你一般选择在哪个时间段进行购物？
（2）搜索宝贝时，你主要考虑哪些因素？

　　下面在淘宝后台新建一个直通车推广计划，设置推广计划的日限额、投放时间、投放地域，然后添加推广的单品，通过为单品设置关键词、添加创意等方式来进行推广，将其打造为爆款。

3.2.1　新建推广计划

　　直通车推广宝贝必须要有一个推广计划，一个推广计划中又可以创建多个需要推广的宝贝。下面新建一个名为"爆款"的推广计划，其具体操作如下。

STEP 01 ▶进入卖家中心，在"营销中心"栏中单击"我要推广"超链接，在打开的页面中单击"淘宝/天猫直通车"超链接，如图3-6所示。

图3-6　单击"淘宝/天猫直通车"超链接

STEP 02 ▶进入直通车推广页面，在"我的推广计划"栏中单击 新建推广计划 按钮，如图3-7所示。

图3-7　单击"新建推广计划"按钮

STEP 03 ▶打开"新建标准推广计划"页面，在其中输入新建推广计划的名称"爆款"，然后单击 提交 按钮，如图3-8所示。

STEP 04 ▶完成推广计划的创建，在完成页面中单击"设置和管理标准推广计划"超链接，如图3-9所示。

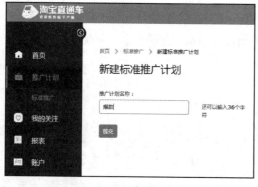

图3-8　新建标准推广计划

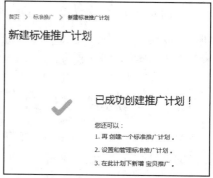

图3-9　完成创建

STEP 05 ▶返回直通车首页，可查看到新建的推广计划，如图3-10所示。

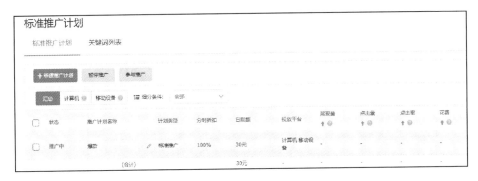

图3-10　查看新建的推广计划

3.2.2　设置日限额

课堂讨论

　　众所周知，直通车是根据点击扣费的，如果每天的点击量很多，但转化率不高，能不能通过某种方法来控制成本的投入呢？

　　为了帮助淘宝卖家更加合理地控制成本，进行推广计划的管理，淘宝为推广计划设置了日限额功能。日限额就是当前推广计划每天的推广费用限额，卖家可以为推广计划单独设置每日扣费的最高限额，所有推广计划的日限额加起来就是账户的总日限额。如果当前推广计划当日消耗达到日限额，该计划下所有的推广将全部下线，第二天自动上线。

课堂讨论

　　如果推广计划当前运营良好，但因达到日限额而自动下线该怎么办？

　　当然，如果推广计划因到达日限额下限，卖家可通过重新调整日限额来重新上线推广计划。有时由于网络延迟等原因可能出现超出日限额的情况，但日终会自动返还超出部分。例如，设置的日限额为1000元，系统在14:00点的时候检测到只花费了890元，此时还未达到1000元，商品就不会自动下线；当15:00时再次检测发现花费了1050元，此时商品将会自动下线。如果卖家不修改日限额，其中超出日限额的"50元"将在凌晨0点左右由系统结算后返回当前直通车账户中。

　　每一个新建的推广计划的默认日限额是30元，卖家可在推广计划中对这个数目重新进行设置，其具体操作如下。

STEP 01 ▶单击推广计划名称，进入推广计划编辑页面，在推广计划名称下方单击 [设置日限额] 按钮，如图3-11所示。

图3-11 单击"设置日限额"按钮

STEP 02 ▶打开"设置日限额"页面，在"预算"文本框中输入每日的预算金额，如"3000元"；设置投放方式，这里单击选中 ⦿标准投放 单选项，单击 [保存设置] 按钮进行保存，如图3-12所示。

STEP 03 ▶再次单击 [设置日限额] 按钮，打开"设置日限额"页面，单击"到达预算下线时间"栏后的"智能化均匀投放"超链接，打开"自动充值和提醒"页面，在"日限额到达提醒"栏中设置提醒的时间和金额、提醒方式，如这里设置为"当推广计划日限额余额在当天15点前小于200元时""我的旺旺"，单击 [保存设置] 按钮完成设置，如图3-13所示。

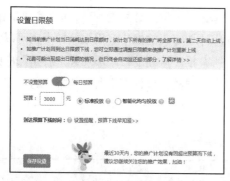

图3-12 设置预算金额与投放方式

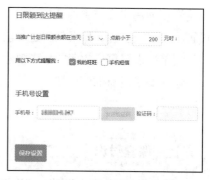

图3-13 完成设置

 课堂讨论

日限额的两种投放方式，"标准投放"和"智能化均匀投放"有什么区别？哪种投放方式更好呢？

日限额有两种投放方式，即"标准投放"和"智能化均匀投放"。若设置为标准投放，系统会根据你的投放设置正常展现所推广的宝贝，但可能因过早达到日限额而提前下线，图3-14所示为其投放原理。若设置为智能化均匀投放，系统会根据花费情况自动进行调整，在每个时段均能优选高质量的流量，提高宝贝的转化效果，图3-15所示为其投放原理。

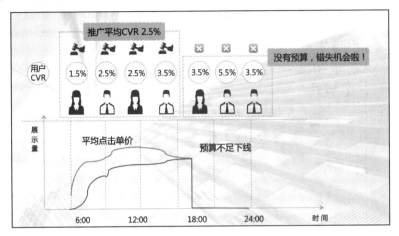

图3-14 标准投放的投放原理

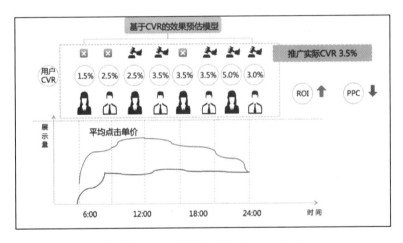

图3-15 智能化均匀投放的工作原理

当然，这并不就意味着智能化均匀投放就一定比标准投放的效果好。当市场竞争激烈、推广对手太多时，若设置为智能化均匀投放，系统会根据情况降低日限额，此时获得的流量就会受到影响。因此，卖家要根据实际情况，对市场、竞争对手等进行分析后选择适合自己的出价方式，且建议日限额的额度尽量设置得高一些，避免因推广计划提前下线而对账户权重产生影响。

3.2.3 设置投放平台

在推广计划编辑页面中单击 设置投放平台 按钮，打开"设置投放平台"页面，在其中可看到推广计划的投放平台。该投放平台可根据投放设备分为计算机设备和移动

设备，但不同设备的投放平台都包括淘宝站内和淘宝站外，如图3-16所示。若要修改投放平台，单击对应平台后的 按钮即可， 表示不投放； 表示投放。

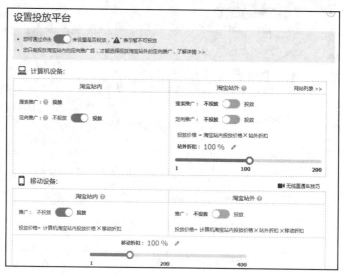

图3-16　设置投放平台

课堂讨论

直通车的投放平台这么多，哪种投放效果好一些？你在某个视频网站上看到一个淘宝宝贝的广告会点击吗？

一般来说，建议卖家投放淘宝站内的平台，因为站内比站外的投放更加精准，转化效果更好，但平均花费更高。虽然站外投放的竞争和成本要小得多，但流量不精准，吸引来的买家可能只是随意看看，并没有购物意向，这样反而会降低店铺的平均转化率，使宝贝权重和搜索排名受到影响，图3-17所示为某产品的淘内（淘宝站内的简称）和淘外（淘宝站外的简称）的展现对比。

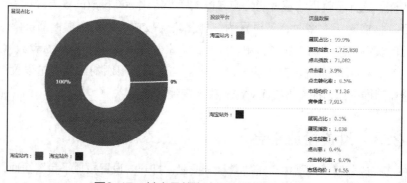

图3-17　某产品的淘内和淘外的展现对比

计算机设备与移动设备都需要投放吗？哪种设备下投放效果更好？它们之间有什么区别吗？

随着移动终端的发展，目前移动端的成交量已经远远超过了PC端的成交量，因此，不仅要进行PC端的直通车投放，还要重点进行移动设备的投放，图3-18所示为某产品的PC端与移动端的展现对比。

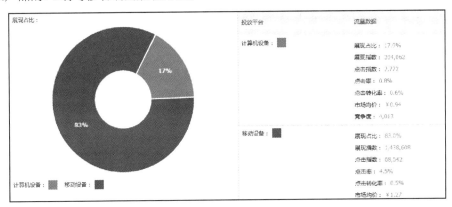

图3-18　某产品的PC端与移动端的展现对比

移动设备直通车的设置是基于计算机设置的，其投放价格=计算机淘宝站内投放价格×移动折扣。移动折扣的设置范围为0~400%，设置时要尽可能高于100%。因为移动设备的屏幕空间有限，无法在同一个页面中展示大量的产品，这就增加了移动设置的竞争力度，使关键词的出价变得更高。在推广初期，一般建议设置为130%~150%，打造爆款则建议设置为180%或更高。

3.2.4　设置投放时间

虽然店铺每天24小时都在运营，但每个时刻的流量并不是均等的。一般来说，上午10:00前后，下午15:00、16:00前后，晚上20:00、21:00、22:00这几个时点是流量的高峰期，直通车竞争相对较大；如果始终保持原有的出价，很难在激烈的竞争中获得优势。而手动调整出价则会浪费大量的时间，错失高峰时段的大好机会，造成资源的浪费。此时，就需要提前设置直通车的投放时间，在流量低谷与流量高峰时段设置不同的出价，以控制成本，保证资源得到最大程度的利用。

在推广计划编辑页面中单击 ① 设置投放时间 按钮，打开"设置投放时间"页面，在其中可看到4种设置模式，即"当前设置""全日制投放""行业模板""自定义模板"，如图3-19所示。

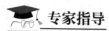 **课堂讨论**

直通车的投放时间模式种类多样，哪种模式比较好呢？不同的时间段应该怎么设置呢？

一般情况下，建议直接在当前设置模式下进行设置，即直接在下方的视图列表中，根据自己的需求进行自定义设置。设置时，通常在淘宝流量最少的时段不设置投放，如凌晨00：00~7：00，也可为低流量时段设置30%左右的折扣。设置后，视图列表中会根据投放的折扣显示不同的底纹，白色为不投放，灰色为100%折扣；小于100%为蓝色；大于100%为橙黄色。

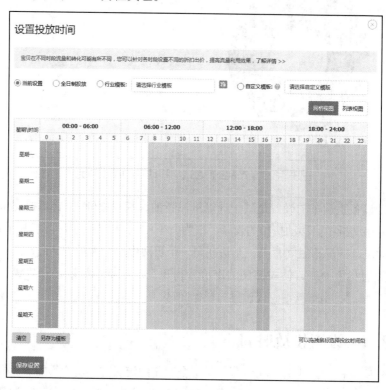

图3-19　设置投放时间

专家指导

不同类目、不同产品的目标消费人群不同，成交时段也存在差异，卖家要根据自身行业的特点来进行设置，合理分配直通车的投放时段，尽量在高峰期进行重点投放。

3.2.5　设置投放地域

电商运营比传统运营的优势之一在于，其投放地域包括所有互联网能够到达的区域。广阔的投放市场造就了不同地区、不同消费群体对产品的不同需求，因此，不同的产品其投放的地域有所区别。

📢 **课堂讨论**

> 南方和北方的天气、生活方式都有较大差异，相同类目下的什么产品适合投放在南方？什么产品适合投放在北方？试举例说明。

那么，如何判断自己应该投放的地域呢？在直通车操作界面左侧单击"工具"选项卡，在打开的下拉列表中选择"流量解析"选项，打开"流量解析"页面，输入与产品相关的关键词，单击 🔍查询 按钮进行查询。如一款女士卫衣，在输入关键词时，要包含商品的特点，假设这款卫衣的特点是加绒，那么建议搜索的关键词设置为"卫衣女加绒"，而不要设置为"卫衣女"这样比较宽泛的词语。综合分析该关键词一周内的"展现指数"与"点击指数"，然后单击"数据透视"选项卡，查看该关键词的地域分布情况，如图3-20所示。

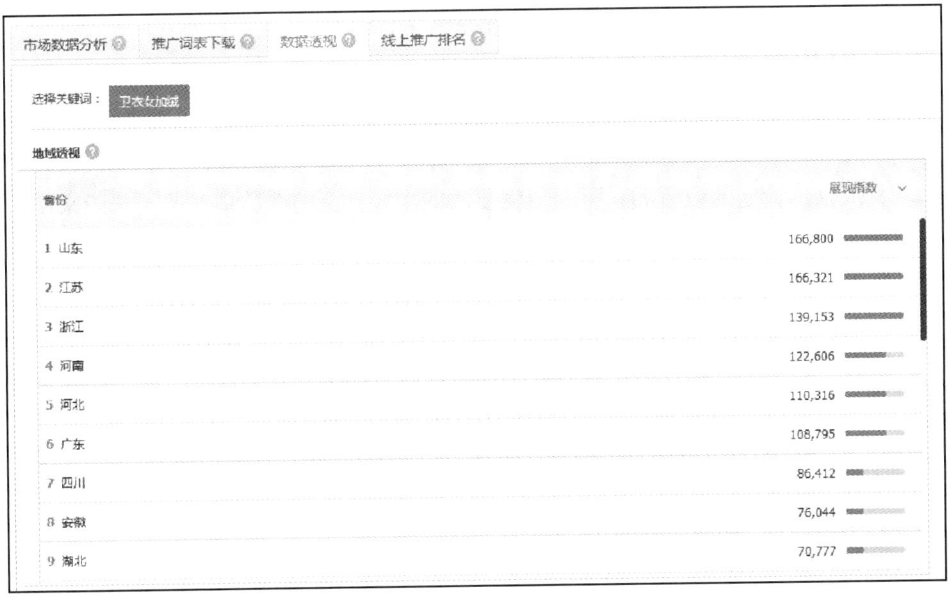

图3-20　查看关键词地域分布情况

根据结果数据和自己宝贝的特性，有针对性地选择前10~15个地域进行投放比较理想。当然，我们打造爆款时，因为要大量引流并提高店铺的人气，可以在所有地域进行投放，如图3-21所示。

图3-21　设置投放地域

3.2.6　选择爆款单品

完成推广计划的设置后，下一步就要添加需要打造的爆款单品了。一般来说，一个推广计划可以添加多个推广宝贝，但建议在测款阶段添加多个宝贝，在其中选择具有爆款推广潜力的宝贝；在推广爆款产品时，建议单独对爆款进行设置推广。那么怎么添加爆款单品到推广计划呢？打开推广计划编辑页面，单击按钮，打开"新建宝贝推广"页面，在"选择宝贝"栏中选择需要推广的单品即可进行添加，如图3-22所示。

图3-22　选择需推广的单品

3.2.7　添加创意

完成爆款单品的选择之后，就要为宝贝添加创意。创意的实质就是为宝贝设计一张高点击率的直通车主图和标题，用以吸引买家，达到使宝贝被精准点击的目的。直通车的目的是为了引流，而流量与宝贝的展现量和点击率有关，其计算公式为：流量=展现量×点击率，从这里也可以看出展现量与点击率对宝贝的重要性。前面我们设置了投放时间、地域等条件，这些都是针对展现量而言的。当展现量足够大时，点击率的高低就成了宝贝流量的直接决定因素。因此，添加创意，提高宝贝对买家的吸引力是非常重要的。

淘宝为卖家提供了3种不同的推广目标，即"日常销售""宝贝测款""自定义目标"，如图3-23所示。

图3-23　推广目标

不管选择哪种推广目标，下一步都需要为宝贝添加创意。添加创意分为添加创意图片和创意标题，分别介绍如下。

1．创意图片
为了使创意图片的展示效果更佳，在设计时应遵循一些原则，分别介绍如下。
（1）图片规范
创意图片的大小应是800像素×800像素以上的正方形图片，这样才能使宝贝主图具有放大功能，方便买家查看图片细节。

（2）构图合理

创意图片的构图方式很多，包括中心构图、三角构图、斜角构图、黄金比例构图等，但总体上要求符合消费者从左至右、从上至下、先中间后两边的视觉流程，图文搭配比例要恰当，颜色的搭配需和谐。并且，文本的排列方式、行距、字体颜色、样式等要整齐统一，可通过改变字体大小或者颜色来清晰地呈现画面的主次。图3-24所示的构图方式就比较灵活，近大远小，空间层次清晰。左图采用了三角形的构图方式，画面稳定；右图采用了斜角构图，画面动感十足。

图3-24 构图合理

（3）突出卖点

卖点要紧扣消费者诉求，简明扼要，不要为了展示产品功能而放置太多的卖点，这样反而会使直通车图片中的信息杂乱，没有宣传的重点。

（4）真实性

创意图片表达的内容要真实，包括价格、销量、好评等信息的真实性和产品属性信息的真实性，如材质、功能特点等。

🎓 **专家指导**

> 为了提高宝贝的点击率，创意图片往往不只做一张，可以通过不同的卖点、不同的设计形式制作多张直通车图片，然后依次测验，最终选择点击率与转换率最优的直通车图片做推广。

2．创意标题

创意标题可以与宝贝标题一样，但直通车创意标题字数应控制在20个汉字以内，建议以突出宝贝特点或卖点的形式来重新组词，从而吸引买家点击。直通车创意标题的最佳写作组合是产品名称+卖点，并且一个产品只罗列最重要的一个卖点；如果产品有多个卖点，一定要在标题里突出最重要的卖点，其他次要的卖点可以放到宝贝详情页中进行描述。

那么，怎么提炼宝贝的卖点，找到买家最关心的信息呢？

一般来说，商品性能、特点、价格、质量、促销信息、细节等都是买家想要了解的信息，都可作为卖点进行介绍，但标题字数有限，要合理对这些信息进行筛选，提炼出最能打动客户的卖点，并在标题中展现给买家看。

提炼产品卖点一般可采用FAB法则。

F代表商品的特征、特点，是产品最基本的的功能，主要从产品的属性、功能等角度来进行潜力挖掘，如超薄、体积小、防水等。

A代表商品特征发挥的优点及作用，需要从客户的角度来考虑，思考客户关心什么，客户心中有什么问题，然后针对问题从产品特色和优点的角度来进行提炼，如方便携带、电池耐用等。

B代表商品优点、特性带给客户的好处。应该以买家利益为中心，强调买家能够得到的利益，以激发买家的购物欲望，如视听享受、价格便宜等。

也可以简单地将FAB理解为：

F：产品有什么特点，特色是什么？

A：产品的特点、特色所呈现出来的作用是怎样的？

B：具体能给买家带来什么利益？

一般来说，从产品的属性来挖掘买家所关注的卖点是最为常用的方法。每一个产品都能够很容易地发现"F"，每一个"F"都可以对应到一个"A"和一个"B"。需要注意的是，买家最关注的往往是产品的作用和直接的收益。如一件中长款羽绒服，可拟定其创意标题为：反季清仓 加厚A字斗篷显瘦中长款羽绒服女。

3.2.8 设置关键词

完成创意的添加后，下一步就是设置关键词，在编辑页面中的"买词及出价"栏中即可设置并添加关键词。"日常销售"和"宝贝测款"两种推广目标可获得系统的推荐关键词。选择需要的关键词后，单击批量 修改匹配方式 按钮，在打开的下拉列表中的"匹配方式"栏中可设置关键词的匹配方式，包括广泛匹配和精确匹配两种方式，如图3-25所示。

图3-25 设置关键词匹配方式

不同的匹配方式决定了买家搜索词与添加的关键词之间的匹配程度，决定了该关键词是否有机会得到展现。其中，精确匹配是指买家搜索词与所设置的关键词完全相同或为同义词时，推广宝贝获得展示机会；广泛匹配是指买家搜索词包含了所设置关键词或与其相关时，推广宝贝都可能获得展示机会。表3-3所示为推广关键词与买家搜索词的匹配关系。

表3-3　推广关键词与买家搜索词的匹配关系

推广关键词	关键词匹配方式	买家搜索词	是否获得展示
打底连衣裙	精确匹配	打底连衣裙	展示
	广泛匹配	加厚打底连衣裙	展示
		打底连衣裙	展示
		中长款连衣裙	展示
		修身连衣裙	展示

"自定义目标"需要自己添加关键词。若系统推荐的关键词与卖家自己需要推广的关键词不匹配时，也可单击 ➕更多关键词 按钮，打开"添加关键词"页面，在其中添加需要的关键词。默认可添加200个关键词，在设置时可参考系统推荐词进行选择，首选相关性和展现指数高的关键词。

直通车中的关键词后会有一个橙色刻度，刻度越高，相关性就越高。展现指数越高，展示机会越大。此外，在有些关键词后还带着标签，如"热""锦""扩""飙"等，这些带有标签的关键词一般可以带入流量，而带"想""潜""优""同"标签的关键词更注重转化。有些关键词会同时带多个标签，这样的关键词通常数据表现较好，可以优先选择，如图3-26所示。

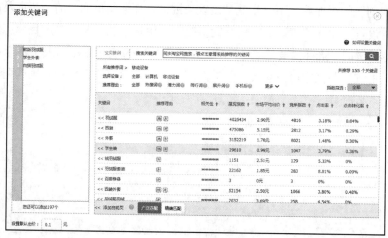

图3-26　添加关键词

3.2.9　设置出价

出价是指关键词的推广价格。卖家一定要慎重设置出价，因为出价直接关系到推广成本与展现的效果。在设置时要结合关键词的展现量、点击量、点击率等数据，再根据系统给出的默认出价，即该类目的行业平均出价进行设置。

3.2.10　添加精选人群

推广宝贝的最后一步是设置精选人群。精选人群可以有效地帮助卖家更快聚焦流量，提高商品的转化率。淘宝为卖家推荐了几种类型的人群，不同的商品和类目，其人群也不同，如图3-27所示。

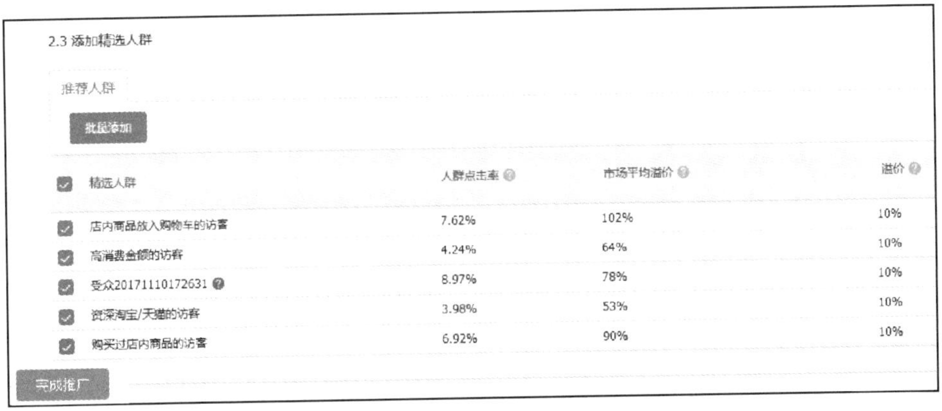

图3-27　推荐人群

添加人群时，参考人群点击率、市场平均溢价、溢价等数据进行设置，其各个数据的含义分别介绍如下。

- **人群点击率**：表示最近7天内，在与宝贝相同子类目的所有宝贝中，该人群的平均点击率。
- **市场平均溢价**：表示最近7天内，与宝贝相同子类目的所有宝贝中，该人群的平均溢价。
- **溢价**：溢价是表示在正常市场竞争条件下，比市场销售价高出的那部分价格，直通车为卖家推荐的适合宝贝的溢价，卖家可根据实际需要进行修改。

搜索人群溢价，就是在关键词原出价基础上加价。如关键词出价1.00元，搜索人群溢价比例为50%，人群出价=1×（1+50%）=1.5元。如果设置了移动折扣，则再乘以移动折扣。

但并不是所有的人群都是适合设置溢价的人群，那么，怎么来进行测试和判断呢？首先，可以对所有的人群全部添加溢价，溢价设置为5%~20%，在3~7天内观察

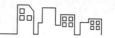

人群的展现量、点击率和转化率，选择数据表现结果较好的人群适当增加溢价，对表现不好的人群进行降低溢价或暂停推广。

3.2.11　任务实训及考核

根据介绍的相关知识，完成表3-4所示的实训任务。

表3-4　实训任务

序号	任务描述	任务要求
1	为自己的店铺新建一个标准推广计划	推广计划的名称根据需要进行设置
2	设置推广计划的日限额、投放时间、投放地域	注意移动端与PC端的比重
3	添加推广的宝贝，设置宝贝创意、关键词和出价	根据营销计划和目标消费群体需求进行设置

填写表3-5的内容并上交，考查对本节知识的掌握程度。

表3-5　任务考核

序号	考核内容	分值（100分）	说明
1	日限额怎么设置比较合理？		
2	宝贝创意图片有哪些设计要素？		
3	怎么选择关键词和人群？		

3.3　直通车定向推广

定向推广是直通车推广中非常常用且有效的一种投放方式。直通车的定向推广可以根据卖家的实际需求，设置不同的投放维度，如展示位置、投放人群等；还可对投放人群进行细分，按照购买意图、访客定向等分别进行投放。特别是对于打造爆款来说，定向推广是十分重要的。

课堂讨论

针对下列问题展开讨论：

（1）购物时，网站有向你推送过宝贝吗？

（2）淘宝中的热卖单品、旺旺每日焦点图等栏目中展示的商品是按什么原理推广的？

本节将先了解定向推广的定义和原理，然后对定向推广的投放人群、展示位置等进行设置，做好潜在买家的精准覆盖。

3.3.1　定向推广的定义和原理

定向推广依靠淘宝网庞大的数据库，构建出买家的兴趣模型。它通过从细分类目中抓取那些特征与买家兴趣点匹配的推广宝贝，展现在目标客户浏览的网页上，帮助卖家锁定潜在买家，实现精准营销。

定向推广的作用

那么，定向推广是从哪些数据获取用户信息的呢？主要包括会员属性、买家行为和历史成交用户属性3个方面。

- **会员属性**：主要指买家注册的淘宝账号的详细资料，包括性别、年龄、所在地等。
- **买家行为**：主要包括买家在淘宝中的搜索、浏览、收藏、加入购物车和购买成交等行为。
- **历史成交用户属性**：是指通过对曾经购买过推广宝贝的用户的属性进行分析，寻找与其具有相同属性的人群，判断是否存在潜在的购买需求。因此，建议设置为定向推广的宝贝要有一定的销量。

通过这种匹配方式，系统会自动匹配出相关度较高的宝贝，并结合出价以及宝贝推广带来的买家反馈信息进行展现；出价高且买家反馈信息好的宝贝，定向推广展现的概率就大。同时，系统会根据宝贝所在类目下的属性特征及标题去匹配宝贝，宝贝属性填写越详细，被匹配的概率也越大。

3.3.2　设置投放人群

设置投放人群是指对宝贝投放人群的属性进行设置，包括访客定向和购物意图定向。在推广计划中单击宝贝推广，进入推广页面，单击"定向推广"选项卡即可查看并进行设置，如图3-28所示。

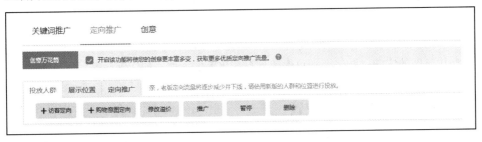

图3-28　定向推广

- **访客定向**：是指对"喜欢我店铺的访客"和"喜欢同类店铺的访客"进行定向。"喜欢我店铺的访客"包括在自己店铺购买过的访客、收藏过店铺的访客、将宝贝放入购物车的访客和浏览过店铺宝贝的访客。这种投放方式主要面向老客户，精准度比较高，效果比较好，可以有效提升店铺的回购率和好评率，甚至能拉动店铺新品的数据，对宝贝优化十分有利。"喜欢同类店铺的访客"是指与自己店铺类似的店铺访客，偏重于对竞争对手的客户进行定向，主要用于竞争和发展新客户，如图3-29所示。

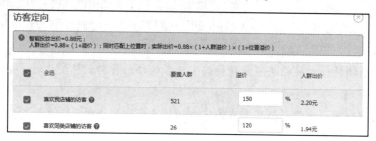

图3-29　访客定向

- **购物意图定向**：主要是"单品兴趣定向"，根据买家搜索关键词的历史记录为买家主动推荐产品，如图3-30所示。购物意图定向标签是系统根据投放的宝贝标题属性进行匹配的，如果发现标签内容很少，建议卖家完善宝贝标题属性后再进行设置。

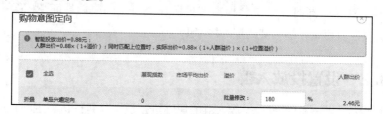

图3-30　购物意图定向

定向推广建议在开展店铺活动或参加淘宝官方活动时开通，因为活动期间的价格优惠大，性价比高，可以吸引更多买家收藏或加购。同时，还要注意宝贝推广不同时期的人群选择。一般来说，引流期可以广泛关注各个人群；引流预备期则加大对购物意图的定向；转化期则只保留具有转化率的人群，如店铺访客。

3.3.3　设置展示位置

展示位置分为移动端的展示位置和PC端的展示位置。移动端有：手机淘宝首页的"猜你喜欢"、手机淘宝消息中心的"淘宝活动"。PC端有："我的购物车"中的"掌柜热卖"淘宝收藏夹中的热卖单品、"我的淘宝"首页中的"猜你喜欢""我的淘宝"中的"物流详情""我的淘宝"中的"已买到的宝贝"。选择一个好的展示位置可以为宝贝带来非常好的推广效果，如手机淘宝的"猜你喜欢"，淘宝会根据客户的浏览记录将宝贝推荐到该位置，流量非常大，如图3-31所示。

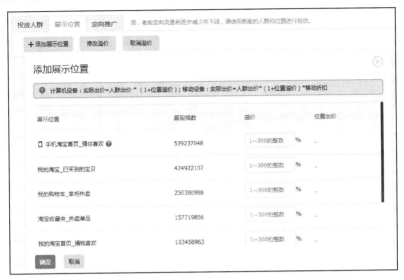

图3-31 展示位置

3.3.4 设置出价

定向推广的竞争同样激烈，怎么来合理地设置出价，增加宝贝的展示机会呢？这需要卖家通过不断的测试来进行分析。首先要设置一个中间偏下的起步价，可以参考购物意图中的市场平均出价，前期不宜设置得太高，每天调整2次价格，每次调价幅度控制在5分钱至1毛之间。然后观察流量与转化的成交量。当流量基本稳定并保持一段时间后，可开始调低出价，继续观察；当流量出现明显变化时，再次调高出价。一直不断重复这个过程，不断对推广计划进行优化才能保证推广计划的展现效果。

这个方法也叫上下坡法，即通过上坡法先缓慢提高出价直到在预算范围内，当获得稳定的流量后再调低出价，先上后下，合理控制出价。当然，如果活动期间需要更多的流量，则可以通过提高底价同步提高整体人群出价。

3.3.5 任务实训及考核

根据介绍的相关知识，完成表3-6所示的实训任务。

表3-6　实训任务

序号	任务描述	任务要求
1	设置定向推广的投放人群	包括访客定向和购物意图定向
2	设置定向推广的展示位置	重点设置移动设备展示位置
3	设置定向推广的出价	采用上下坡法进行设置

填写表3-7的内容并上交，考查对本节知识的掌握程度。

表3-7　任务考核

序号	考核内容	分值（100分）	说明
1	访客定向包括哪些内容？		
2	定向投放的展示位置有哪些？		
3	怎么通过上下坡法控制出价？		

3.4　直通车推广策略

直通车推广是一个长期而又不断优化的过程，卖家要想通过直通车来推广宝贝，获得大量流量，就一定要掌握直通车推广的一些策略。下面将详细为卖家介绍这些策略，帮助卖家更加合理地控制成本，成功打造爆款。

 课堂讨论

针对以下问题展开讨论：

（1）关键词出价高于市场行业均值时要怎么设置折扣比例呢？

（2）爆款商品的销售热度下降后，该怎么设置关键词，来最大程度转化流量？

（3）关键词是不是越多越好？

投放时间、投放地域、关键词等内容设置是否合理，直接关系到直通车推广计划的效果。为了帮助卖家更好地运营店铺，本节将介绍直通车推广过程中的一些策略，包括不同时间折扣的技巧、关键词不同阶段的添加策略、关键词的调整优化以及提高质量得分的技巧，做好直通车的优化，保证直通车的推广效果。

3.4.1　不同时间的折扣技巧

一般情况下，如果卖家设置的关键词出价与市场行业均值相近时，可按照人流量的多少来设置时间折扣比例，如某类目在0:00~7:00时段不设置投放；8:00~9:00的折扣比例常设置为100%；10:00~12:00可稍微设置得高一些，如100%~130%；12:00~14:00适当降低；15:00~17:50的流量较大，再增加投放；18:00~20:00酌情降低；21:00~22:30再调高，如120%；22:30~24:00降低，如100%~105%。

但当卖家的关键词出价高于市场行业出价时，则需要保持时间折扣比例在100%以下；相反，当关键词出价低于行业均值时，则需要保持时间折扣比例在100%以上。

但这些策略都需要卖家结合实际情况进行分析，同时不断调整优化计划，才能保证店铺各项数据的稳定。

3.4.2　关键词不同阶段的添加策略

关键词对直通车的展现有很大的影响，卖家在设置关键词时不能盲目地认为关键词越多越好，因为推广计划的不同阶段所侧重的效果不同，这就需要针对不同时期采取对应的关键词选择策略。一般来说，可以按照推广商品的淡旺季周期来进行设置。

旺季来临之前的一段时间是开通直通车的最好时机，此时可以通过直通车来提升宝贝的人气，提高关键词的质量得分，减少后期的平均点击花费。因此，这个阶段要选择点击率好、点击指数高的关键词，并投放到展现指数与点击指数高的地方，这样才能最大限度地保证投放效果的精准度。

销售期是打造爆款最主要的时期，需要大量的流量，此时要选择展现指数较好的关键词，增加关键词的投放地域。因为经过前期的推广，此时通过关键词搜索到商品的买家具有较强的购买意向。在大流量的支持下才能满足销量的同步增长，达到爆款打造的目的。

推广商品进入一个相对的销售稳定期后，要进行关键词的筛选，保留有展现、有点击、有转化的关键词，删除无用的或转化较差的关键词。并同时继续寻找高转化的关键词进行添加，保证这个时期的转化效果，使直通车推广的投入产出比控制在较高的范围。

3.4.3　关键词的调整优化

在添加并设置好关键词和出价后，并不意味着推广计划就完成了。此时，还要对关键词进行调整优化。

直通车推广阶段，什么时候该对关键词进行提价？什么时候该对关键词进行降价？

关键词调整优化要结合一段时间内的投放数据来进行，明白在什么时候该采取什么策略。图3-32所示即为关键词优化调整的原理。

按照图中所示的关键数据，可以进行不同调整策略，分别介绍如下。

1. 低展现的关键词

按照淘宝自然搜索的排名规则，直通车排名越靠前的宝贝，得到的展示机会越多，获得流量的可

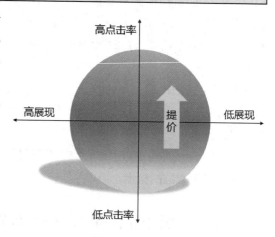

图3-32　关键词优化原理

能性越大。如果宝贝的平均展现排名太低，关键词没有展示机会，宝贝就无法被买家看到。所以，就必须提高关键词的排名，对这些展现量低的关键词进行提价。

当然，提价前要对关键词的数据进行分析，此时需要使用直通车工具中的"流量解析"功能来查看关键词的市场均价，因为在直通车初期，关键词的质量得分普遍不高，只有高于市场均价才能有不错的展现，图3-33所示为"加厚羽绒服"在某个时期30天内的市场均价。

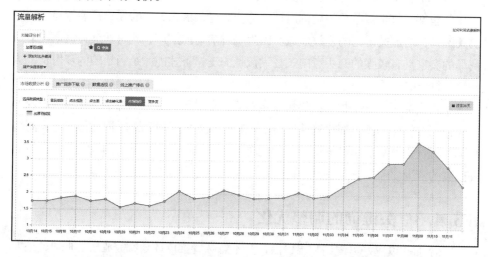

图3-33　"加厚羽绒服"在某个时期30天内的市场均价

2．低点击率的关键词

如果商品有展现，但点击率较低，则要先分析造成点击率低的原因。如果直通车中的多个关键词都出现点击率低的问题，则说明直通车的创意还不够吸引人，需要对创意图片、创意标题进行优化；如果个别关键词的点击率较低，且低于行业平均点击率，则可能是关键词所处的位置不佳，此时可通过分析竞争对手的直通车推广情况，改变自己直通车的排名，与竞争对手有所区别。

展现高、点击率也高于行业平均水平的关键词，才是真正能引流的关键词，但这并不代表关键词优化就结束了，这时，还要分析关键词的转化率，判断关键词投放是否精准。如果转化率低，则要从宝贝详情页、类目、产品相关性等方面进行优化。

3.4.4　提高质量得分的技巧

直通车的排名由关键词出价和质量得分决定，当关键词出价相差不大时，质量得分就成了影响排名与扣费的决定性因素。质量得分主要由相关性、创意质量和买家体验3个要素组成。

- **相关性：** 相关性即关键词与宝贝类目、宝贝属性和宝贝本身信息的相关程度，符合程度越高，相关性就越高。宝贝类目的相关性是指宝贝类目和关键词的优先类目要保持一致，例如大码女装的宝贝关键词中使用了男装的优先关键词，那么该关键词的相关性就比较低。宝贝属性和宝贝本身信息的相关性同理，宝贝属性的关键词最好能够对应购买的关键词，宝贝标题的信息能够对应直通车推广内容的信息。

- **创意得分：** 推广创意的得分高低主要取决于近期客户的点击反馈，通俗地说，就是点击率。如果关键词所在的宝贝的创意效果好，可以很大程度上提高点击率。

- **买家体验：** 买家体验是指买家在店铺的购买体验反馈，买家体验受很多因素影响，如店铺基础分、直通车转化率、购物车、收藏、好评、差评、关联营销、详情页加载速度、旺旺响应速度等。基础分是指整个直通车账户搜索关键词的推广效果，与整个直通车账户的点击率、转化率和店铺评分有关系。基础分是一个动态数据，会不停发生变化。如果账户的整体基础分较高，则添加关键词时，该关键词的质量得分也会相对高一些。直通车转化率是影响卖家体验非常重要的因素，转化率高，则买家体验评分高，质量分就可以得到快速提升。

所以，如果要对质量得分进行优化，相关性、点击率、点击转化率、账户历史记录等都是重要优化对象。此外，竞争情况也会对质量得分产生客观影响，竞争环境越激烈，则质量得分提高难度也越大。

3.4.5　任务实训及考核

根据介绍的相关知识，完成表3-8所示的实训任务。

表3-8　实训任务

序号	任务描述	任务要求
1	为宝贝设置不同时段的时间折扣	流量高峰期加大投放；低谷期减少投放
2	对展现量低的关键词进行优化	分析市场均价和竞争对手情况

填写表3-9的内容并上交，考查对本节知识的掌握程度。

表3-9　任务考核

序号	考核内容	分值（100分）	说明
1	销售期应该怎么添加关键词？		
2	可以通过哪些途径提高质量得分？		

拓展延伸

直通车是进行单品推广与爆款打造的常用工具，能够为商家带来大量的流量与成交转化，但大部分卖家对直通车的理解与操作还是不太熟练。要想融会贯通直通车的使用方法，还要注意以下3个问题。

一、如何通过直通车选品测款？

打造爆款，前期最重要的是选款。选款就是挑选出市场接受度高、受买家欢迎的产品。那么如何通过直通车来选款呢？最简单的方法是将需要推广的几个备用产品通过直通车来进行测试，找出最具有成为爆款潜力的产品进行推广。首先，在众多产品中先选出具有爆款潜力的产品，产品的数量控制在5~6个，同时要保证这些产品的库存充足，然后制作创意推广图。之后，新建推广计划，保证一个计划只推广一个产品，避免不同产品之间的影响。然后在保证预算、投放时间、投放平台、投放地域都相同的情况下，观察这些产品的展示数据，选择转化率、收藏、停留时间等数据较好的产品作为主推产品，即将要打造的爆款产品。

二、不适合使用直通车进行推广的情况有哪些?

并不是任何产品、任何店铺都适合通过直通车进行推广，下面介绍一些进行直通车推广时收益可能不太明显的情况。

- **图片不好看的商品**：图片是直通车推广中获得点击率最重要的因素，商品图片不好看，点击率较低，也会导致店铺流量低。
- **价格太高或太低的商品**：价格太高的商品，一般转化率不会太高，则由直通车带来的收益就不高；价格太低的商品，消费者容易怀疑商品质量，从而影响转化率。一般来说，价格适中的产品更适合参加直通车推广，收益也会更好。
- **没有销量的商品**：消费者的从众心理会在很大程度上影响他们的消费行为，销量好的商品更容易取得消费者的信任和好感，从而商品转化率就高，参与直通车推广的性价比就高。
- **中小卖家不要争夺热门关键词**：淘宝网中的关键词热度越高，流量就越大，然而，这些关键词的竞争环境也更激烈，竞价也更高。对于中小卖家而言，不管是激烈的竞争环境还是高昂的竞价，都不是轻易可以承受的，建议中小卖家可以通过锁定长尾词的方式参与竞争。

三、对于新手而言，关键词加价有哪些技巧?

直通车排名由质量分和出价决定。在质量得分一定的基础上，出价越高的关键词，排名就会越好；而为了获得更好的排名和展现，就需要对关键词进行加价。关键词加价主要涉及两个因素，一个是哪些关键词适合加价，另一个是怎么加价。

- **关键词加价**：对新手来说，直通车推广的主要目的是获取流量，因此流量越高的关键词，越适合加价。当然并不是说只要流量高的关键词，都可以进行加价。卖家加价的目的是为了提高关键词的排名和展现，如果关键词的平均展现排名比较高，例如排名前10的关键词，说明该关键词的流量已经很多了，提升空间不大，那么这时候进行加价就没什么意义，并不能获得更多的流量。
- **加价幅度**：当关键词质量得分高时，关键词默认出价越低越好。如果需要对关键词进行加价，则出价和平均点击差距越大，提高出价的幅度就可以越大，反之越小。例如，某个关键词的出价是1.65元，平均点击花费是0.85元，那么此时提价的幅度就可以稍微高一些，如加价0.5元。如果关键词的出价是1.85元，平均点击花费是1.55元，那么此时加价的幅度就应该降低。

📈 实战与提升

通过本章知识的学习，对下列问题展开讨论与练习，在巩固所学知识的同时，

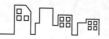

拓展视野，进一步提高自己的能力。

（1）在直通车中新建推广计划来推出新品并将其打造为爆款。在这个过程中怎么控制关键词的出价？是不是只要跟随市场平均出价就可以了？

提示： 新品由于没有一定的销量基础，因此建议先销售一段时间，有了基础的销量与好评后再开始直通车推广。而关键词出价则取决于店铺的实力与产品的竞争力，如果要测试产品的受欢迎程度，则要尽量提高产品的排名，可高于市场平均出价。同时至少观察3天的数据再进行优化，保证数据结果的准确性。

（2）为推广的单品制作一款创意推广图，要求突出买家利益，以最直观的方式来吸引买家。

提示： 产品性能、用途、卖点等是买家最关心的内容，可以通过个性化的构图来突出产品卖点，并巧妙地结合销售思路，将买家的利益展示出来。在制作过程中，要以买家的利益为出发点，可写一些有吸引力的文案。

（3）创建一个定向投放计划，重点对具有购物意图的群体进行投放，并思考购物意图定向的适用场合。

提示： 购物意图定向根据投放的宝贝标题，由系统筛选出可以代表该宝贝的多种关键词组合，如"蕾丝 连衣裙"，则对应为有"蕾丝 连衣裙"购物意图的买家人群，而买家人群的购物意图是通过其在淘内浏览的商品进行分析的。这种投放方式适合需要精细化分人群设置出价并获取更多流量的店铺，具有挖掘买家潜在偏好、流量精准等特点。

第4章 钻展推广，定位精准人群

学习目标

在淘宝提供的众多付费推广模式中，钻石展位（智钻）是影响力非常广泛的推广模式。通过钻石展位不仅可以推广单品，提高单品的销量，还可以针对店铺锁定目标买家，实现更加精准化、精细化的营销推广，从而提高整个店铺和品牌的影响力。

学习导图

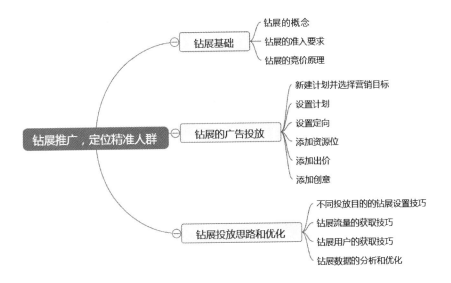

案例导入

　　"双十一"是电商行业的年度盛事，是每个电商卖家的"必争之地"。"双十一"这天的流量和销售额可以说是全年之最，也是影响网店后续发展的重要因素。"裳婴阁"是一家出售童装的淘宝店铺，为了迎接"双十一"，引爆流量和销量，可谓做足了准备。

　　为了在竞争激烈的"双十一"中争得一席之地，"裳婴阁"先是采取了一系列的促销措施，如爆款优惠券、店铺满减、秒杀活动等，再通过短信将活动信息发送给消费者，引导消费者提前收藏和加购商品，以使店铺获得更好的排名和更多的流量。

　　"裳婴阁"还重点开通了钻展推广，根据店铺对"双十一"流量的需求，以及童装特殊的消费人群（年轻妈妈），选择了首焦和Banner等流量较大的钻展位置进行有针对性的投放。同时，考虑到手机端的占比，还同步开通了手机端的钻展投放，创作了多张钻展创意图进行投放，并通过点击单价、收藏和转化等数据测试其效果，选择效果最优的作为后续的展位图；同时将跳转页面定位到店铺首页，首页中放置了风格统一的各类商品与所有的活动信息。

　　为了更好地定向新顾客，在钻展开通期间，店铺还设置了一些收藏有礼和加购抽奖的活动，专门将活动信息推送到对店铺有一定认知、却没有收藏和加购的顾客，如15天内访问过店铺却没有收藏的人群，这部分顾客比从来没有了解过店铺的顾客具有更大的消费潜能。这些活动能够在很大程度上刺激他们收藏店铺，提高店铺人气。

　　对于老顾客和将产品加入购物车的人群，则推送优惠券给他们。这部分人群因为对店铺有一定的了解或已经产生了购物的欲望，购买的可能性更高。

　　店铺通过钻展的投放，以较低成本引进流量，提高收藏量，扩大加购人群，以提高店铺在"双十一"活动时的会场排名。店铺密切关注钻展数据，通过测试来优化调整，确保可以达到预期的效果。

　　在钻展与各种促销活动的猛烈攻势下，"裳婴阁"打下了良好的"双十一"活动基础，在"双十一"当天创下了300万元的销售额，带动了店铺众多产品的销售，提高了店铺的人气。

　　【思考】

　　（1）什么是钻展？钻展的投放方式有哪些？

　　（2）钻展是怎么付费的？其推广过程是怎样的？

　　（3）怎么查看钻展数据？怎么对钻展进行优化？

4.1 钻展基础

钻石展位是通过图片创意吸引买家点击，从而获取巨大流量的一种推广方式。钻石展位为卖家提供了数量众多的网内优质展位，包括淘宝首页、内页频道页、门户、画报等多个淘宝站内广告位，以及搜索引擎、视频网站和门户网等多个站外媒体展位，推广效果十分可观，比较受大商家青睐。

课堂讨论

针对下列问题展开讨论：
（1）经常在淘宝首页中看到很多广告，你知道哪些是钻展广告吗？
（2）一家新开张的网店适合通过钻展来推广吗？

钻展是除了直通车外的另一种付费推广工具，其推广效果与定向人群的精准度、创意广告的吸引力有关；同时，店铺的综合实力也是影响推广效果一个重要因素。本节将对钻展的相关知识进行介绍，了解钻展的概念、准入要求和竞价原理，为后面创建钻展计划做准备。

4.1.1 钻展的概念

钻展是依靠淘宝对海量用户的行为进行大数据分析，进而将其锁定为某种类型产品的潜在意向用户，并通过投放钻展广告将商品展示给该部分用户的一种定向推广方式。钻展推广与直通车推广不同，其推广的消费者购物意向较低，但仍具有很多优势。

- 钻展的投放位置非常多，包括淘宝首页、天猫首页、移动端等站内资源位和各大视频、门户、社区网站等全网优质流量资源。图4-1所示为淘宝首页的钻展展示位，该位置浏览的用户多，流量大，是一个非常具有竞争价值的资源位。
- 钻展可以定向的人群更多，可采用群体定向、访客定向、兴趣点定向和DMP定向等多种定向方式，以精确圈定目标客户，实现营销目的。
- 钻展拥有自身的数据分析与监控系统，方便卖家全面监测数据，实时了解投放效果，对广告投放进行调整和控制。
- 钻展不仅可达成短期营销目标，也可作为长期营销目标的营销计划，实现全面引流和提升品牌价值的目的。

图4-1　淘宝首页钻展资源位

4.1.2　钻展的准入要求

钻石展位对淘宝卖家、天猫卖家和飞猪商家的准入资格进行了规定，只有满足要求的卖家才可申请钻石展位推广服务。

🎓 **专家指导**

飞猪是阿里巴巴旗下全球领先的综合旅行服务平台，其目的在为用户提供便捷、高性价比的出行服务。

1. 淘宝卖家准入要求

钻石展位资质管理对淘宝店铺的要求如下。

- 商家店铺信用等级一钻及以上。
- 店铺每项DSR在4.4分及以上（特殊类目无DSR要求或者可相应放宽，由阿里妈妈根据特殊类目的具体情况另行确定）。
- 店铺如因违反《淘宝规则》中相关规定而被处罚扣分的，还需符合图4-2所示的条件。

违规类型	当前累计扣分分值	距离最近一次处罚扣分的时间
出售假冒商品	6分及以上	满365天
严重违规行为（出售假冒商品除外）	大于等于6分，小于12分	满30天
	12分	满90天
	大于12分，小于48分	满365天
虚假交易（严重违规行为除外）	大于等于48分	满365天

图4-2　违反《淘宝规则》而被处罚扣分的附加条件

- 在使用阿里妈妈的营销产品或淘宝服务时未因违规而被暂停或终止服务（阿里妈妈的营销产品包括钻石展位服务、淘宝直通车、天猫直通车和淘宝客等业务）。

2．天猫卖家/飞猪商家准入要求

钻石展位资质管理对天猫店铺/飞猪商家的要求如下。

- 店铺每项DSR在4.4分及以上（特殊类目无DSR要求或者可相应放宽，由阿里妈妈根据特殊类目的具体情况另行确定）。
- 店铺如因违反《天猫规则》《飞猪规则》中相关规定而被处罚扣分的，还需符合图4-3所示的条件。

违规类型	当前累计扣分分值	距离最近一次处罚扣分的时间
出售假冒商品	6分及以上	满365天
严重违规行为（出售假冒商品除外）	大于等于6分，小于12分	满30天
	12分	满90天
	大于12分，小于48分	满365天
虚假交易（严重违规行为除外）	大于等于48分	满90天

图4-3　违反《天猫规则》《飞猪规则》而被处罚扣分的附加条件

- 未因违规被终止过钻石展位服务。
- 在使用阿里妈妈其他营销产品或天猫服务时未因违规被暂停或终止服务。

4.1.3　钻展的竞价原理

钻石展位有按展示付费（CPM）和按点击付费（CPC）两种方式，每种方式的竞价原理和付费方式都不相同，下面分别进行详细介绍。

1．CPM出价

CPM是"Cost Per Mille"的英文缩写，指按照广告创意每1000次展现计费，即如果出价6元，广告被人看1000次收取6元。该方式按照竞价高低进行排名，价高

者优先展现，出价最高的预算消耗完后，轮到下一位，以此类推，直到该小时流量全部消耗，排在后面的将无法展现。

按照CPM出价的规则，能获得的总流量=总预算／CPM千次展现单价×1000。在同样的预算下，千次展现单价越高，获得的流量反而越少，因此要在保证出价能展现的基础上，合理竞价。

若展现不足1000，系统会自动折算收费，但在实际竞价中，系统是根据平均每一次展现的出价来排序的。当有一个符合定向要求的消费者打开网页、浏览广告位时，对该消费者出价最高的推广计划将获得展现机会。

钻石展位调整出价后实时生效，因此在实际竞价中，下一名的店铺、出价都是频繁变化的，每一次展现都是根据下一名的出价来结算的。当用户打开网页、浏览资源位时，系统投放推广创意，同时根据CPM结算价格（结算CPM=下一名出价+0.1，且不会超出自己的出价）计算1次展现的结算价格。最终的扣费是多次展现结算汇总的结果。

假如有4家参加竞争的店铺定向了同一个用户群，投放了同一个资源位，同时使用CPM出价方式，在某一个时间段中都没有调整出价，那么这4家的竞价排名、1次展现结算价格、展现量和总花费就如图4-4所示。

	出价方式	CPM出价	对1次展现的出价	竞价排名	CPM结算价格（下一名+0.1）	1次展现的结算价格	获得展现	点击	点击率	总花费（1次展现结算价×展现）	平均点击单价（总花费/点击）
A店铺	CPM	72.00	0.07200	1	60 + 0.1 = 60.1元	0.06010	8,713	805	9.24%	523.65	0.65
B店铺	CPM	60.00	0.06000	2	54 + 0.1 = 54.1元	0.05410	4,665	421	9.02%	252.38	0.60
C店铺	CPM	54.00	0.05400	3	54元（下一名+0.1高于自己的出价，因此按自己出价）	0.05400	2,423	155	6.40%	130.84	0.84
D店铺	CPM	53.99	0.05399	4	53.99元	0.05399	590	34	5.76%	31.85	0.94

图4-4 CPM模式下不同店铺竞价的数据展示

2. CPC出价

CPC是"Cost Per Click"的英文缩写，指广告创意按照用户点击次数计费。使用CPC出价时，系统会将CPC出价折算成CPM出价，折算公式为：CPM出价 = CPC出价×预估CTR×1000，计算后的结果再与其他CPM出价混合竞价。

如果CPC出价不变，预估CTR越高，折算出来的CPM出价就越高。CPC出价的优势是点击单价可控，但由于预估CTR是由系统决定的，折算出来的CPM出价不确定，不能保证店铺始终有较好的竞价排名。

假如有4家参加竞争的店铺以不同的出价方式定向了同一个用户群，投放了同一个资源位，在某一个时间段都没有调整出价，那么这4家店铺的折算后出价、竞价排名、折算后的1次展现出价、1次展现的结算价格、展现量和总花费就如图4-5所示。

	出价方式	出价	预估CTR（系统提供）	折算后的CPM出价	折算后对1次展现的出价	竞价排名	CPM结算价格（下一名+0.1）	1次展现的结算价值	获得展现	点击	点击率	总花费（1次展现结算价×展现）	平均点击单价（总花费/点击）
A店铺	CPC	0.8元	9%	0.8 × 9% × 1000 = 72.00元	0.07200	1	60 + 0.1 = 60.1元	0.06010	8,713	805	9.24%	523.65	0.65
B店铺	CPM	60元	/	60.00元	0.06000	2	54 + 0.1 = 54.1元	0.05410	4,665	421	9.02%	252.38	0.60
C店铺	CPC	0.9元	6%	0.9 × 6% × 1000 = 54.00元	0.05400	3	54元（下一名+0.1高于自己的出价，因此按自己出价）	0.05400	2,423	155	6.40%	130.84	0.84
D店铺	CPM	53.99元	/	53.99元	0.05399	4	53.99元	0.05399	590	34	5.76%	31.85	0.94

图4-5　CPC模式下不同店铺竞价的数据展示

课堂讨论

根据以上内容，总结 CPM 出价与 CPC 出价的区别。

4.1.4　任务实训及考核

根据介绍的相关知识，完成表4-1所示的实训任务。

表4-1　实训任务

序号	任务描述	任务要求
1	进入淘宝首页、天猫首页查看智钻首焦广告图	分析广告图是否有吸引力
2	进入人民网、新浪、搜狐、网易、凤凰网、中华网、中国网等综合门户网站，查看是否有淘宝智钻投放的广告	对比不同网站的投放位置与图片效果

填写表4-2的内容并上交，考查对本节知识的掌握程度。

表4-2　任务考核

序号	考核内容	分值（100分）	说明
1	钻展推广的原理是什么？		
2	钻展的竞价排名方式是怎样的？		

4.2　钻展的广告投放

了解了钻展的基础知识后即可开始进行钻石展位的广告投放。钻石展位广告投放与直通推广类似，都需要新建计划，然后在计划中选择营销目标、设置计划、设置定向、添加资源位、添加出价、添加创意，当创意审核通过后即可投放。

针对下列问题展开讨论：
（1）钻展投放需要设置投放时间与投放地点吗？
（2）怎么选择适合自己店铺的人群进行投放？
（3）钻展的投放位置很多，怎么选择对自己更有利的资源位呢？

钻展是根据投放产品的特点，判断具有潜在购买意向的消费者，然后重点向这些消费者投放广告，吸引他们点击的一种推广方式。这些操作都需要卖家在钻展后台进行操作，本节将介绍钻展广告的具体投放方法，帮助读者掌握相关知识。

4.2.1　新建计划并选择营销目标

设置营销目标是创建钻展推广计划的第一步，但在设置前需要先新建推广计划。其方法为：进入淘宝卖家中心首页，在"营销中心"栏中单击"我要推广"超链接，打开淘宝推广页面，在其中选择"钻石展位"选项，在打开的页面中单击 **进入钻展** 按钮，即可进入钻石展位推广页面，如图4-6所示。在该页面上方单击"计划"选项卡，单击 **+新建推广计划** 按钮，打开"选择推广场景"页面，在页面中选择需要的营销目标，如"为店铺引流"，完成营销目标的设置，如图4-7所示。

图4-6　钻展推广页面

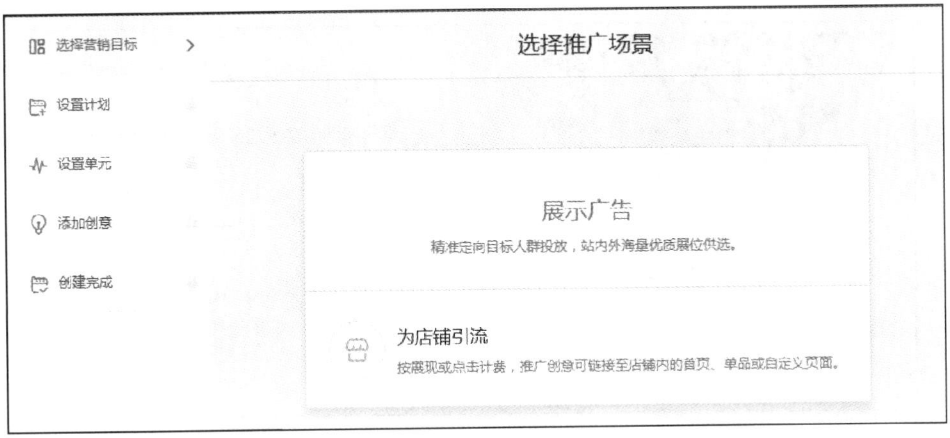

图4-7 选择营销目标

4.2.2 设置计划

完成营销目标的设置后，下一步就需要对计划进行设置，主要包括营销参数和基本信息两个部分。

1．设置营销参数

选择营销目标后将自动进入计划设置页面，在"设置营销参数"栏中可进行营销场景、生成方案的设置，如图4-8所示。营销场景以广告主和消费者之间的关系模型为数据基础，将流量分成广泛未触达用户、精准未触达用户、触达用户、认知用户、成交用户5种目标人群，并按照不同的营销需求，对需要的人群进行勾选投放，并可以看到相应的效果数据反馈。这5种人群从上到下呈现漏斗形分布，如图4-9所示。

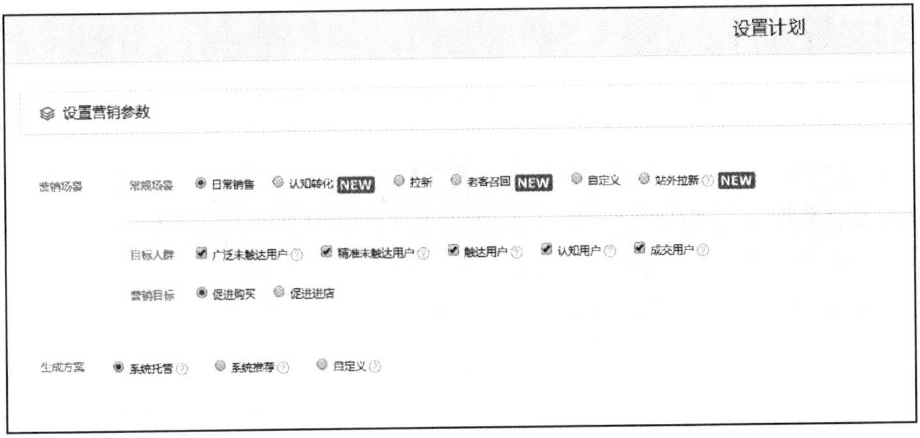

图4-8 设置营销参数

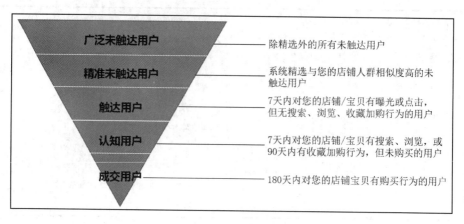

图4-9　目标人群之间的关系

选择不同的营销场景，目标人群的范围也不相同，如"日常营销""自定义""站外拉新（拉进新客户）"包括所有的5种目标人群；"认知转化"包括触达用户和认知用户2种人群；"拉新"包括广泛未触达用户、精准未触达用户、触达用户、认知用户4种人群；"老客召回"只包括成交用户。卖家需根据实际需要选择需要投放的目标人群、营销目标和生成方案，完成营销参数的设置。

专家指导

"系统托管"方案是指设置营销目标和创意后，由系统进行智能推广，该方式简单而高效。"系统推荐"方案是指系统根据设置的营销目标和店铺特征，为店铺推荐并生成推广方案；卖家可根据实际需要进行微调。"自定义"方案则完全由卖家自己设置定向、资源位、出价等推广要素。

2. 设置基本信息

基本信息包括计划名称、付费方式、地域设置、时段设置、投放日期、投放方式、出价方式、每日预算等内容。付费方式包括CPM和CPC两种，可根据需要进行选择。需要注意的是，钻展广告投放是面向整个互联网的，因此还要设置符合自己目标人群的投放地域，选择对自己产品有较强购物意向的地域进行投放。可在生意参谋的"访客分析"中查看访客地域分布，如图4-10所示。然后在"基本信息"栏中单击选中单选项，在展开的列表中选中需要投放的地域即可，如图4-11所示。

图4-10　查看访客地域分布

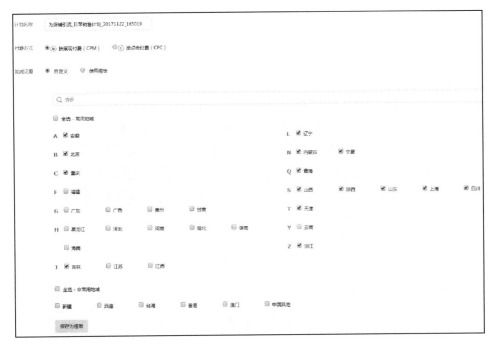

图4-11 设置投放地域

投放时间则要结合店铺不同时段流量的变化与投放钻展的目的来进行设置，可通过生意参谋的流量看板查看访客来访的时间；同时还要注意访问的终端设备，以此来确定投放时间，达到最理想的投放效果，如图4-12所示。

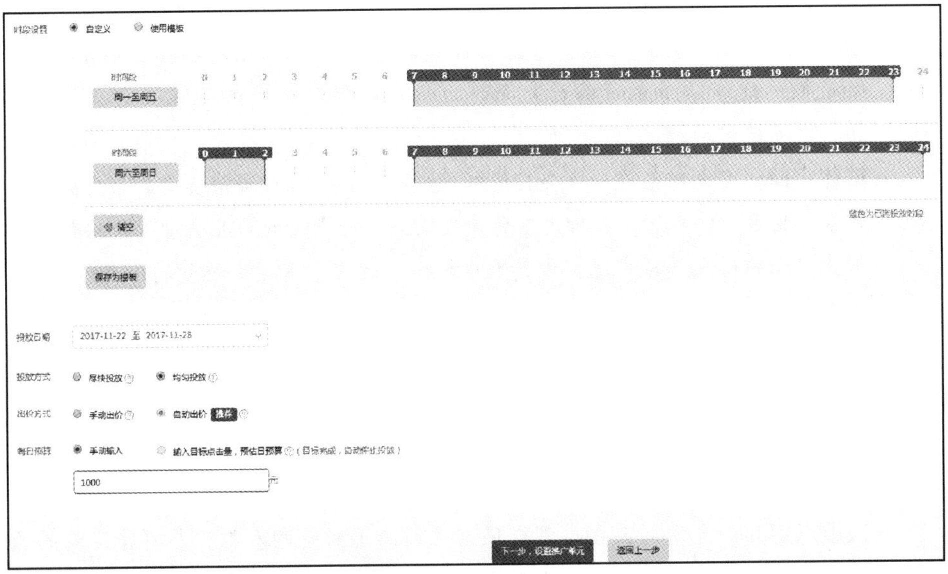

图4-12 设置投放时间

投放日期可根据实际需要设置，如15天、30天、60天或不限日期等。

投放方式包括尽快投放和均匀投放两种。"尽快投放"适合对应流量预算的集中投放，即当遇到符合定向条件的流量时，计划就会参与竞价，直到计划的预算全部消耗完毕。"均匀投放"适合全天预算的平滑投放，即系统将预算分配到每个小时，每个小时预算用完时计划自动暂停，到下一个小时再开启，保证每个小时都有展现。那么怎么来选择适合的投放方式呢？若选择均匀投放，则要保证全天每个小时的流量是平滑的，预算可控；避免流量瞬间进店，造成客服压力过大，适用于日常投放、圈定人数较多的宽泛定向。而尽快投放则可以尽可能地定向所圈定人群，适用于圈定人数较少的精准投放，如维护店铺老顾客，单独定向某竞品店铺等。

每日预算的金额必须大于300元，且首次使用钻展时必须累计充值1 000元以上成为钻石展位正式用户才能新建计划。

4.2.3　设置定向

CPC和CPM定向投放的区别

完成推广目标与计划的设置后，单击 下一步，设置推广单元 按钮即可进入设置单元页面。在该页面中需要先进行定向设置，以将推广广告展现给更精准的目标消费人群，从而获得更精准的定向流量。

钻展定向的原理是系统根据消费者的多种历史行为，如搜索、浏览、收藏等，给每一个访客打上相应的标签，以便为店铺匹配合适的消费者群体。因此，不同的消费者打开淘宝，看到的钻展焦点图也不一样。钻石展位定向有通投、群体定向、访客定向、兴趣点定向等多种定向方式，下面介绍几种常用的定向方式。

- **通投**：即不限人群投放，人群量非常大，花费快，流量不精准。前期如果要做通投，建议拿多个产品进行测试；如果要针对特定的二级页面、集合页面，则不建议通投。

- **群体定向**：定向对某些一级类目感兴趣的人群，通过综合消费者的历史浏览、搜索、收藏、购买行为，确定消费者当前最可能点击的商品类型和价格偏向。群体定向的优点是较广泛，但精准度较低，适用于需要大流量的情况。

- **访客定向**：定向近期访问过某些店铺的人群，通过消费者在店铺的浏览、收藏、加入购物车和购买等行为，结合不同的时间周期，通过模型确定用户感兴趣的核心店铺，形成每个店铺的人群集合。广告主选定店铺ID，系统可以向与选定的店铺有关联的访客投放广告。访客定向的优点是可以一次定向较精准的目标人群，可用于维护老客户，也可引入竞争对手的客户或潜在客户。

- **兴趣点定向**：定向对某些类型或风格的商品感兴趣的人群，与群体定向的原理基本类似，但兴趣点定向更精准，可精确到叶子类目和部分二级类目。兴趣点定向的优点是可以一次定向较精准的目标人群，定向直达细分类目。

- **相似宝贝定向**：定向近期对竞品宝贝感兴趣的人群，其原理是通过广告主指定种子宝贝，寻找对种子宝贝感兴趣（浏览、收藏、加入购物车和购买等行为）的人群，或对与种子宝贝相似且有竞争关系的其他宝贝感兴趣的消费者群体。
- **DMP定向**：即达摩盘定向，是阿里妈妈基于商业化场景打造的数据管理合作平台，拥有消费行为、兴趣偏好、地理位置等众多数据标签，如基本信息、地理信息、上网行为、消费行为、用户轨迹、类目相关标签等。通过这些标签可以帮助推广方快速圈定目标人群，进行个性化的用户细分和精准营销；还可以实现各类人群的洞察与分析、挖掘潜力客户等。

专家指导

在填写推广单元名称和选择定向时，新手卖家建议先关闭通投和群体定向，优先考虑设置更精准的访客定向。钻展定向的精准度一般表现为访客定向＞兴趣点定向＞群体定向，因此新手建议只做最精准的访客定向。

4.2.4　添加资源位

完成定向的设置后，即可选择广告投放的资源位。钻展的资源位非常丰富，可按照网站行业、日均访问量、可裂变尺寸、资源位尺寸、创意类型、设备平台等来进行选择，如图4-13所示。

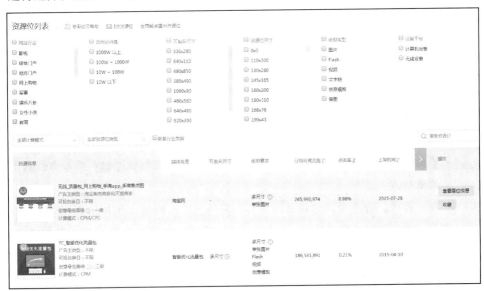

图4-13　资源位选择

资源位的选择是非常重要的，因为它关系到创意图片尺寸的大小与投放展现的效果。网站行业中的"网上购物"为淘宝站内资源位，建议新手卖家选择该类型的网站行业进行投放。选择好位置后，在下方即可看到资源位的详细信息，需要重点关注媒体、日均可竞流量、点击率、行业推荐指数等数据，建议选择流量大、点击率高的资源位。

课堂讨论

作为新手卖家，竞争力没有其他卖家大，应该多选择几个资源位进行投放，做到以量取胜。这种想法对吗？为什么？

这种想法是错误的。资源位选择要少而精，千万不要在同一个计划中添加多个资源位，这样不仅需要制作大量的创意图，还会导致预算分散，无法将其集中投放在效果较好的资源位上。特别是在预算不大的情况下，资源位的数量不要超过5个；另外，要优先选择相对优质的资源位来测试投放效果，根据测试数据选择适合自己的资源位。

专家指导

将鼠标放在资源位信息上，单击右侧的 `查看展位信息` 按钮，可查看更多的信息。

课堂讨论

应该通过哪些信息来判断资源位是否可取呢？

资源位是否值得卖家继续投放，可通过以下4项数据进行判断。

- 资源位的最大人群覆盖数量。即在该位置上，每天能够获得的流量大小。
- CPM价格。若资源位的千次展现价格比较便宜，说明可以通过较少的出价获得资源位。
- 资源位的点击情况。点击率越高，最终点击单价就越低；但也要考虑创意图的吸引力。
- 转化差异。每个资源位投放的目标人群不同，人群特性和转化效果就存在差异，要注意回报率的情况。

4.2.5　添加出价

出价一般参考各个定向上每个资源位的建议出价即可，在投放过程中可以按照获取流量的多少来调整出价。一般来说，出价低、流量少和出价高、流量多、预算花费太快都需要适当进行调整。

CPC出价获得更多流量的技巧

4.2.6 添加创意

创意是指通过图片制作软件，设计创意图片，以给访问者视觉印象，传达店铺理念、产品及品牌等信息。在添加创意之前，首先需要根据所选择的资源位的相应尺寸制作创意图片，因此在制作创意前，应该仔细查看资源位对应的创意要求；不符合要求的创意即使审核通过，也无法投放到所选资源位。在钻展后台"创意"页面中选择左侧导航栏中的"创意快捷制作"选项，系统会自动为店铺推广的商品提供快捷模板。选择"创意模板库"选项，可查看和自己行业产品相关的模板，如图4-14所示。

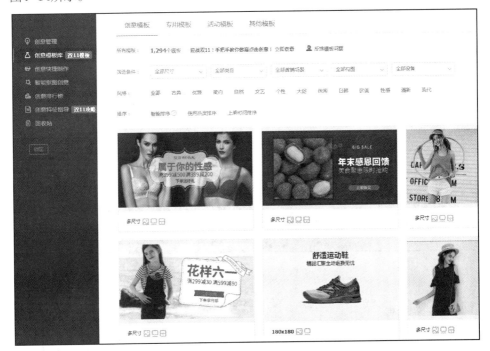

图4-14 通过模板制作创意图

创意制作完成后在创意管理中将其上传，等待审核。审核通过后，即可选择该创意并添加到推广单元。在进行钻展创意设计时，需要注意文案、图片的设计要求，具体介绍如下。

- 钻展的广告图片中一律禁止使用"最后一天""仅此一天""限时1小时"等限制时长的文案。不能出现"外贸""日单""尾单""仿货"等敏感和品

牌模糊字眼，也不能出现"最低价""最佳""独家""领衔""第一"等最高级别的描述，无法判定真伪的表达用词严格禁止使用。

- 创意中禁止使用拼接的图片，避免图片模糊、不够美观。同时要突出主题，明确细节，要让消费者看到创意图片就知道所销售的产品是什么。
- 创意图中的文字一定要精简，且朗朗上口。文字的字号要适中，不能太小，颜色不能太杂，建议文字排版不要超过3行，留下充足的空间进行留白或展现产品。
- 创意图中展现的产品最好只有一件或一类产品，避免多类型产品造成顾此失彼，重点模糊。若需要展示多件同类产品，可通过上下有序排列来吸引消费者。

图4-15所示为不同类型、不同尺寸的优秀创意图示例。

图4-15 优秀创意图示例

专家指导

开通钻石展位后，即可按照上面介绍的方法，先新建计划、设置定向、资源位和创意等；也可先提交创意审核，审核通过后在计划管理页面新建营销计划，然后设置定向，添加资源位，添加审核通过的创意等，完成钻展计划的投放。

4.2.7 任务实训及考核

根据介绍的相关知识，完成表4-3所示的实训任务。

表4-3　实训任务

序号	任务描述	任务要求
1	为自己的店铺新建一个钻展推广计划	该推广计划主要是为了拉新，为店铺引进流量
2	为推广计划创建单元页面并设置定向和资源位	要求定向对店铺有潜在消费可能的消费群体，且投放淘宝站内的资源位
3	为推广计划添加创意	按照选择的资源位制作对应尺寸的创意图，要求创意图背景干净、美观大方

填写表4-4的内容并上交，考查对本节知识的掌握程度。

表4-4　任务考核

序号	考核内容	分值（100分）	说明
1	钻展推广的原理是什么？其竞价方式有哪些？		
2	如何选择适合自己的资源位？		
3	钻展定向类型有哪些？每种类型的定向原理是什么？		

4.3　钻展投放思路和优化

要想在实际操作过程中通过钻展的图片展示广告来吸引消费者，需要明确钻展投放的思路，以及钻展的优化技巧。

课堂讨论

针对下列问题展开讨论：
（1）通过钻展推广单品和推广产品集合页的方法相同吗？
（2）钻展没有流量是为什么？
（3）怎么通过钻展推广来获得用户？
（4）钻展效果不好，怎么进行优化？

本节将对钻展的投放思路及优化技巧进行介绍，包括不同投放目的的钻展设置

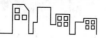

技巧、钻展流量的获取技巧、钻展用户的获取技巧和钻展数据的分析与优化。掌握这些知识可以选择对自己更有利的计划进行投放，做好计划的分析与优化，最大限度地提高钻展投放的收益。

4.3.1 不同投放目的的钻展设置技巧

钻展推广的目的很多，可能是推广单品，可能是推广产品集合页，也有可能是开展促销活动或维持日常销售。针对不同的推广目的，钻展投放的重点也不同，其针对的投放人群与定向等因素都会发生变化，因此，要针对不同的投放目的选择不同的方案。

1．钻展单品推广

单品推广的目的是为了打造该类目下的爆款产品，其核心是销量。钻展在其中起到的作用主要是引流，通过钻展广告吸引消费者点击，将其引导到宝贝详情页，提高产品的流量和销量，以便其在自然搜索中获得更好的排名，为店铺带来更多的成交。

单品推广的落地页一般为宝贝详情页，要求投放的目标人群为高精准人群。因此在设置定向人群时，建议选择兴趣点定向和访客方向，这两种定向人群的精准度较高。进行兴趣点定向时既可以选择单个兴趣点进行定向，也可以对兴趣点进行细分；或直接选择竞争对手进行定向。为了避免兴趣点定向的覆盖人群不够，还可搭配访客定向进行投放，选择与自己店铺吻合度较高的店铺，以最大程度地锁定精准人群，提高钻展推广的点击率，获得最大的成交量。

2．钻展产品集合页推广

产品集合页是一个集合了店铺众多产品的推广页面。与单品推广不同的是，该页面以产品展示为主，通过多个产品扩大消费者的选择空间，尽最大努力留住对产品感兴趣的消费者。集合页推广的重点是产品风格。在设置定向时，应该选择符合产品风格的多个兴趣点进行投放，通过配合定向投放选择与自己店铺风格相近的店铺进行投放，以全方位覆盖对产品感兴趣的消费者，增加成交的机会。

3．钻展促销活动推广

促销活动推广的落地页也是产品集合页。但与产品展示不同的是，促销活动的产品集合页都是活动页，其目的一般都是为了配合店铺某个时段的营销策略，如"年中大促""双十一""聚划算"等促销活动，而需要在短期内引入大量流量，提升店铺人气。因此，钻展促销活动推广的投放范围要尽可能宽泛一些，可考虑通过群体定向来捕获目标人群，设置不同群体的流量价值和出价，以获得更好的转化效果。但要注意，一定要配合有力的促销活动才能调动消费者的消费热情。

4．钻展日常销售维持

日常销售维持的目的在于控制投入和保证产出，不仅要求店铺有高精准度的流量，还要考虑流量的转化效果，因此要选择投入产出比较高的资源位进行投放；同时做好店铺优化，尽最大可能留住进入店铺的消费者，引导他们进行消费，这样才能提高转化率，保证钻展的投入产出比。

 专家指导

> 与直通车相比，钻展获取流量的能力更强，但流量精准度不如直通车稳定，因此更适合推广客单价较低的商品。

4.3.2　钻展流量的获取技巧

钻展投放的效果与流量有很大关系，存在以下3种可能导致钻展没有流量的情况。

- 选择的资源位本身流量较小，无法满足多个计划的流量需求。
- 推广计划出价过低，无法获取靠前的排名，钻展广告得不到展现。
- 定向人群太过精细，投放人群覆盖范围不足，推送到目标消费者眼前的广告太少，没有展示机会。

那么怎么才能做好钻展推广，在合理的预算范围内获得较高的流量呢？可以从以下3个方面来提高投放效果。

- 尽量选择大流量的资源位，以覆盖更多的流量人群。
- 合理控制出价，在能够承担的出价区间提高出价，提高竞价的成功概率。
- 适当放宽定向人群，不要圈定小范围的人群。新开店铺使用钻展访客定向时，种子店铺的数量可能不足，此时建议手动添加其他店铺，以保证覆盖面尽可能大。

4.3.3　钻展用户的获取技巧

针对不同的用户群体应该制订不同的推广计划，按照用户的行为可以将用户分为潜在用户、认知用户、购买用户和沉默用户4种。下面介绍针对不同类型用户的钻展推广技巧。

- **潜在用户：**店铺想要获取潜在用户，其目的是为了引入更多的新客户，需要发展目前与店铺没有产生过关系但却与店铺风格、类别、客单价等属性比较符合的潜在目标人群，可以通过访客定向、兴趣点定向等方式来获取流量。

为了配合推广计划，在制作创意时可以重点突出宝贝的竞争力，例如功能、款式、特点、售后、使用场景等。如果参与了聚划算、淘金币等官方活动，也可将其体现出来，刺激新客户的收藏、老客户的加购。为了检测推广效果，卖家需要实时关注推广数据，如点击率、收藏率、加购率等，注意对这些数据进行优化。

- **认知用户：** 认知用户是与转化率关系最紧密的用户群，他们已经与店铺产生过联系，非常容易出现购买行为，例如查看过店铺的推广广告、浏览过店铺宝贝、收藏过店铺宝贝、将宝贝加入过购物车等。如果店铺当前的营销目标是成交，则需要抓住这部分用户。可选择兴趣点定向和访客定向来确定目标人群。同时，创意的制作需要突出店铺或品牌名称，加深用户群体的印象，或者突出活动日期、优惠信息等，促成下单。

- **购买用户：** 近期在店铺中出现过购买行为的用户即为购买用户。购买用户的定向一般使用达摩盘定向，创意制作主要突出品牌、店铺形象，作用是提高用户对品牌的认知度，促进品牌的分享和传播。如果是专门针对购买用户推广的计划，建议不要出现促销、打折等信息，避免当前价格与老客户购买价格出现差价，引起老客户的不满。

- **沉默用户：** 如果用户90天内购买过店铺宝贝，但最近30天内没有出现过购买行为，即变成沉默用户。定向沉默用户的创意一般以感情传递为主，唤醒用户对品牌、店铺的记忆，推出老客户专享活动，或搭配宝贝上新等进行推荐。沉默用户的推广需要区分类目，快消品、复购率高的类目可以定向沉默用户，如服饰、零食等；但如果类目复购率低，如家电、家具等，则建议谨慎选择，一般不需要做沉默用户的定向。

4.3.4　钻展数据的分析和优化

钻石展位推广计划的效果好坏需要依靠计划来展现，而在设置推广计划时，为了避免盲目投入造成的损失，可先对推广计划进行测试诊断，然后选择最优方案进行投放。

1. 流量分析与优化

钻石展位的推广计划如果不能为店铺或宝贝带来足够的流量，则说明推广计划效果不理想，需要进行优化。如果忽然出现流量流失的情况，从客观因素的角度来看，可能是由账户余额不足、推广计划或推广单元暂停、推广计划没有覆盖高流量时段、创意出现问题、资源位或创意发生更改等因素造成的；如果使用了DMP定向，还需检查定向人群是否过期。如果流量的流失不是由客观因素所引起的，则应检查推广计划的出价排名，观察是否由于竞价问题导致流量的流失。在CPM计划中，如果使用均匀投放，则应观察每个小时的消耗是否正常；如果是尽快投放，则应观察消耗速度。在CPC计划中，比较CPC出价与市场均价，看是否还有提升空间，或者更换为点击率更高的创意。

2．出价分析与优化

在进行淘宝付费推广时，卖家都希望用最少的价格获得更大的收益。然而究竟怎么出价才更合理，并不是单纯依靠数据分析就可以得出结论的，还必须进行出价测试。以CPM计划为例，卖家可以选定相同的要投放的定向人群和资源位，然后设置3个不同的推广单元，出价分别高于市场均价、等于市场均价和低于市场均价。经过一段时间的测试后，分析不同推广单元的展现量、点击率和点击成本，并选择最合理的出价方式。原则上放弃流量低的推广单元，选择展现量高、点击率高、出价低的推广单元；或者选择综合数据表现最好的推广单元，即成本可控、同时展现量和点击率也比较合理的推广单元。

3．创意分析与优化

由于CPC计划会根据每张创意图片去预估CPM，不能保证每个创意都能获得均匀展现的机会，所以创意测试只能选择CPM出价。可以在CPM计划的1个单元中添加2~5个创意，关闭"创意优选"功能。当每个创意积累到一定的展现量时，如展现大于2 000时，即可初步判断每个创意的质量，然后将点击率、转化率、单击单价等数据较好的创意放到CPC计划中。

在制作新创意时，要想使创意获得更好的点击率，可以从定向的角度进行设计。例如该创意所匹配的推广计划的定向人群是人均消费不高、追求品牌和个性的年轻群体，则可以使用一些时事、热点、明星同款等信息，搭配给力折扣和品牌影响力，更好地促进点击和转化。如果创意所匹配的推广计划的定向人群是居家型人群，他们家庭观念较强，关注产品品质和售后服务等，则可通过表现家庭氛围的实际场景图体现产品的特点，吸引目标人群的点击和转化，如图4-16所示。

图4-16　创意分析与优化

 专家指导

> 　　创意优选是指系统根据创意的历史表现数据帮助卖家优选一个表现较好的创意进行集中展现。若需要在多个资源位中推广同一个产品，可通过创意裂变工具将已有的一个创意快速制作成需要的多个尺寸的相似创意。

4.3.5　任务实训及考核

根据介绍的相关知识，完成表4-5所示的实训任务。

表4-5　实训任务

序号	任务描述	任务要求
1	为店铺创建一个单品钻展推广计划	要求以销量和成交为重要指标，定向有购买意向的消费者
2	分析钻展推广的引入流量	对流量进行分析，找出流量低/高的原因；若有不足，对其进行优化
3	分析钻展创意图	从钻展点击率的角度进行分析并优化

填写表4-6的内容并上交，考查对本节知识的掌握程度。

表4-6　任务考核

序号	考核内容	分值（100分）	说明
1	根据推广目的不同，应该分别采取什么钻展方案？		
2	怎么确定钻展出价？		
3	如何获取优质钻展流量？		

拓展延伸

　　影响钻展投放效果的因素有很多，如投放时间、投放地域、定向方式、出价、创意等，读者在学习本章知识时要注意灵活使用，通过分析钻展计划来熟悉其操作方法。同时，对于操作过程中产生的疑问要尽快解决，以更好地推广店铺。下面介绍一些钻展推广中的常见问题，帮助读者进行理解。

一、钻展推广中的目标人群、定向人群和投放人群有什么不同？

钻展推广中会涉及目标人群、定向人群和投放人群。目标人群是就消费者与当前店铺的状态关系而言的，如"触达用户"目标人群即表示7天内广告已经触达的用户。定向人群是在进行单元设置时的具体期望投放人群范围，如定向为"羽绒服"的兴趣点人群。投放人群是指目标人群与定向人群的交集，即喜欢"羽绒服"且在7天内看过店铺广告的触达人群。这3种人群之间的关系如图4-17所示。

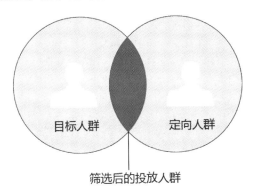

图4-17　3种人群之间的关系

二、访客定向怎么确定种子店铺？

访客定向中的种子店铺最多可以添加5家，系统会为每家种子店铺扩散150家相似店铺。由于推广方不知道系统究竟扩散了哪150家店铺的客户，流量会比较广泛，所以建议手动自主添加店铺。自主添加店铺时，如果想要维护老客户，可以添加自己的店铺。如果想要发展新客户，则卖家可以更精准地挑选价位、风格等与自己店铺更加相似的店铺，如宝贝店铺风格相似、客单价相似、店铺等级相似、DSR评分相似、现阶段主推产品相似等。在筛选现阶段主推产品相似的店铺数据时，建议卖家对所选择店铺的客户群体和产品销售数据进行分析。如果同为女装店铺，自己现阶段主推产品为连衣裙，匹配店铺虽然也有连衣裙，但主推款是T恤，并且大部分客户也是T恤带来的，那么这种情况就没必要添加该店铺，因为流量的精准度不够高，回报率也不够高。

自主添加店铺还可以查看流量的来源去向，如购买人数、未购买人数、购买流失人数等。在分析购买流失人数时，如果流量流失到同类店铺中，卖家还可以与这些店铺进行对比，分析客户流失原因，从而更好地进行优化。

三、怎么快速选择资源位？

对钻展不太熟练的新手卖家可以根据系统推荐指数来选择适合自己类目的资源位，其方法为：单击选中 ☑网上购物 复选框，单击选中资源位信息上方的 ☑查看行业数据 复选

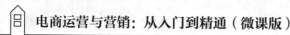
框，系统将自动匹配店铺所在的类目；然后单击资源信息右侧的》按钮，展开查看更多的数据；单击"综合推荐指数"选项卡，按照综合推荐指数进行排序，选择排名靠前的几个资源位进行投放即可，如图4-18所示。

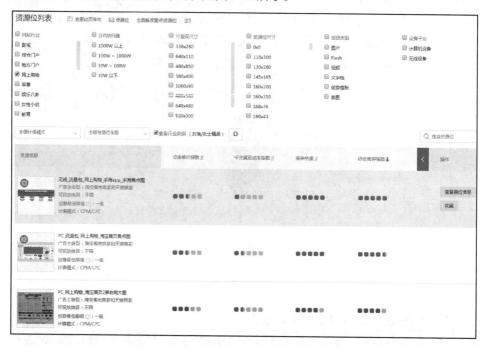

图4-18　根据系统推荐指数来选择适合自己类目的资源位

四、怎么制作手淘创意图？

随着流量日益无线化，手淘的流量占据越来越大的比重，移动端钻展创意也与PC端有差异。手淘要求钻展创意图片清晰，必须为浅色背景图；若使用场景图，应避免色调过深。文字尽量精简，不能添加大块的标签贴，且要无边框、无水印。

手机屏幕较小，应注重表现宝贝的优势，如品牌、质感等。但要注意内容要简单，要凸显主推宝贝。完成创意图片的制作后，还要不断进行测试优化，可使用2个或多个创意进行对比，选择效果好的创意。也可通过报表→全店推广报表→创意，查看创意的投放效果，以3～5天为创意轮换周期，将点击率低的创意替换为新的图。

需要注意的是，手淘宝贝在7天内不会重复出现在同一个消费者前，但是7天后有机会重复展现，因此以7天为周期定期更换创意图也是一种常用的方法。

五、怎么查看创意的效果和其他竞争对手的排名？

为了更好地查看自己的创意与竞争对手的排名，可在钻展首页单击"创意"选项卡，在打开页面的左侧选择"创意排行榜"选项，在右侧的页面中单击"创意排行榜"选项卡，在下方将以点击热度进行资源位排名，如图4-19所示。在其中还可设置筛选的条件，如宝贝类目、尺寸大小和资源位置等，以查看更符合自己定位的资源位排名情况。分析这些资源位的创意效果，并对自身创意进行优化，可以更好地制作出高点击率的钻展创意图。

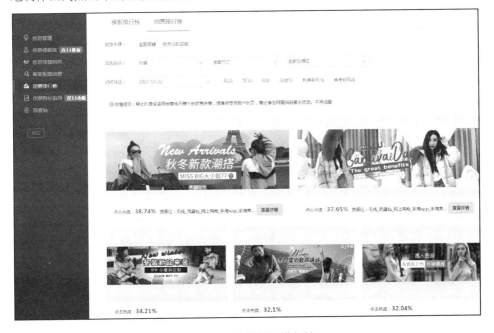

图4-19　产品创意排行榜

🎓 **专家指导**

　　优秀创意的条件包括但不限于：（1）当月消耗达到对应类目及展位当月消耗的平均值；且当月创意点击率达到类目平均水平及以上；（2）对应类目及尺寸下投放效果（即点击率）优秀的创意。

📈 **实战与提升**

　　通过本章知识的学习，对下列问题展开讨论与练习，在巩固所学知识的同时，拓展视野，进一步提高自己的能力。

　　（1）分析店铺的人群特征，然后新建推广计划，并通过访客定向功能添加店铺，要求所添加的店铺与自己店铺的客户人群特征相同或类似。

　　提示：默认状态下，访客与店铺的关系最长保留90天。但在实际操作中，为了保证精准度，每个访客身上携带的店铺标签的数量是有限的，最终只会留下最近访问、最频繁访问的几个店铺标签。也就是说，访客身上的标签更新很快，90天前的店铺标签肯定会被近期的店铺标签覆盖，因此店铺需要与访客建立频繁的互动关系，才能保证在圈定时能够覆盖到该访客。

如消费者A在一天内访问了A店铺1次，B店铺2次，C店铺3次，D店铺4次，Z店铺26次。由于消费者A访问的店铺数量非常多，系统会按访问时间、频次加权统计，留下最近、最频繁的店铺标签。访问次数很少的A店铺标签会被去掉，Z店铺会被留下，所以访客定向A店铺时无法圈定消费者A，定向Z店铺时则可以圈定到消费者A。

（2）新建3个钻石展位的推广单元，使用相同的创意、定向人群和资源位，然后设置不同的出价，测试出最佳出价方案。

提示：出价应该结合流量变化和竞价深度来综合评估，一般来说不同时段的流量不同，大促与普通销售期间的流量也不同，而白天又比夜晚竞价的人数多，旺季比淡季竞价的人数多，所以，应结合目标人群的活跃时段来搭配投放。

（3）新建两个推广单元，使用相同的创意、资源位，通过不同的定向与出价方式来测试CPC和CPM的定向投放有哪些不同。

提示：CPC出价和CPM出价所支持的定向，对店铺潜在用户、现有用户的覆盖各有不同，可在设置定向时进行观察。除了用户人群外，CPC和CPM在流量竞争力与投放效果上的差异也不同。

第 5 章

活动营销，引爆店铺流量

学习目标

除了直通车、钻展两大付费工具可以引流外，电商网站平台还提供了很多活动，如淘宝网的聚划算、淘金币等，这些活动是网店日常运营的主要营销方式，对维护店铺的日常经营有着非常重要的作用。活动营销的方法很简单，只要店铺满足活动要求即可报名参加或竞争活动名额，但要注意不同的活动其推广的效果不同；同时，为了最大化营销效果，还要注重会员营销，下面将对其进行详细介绍。

学习导图

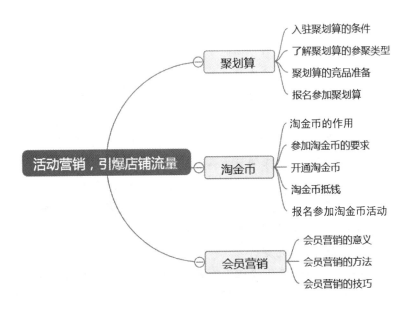

案例导入

　　流量是店铺发展的基础，要想维持店铺的日常运转并获得收益，必须采取一定的营销手段。洪雅作为一个刚开店不久的淘宝卖家，还没有足够的资金来维持直通车和钻展的运营，因此，她选择了更加适合自己店铺的活动营销。

　　洪雅的店铺是一家经营美妆产品的美妆店，为了进行产品的推广并吸引买家进店，她参加了淘宝试用中心的活动，将店铺中最具代表性的几种产品，遮瑕膏、唇彩免费提供给买家试用，也不收取任何运费。这些试用的产品每个数量在3~5份，买家申请使用产品时必须先关注店铺，成为店铺的粉丝并填写申请报告才有机会获得试用资格。这种方式可以快速获取很多新粉丝，并且试用了产品的买家还会给出详细的试用报告，这些报告的真实性与可信度很高，是代表买家心声的真实体验，对产品的宣传与改进有很大的帮助。

　　获得了一定的客户后，洪雅还参报了天天特价中的10元包邮与限时特价活动。由于活动的产品质量好，而且单价低，很受买家欢迎，为店铺带来了大量的流量。

　　洪雅总结了这两次的活动后，发现只要自己产品质量过硬，适当给予买家优惠，就能快速获得买家好感，为店铺累积大量的人气。为了不浪费自己辛辛苦苦积攒起来的客户，洪雅还必须对客户进行维护，以增加客户对店铺的黏性与忠诚度。首先，洪雅选择了淘金币，为每个关注自己店铺、分享自己店铺、到店铺签到、带图评价的买家赠送淘金币。这些金币可以在购买产品时抵用现金或兑换其他产品，极大地提高了买家的购物积极性。

　　其次，洪雅还开展了一系列的客户维护活动，根据不同的消费额度与消费次数对消费者进行级别划分，并根据不同的级别采取不同的维护手段。若是意向客户，则为客户发放优惠券，通过优惠券激发客户消费兴趣；若是老客户，则设置专享打折/减免活动，为老客户提供更加直观的购买方式；若是加购客户，则在开展限时或打折活动时为其推送折扣信息。总之，针对不同客户的需求来制订个性化的营销方案，力争做好每一位客户的转化。当然，洪雅在开展营销活动的时候也并没有忘了维护与客户之间的关系，每当节假日她都会发送一条祝福的短信；当客户咨询时她也耐心地、热情地解答。

　　通过各种营销手段，洪雅的店铺慢慢发展起来，并获得了一大批忠实的老客户。洪雅说，下一步她要挑战聚划算，能够上聚划算就代表自己有了与其他店铺竞争的资本，这将更好地提升店铺的人气并引爆流量。洪雅深知现在电商市场竞争激励，要想靠单一的方法来达到一劳永逸的效果是不可能的，只有熟知各种活动的运营方法，合理搭配这些营销活动并做好客户的维护才能维持店铺的正常运转，使店铺在众多竞争者种脱颖而出。

【思考】

（1）淘宝中有哪些热门的营销活动？

（2）什么是聚划算活动？它对店铺有什么要求？

（3）天天特价怎么报名？怎么增加自己的审核通过概率？

（4）客户维护有哪些方法？怎么提高客户对店铺的忠诚度？

5.1　聚划算

聚划算是淘系规模中爆发力最强的营销平台，汇聚了数量庞大的用户流量，具有非常可观的营销效果。商家通过参加该活动，可以获取超过店铺日销数倍的营销数据，获得更多的收益。作为淘宝卖家，必须熟知聚划算的各项知识，做好参加聚划算的准备。

针对下列问题展开讨论：

（1）怎么才能参加聚划算活动？它有什么要求？

（2）怎么选择参加聚划算活动的产品？

（3）聚划算中的聚名品、商品团、品牌团是什么？不同的店家应该怎么选择活动的类型？

聚划算作为淘宝网非常火爆的营销平台，具有引爆流量、带动关联营销、拉动品牌推广、累积客户、打造爆款等多重作用。卖家想利用这个平台获得收益，必然要熟悉聚划算的相关知识，掌握参加聚划算的方法。

5.1.1　入驻聚划算的条件

聚划算对招商商品的要求较严格，除了基础招商标准外，还对不同类目的商品做出了不同的要求。招商商品通常需要缴纳一笔保证金和基础费用，聚划算将按照不同类目的费率进行收费。截至2017年11月1日，报名参加聚划算活动的商家或产品，必须同时符合或高于其制定的标准。

这个标准不仅适用于聚划算，还通用于聚名品、非常大牌、全球精选、量贩优选、淘抢购、品牌Outlets、男得好货、天猫超级品牌日、天猫小黑盒、天猫超级品

类日等活动。除本标准相关要求外，报名商品还需符合所报具体业务活动的招商标准，具体业务的招商标准有特别规定的，从其规定；无特别规定的，按照本标准执行。

聚划算入驻标准

5.1.2 了解聚划算的参聚类型

聚划算主要包括商品团、品牌团、聚名品、聚新品、竞拍团5种类型。下面对每种聚划算的类型进行介绍。

1．商品团

商品团是一种限时特惠的体验式营销模式，具有坑位数多、参聚概率相对较大、主团展示、流量稳定的特点，它还有最佳的爆款营销渠道和最低成本的用户获取方式，可以帮助卖家快速规模化地获取新用户。商品团的报名流程主要包括：选择活动、选择商品、选择坑位、填写商品报名、商品审核、费用冻结、上团前准备7个阶段，如图5-1所示。

商品团报名流程详解

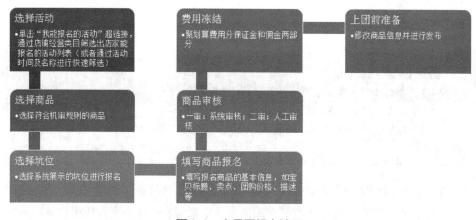

图5-1　商品团报名流程

🎓 专家指导

　　聚划算商品团分为竞拍模式和佣金模式，展现位置均在商品团位置，但竞拍模式是以竞拍方式获得排期资格的，是否得到坑位由商家自由竞拍决定，且取得坑位后排期不会被更换。参与竞拍的商家都只能在有效出价时间内进行出价，竞拍结束后，按照出价高低和出价时间确定入围商家。竞拍模式的优点是自由竞拍，商家拥有更大的主动权和决定权，所以对于竞拍团来说，操作的重点不是报名，而是竞拍坑位。

2．品牌团

品牌团是一种基于品牌限时折扣的营销模式，通过品牌规模化出货可以快速抢占市场份额，提高品牌认知度。品牌团的报名流程主要包括品牌报名、商品报名、上团准备3个阶段。

- **品牌报名：**品牌报名包括商家报名、系统审核、素材提交3个流程。商家需要在每月的4~12日，选取对应类目的品牌团报名入口进行报名，并在其中填写品牌名称、期望上团日期、报名类目等信息；系统审核的时间为每月13号~15号，由系统根据商家分值进行排序，择优录取，审核内容主要包括日均店铺成交额、店铺3项DSR评分、历史参聚表现、旺旺响应速度等；素材提交主要包括品牌营销Logo、品牌营销Banner、品牌入口、流量入口图、无线Banner、新版品牌入口、品牌主题、品牌故事介绍（PC端）、品牌故事介绍（移动端）等内容。

- **商品报名：**品牌团商品报名与商品团报名步骤一致，商品审核与商品团二审类似；若商品审核不通过，在商品审核时间截止前商家可重新补报商品。品牌团建议参团商品数为6~80款，以实际最终参加活动的商品数为准。

- **上团准备：**品牌团上团准备工作与商品团一致。

3．聚名品

聚名品是一种精准定位"中高端消费人群"的营销模式，以"轻奢、超in潮流、快时尚"为核心定位，聚集高端品牌，佣金收费方式较灵活，具有单品团、品牌团多种玩法。聚名品的招商对象为符合聚名品规则要求的天猫旗舰店、旗舰店授权专营店、天猫国际旗舰店、全球购（需认证）、淘宝集市店铺，适合参与聚名品的主要类目包括：男装、女装、男鞋、女鞋、运动、户外、母婴童装、美妆、箱包、服装配饰、眼镜、家居等。

符合聚名品招商的品牌可以申请加入聚名品品牌库，店铺加入聚名品商家库；加入成功后即可选择"聚名品"频道类型，选择所有聚名品可报名的活动。

4．聚新品

聚新品是新品营销效率最高的平台，可以快速引爆新品类及新商品，快速积累新用户群体，形成良好的口碑传播。聚新品适用于高潜力、高增长的新品类、国际品牌、国内知名品牌、知名淘品牌，营销能力强且具备规模化的供应链及服务能力的大中型商家以及创新设计、创意概念、创新技术应用、属性升级的商品。聚新品采用保底+佣金+封顶的收费模式，每月两次集中报名、集中审核，要求商品没有销售记录或在10件以内，且备货量为30万～40万。淘宝小二根据品牌影响力、店铺日常运营能力、投放计划、销售预估、价格优势等指标进行选择。图5-2所示为聚新

品的参团示意图。

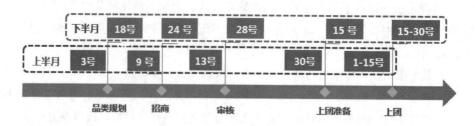

图5-2　聚新品的参团示意图

5．竞拍团

竞拍团是一种适合中小卖家快速参聚的营销模式，它通过市场化的竞价方式，增加中小商家的参聚机会。参加竞拍团的卖家需要通过聚划算首页进入竞拍报名阶段，找到竞拍坑位入口，然后选择店铺优秀款提交商品，进入提交商品流程，填写价格和数量。审核通过后，商品即为待排期状态，并可进入竞拍大厅参与竞拍，对商品进行出价。竞拍成功后可以在保证金页面或者宝贝管理页面支付保证金。

聚划算竞拍团的竞拍模式为暗拍模式，基本规则是出价最高的商家获得坑位，但是只需要支付第二高的价格，例如3个人在参与一个坑位的竞拍，出价分别是5000元、4000元和3000元。那么出价5000元的商家将获得这个坑位，但是只需要支付4000元的价格。图5-3所示为竞拍团坑位的竞拍详情。

图5-3　竞拍团的坑位竞拍详情

5.1.3　聚划算的竞品准备

聚划算作为淘宝的一个优质团购平台，对参选商品的甄选十分严格，因此商家在报名参加聚划算相关活动时，必须提前做好选品准备。下面将从多个方面来分析参选商品，帮助卖家选择合适的商品参加竞争，提高参报成功的概率。

1. 适合参选活动的商品分析

商品价格、属性、流行趋势、转化、货源等都是参选商品应该考虑的要素。一般来说，检测商品是否符合参选条件，可以通过数据分析工具进行分析，如使用生意参谋可以先分析行业情况，再分析自己店铺的商品情况。

- **价格：** 价格分析通常包括两个方面，一方面是价格选择，另一方面是价格利润空间。价格选择需要分析当前类目下同类商品的主要成交价格和平均价格。例如女装T恤类目下，成交量最高的价格区间是50~100元，平均价格为65.7元，这个数据就表示50~100元区间的T恤销量更好，而平均价格低于65.7元的T恤更容易成功报名参加活动，也就是说报名活动的价格要低于行业均值。价格利润空间是指价格在满足低于行业均值的前提下，商品是否还有利润空间。卖家报名参加活动不仅是为了提高转化率和销量，也为了提高销售额。

- **属性：** 分析商品属性实际上就是分析商品是否热销。依然以女装T恤为例，通过数据分析工具分析T恤哪种材质成交量高、哪种风格成交量高、哪种板型成交量高、哪种元素成交量高、哪种领型和款式成交量高、哪种面料和颜色成交量高、哪种衣长和袖长成交量高等，T恤与热销元素符合度越高，说明消费者接受度越高。

- **流行趋势：** 如果当前时段某商品呈现某种流行趋势，则具备该趋势的商品会很容易被消费者接受。例如美妆类目，当前十分流行泡沫洁面、气垫CC，那么这些类型的商品就容易被消费者接受。

- **转化：** 转化是影响消费者购买的重要因素，有1人购买的商品和有100人购买的商品，后者更容易得到消费者信任。也就是说，选择转化率较高的优势商品作为活动商品，更容易带动销量。

- **货源和客服：** 充足的货源准备和优秀的客服都是引爆销量的必备条件，否则有买家上门，但商品缺货，或者客服反应不及时，都会直接造成客户流失。

2. 在店铺中选择适合参选的商品

为了保证销量，活动的参选商品一般选择店内的热卖商品、优势商品，同时还要满足应季、款式好、有利润、有足够库存等条件。如果从数据的角度分析，也就是选择支付转化率高、点击率高、商品货源有保障的商品。分析店内商品可以查看直通车中的数据，即加入购物车率和收藏率；也可以使用生意参谋分析单品的支付转化率和点击率。

- **支付转化率：** 商品的支付转化率越高，表示买家下单的概率越大。店内商品的支付转化率，可以通过生意参谋"商品分析"中的"商品概况"来查看和分析，如图5-4所示。数据显示，有些商品虽然访客数很高，但下单转化率却比较低；而有的商品虽然访客数不高，但下单转化率却比较高。活动商品通常选择支付转化率高于行业均值的商品。

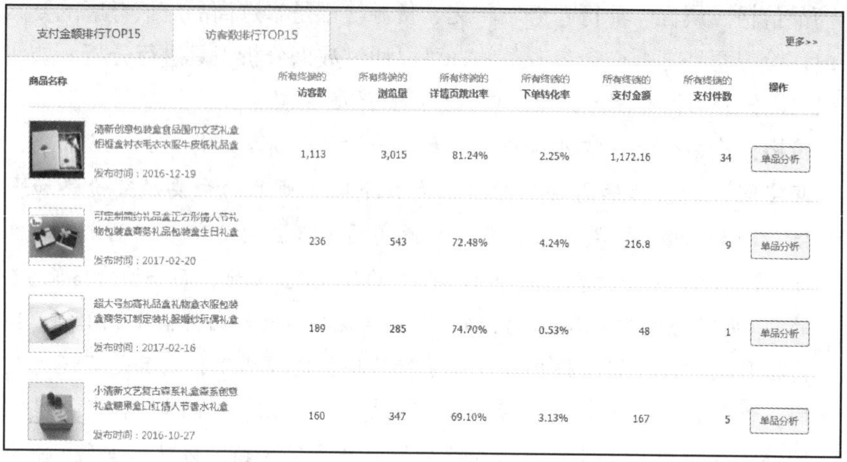

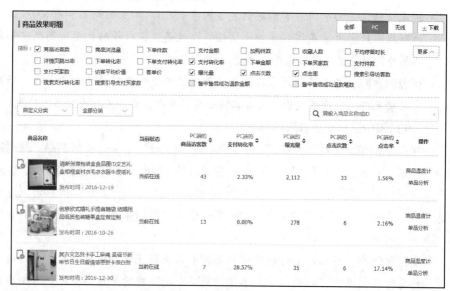

图5-4　支付转化率

- **点击率**：选择点击率高的商品，是为了在活动中获得更多的流量。参加活动的商品，活动时间和活动流量有限，尽可能增加流量才能实现收益最大化。店内商品的点击率可以通过生意参谋"商品分析"中的"商品效果"进行查看和分析，如图5-5所示。点击率高的商品表示款式比较受买家欢迎，这样的商品在活动中更容易被活动平台中的流量所"点击"，从而引来更多的访客，给店铺带来更多的成交额。

图5-5　点击率

- **商品货源有保障：** 货源是活动商品必须考虑的因素。一般来说，活动商品在货源选择上需要具备尺码标准、颜色符合买家喜好、质量好等特点。标准的尺码可以缓解客服压力，避免咨询太多、客服回复不及时造成的买家流失。颜色的选择一定要符合商品属性分析出的数据，即商品颜色应该是成交量最高的颜色或包含成交量最高的颜色。质量是活动商品需要重点注意的问题，卖家参报活动的目的并不只是冲销量、提高销售额，还包括客户的积累，质量好的商品不仅不会造成太大的售后压力，还能为店铺带来更多的回头客。

3. 活动商品备货

参加活动的商品，一定要保证库存稳定。库存不稳定的商品将为店铺带来很多不利的影响，如库存不足或发货时间无法保证，活动平台将根据规定取消卖家的活动参加资格，并限制卖家下次参报该活动的时间；此外发货时间延误不仅需对买家做出相应赔偿，还会对店铺权重产生影响。如果活动商品缺货、缺码，会给买家带来糟糕的购物体验，不利于店铺会员营销活动的开展。

为了保证活动期间商品发货井然有序，商家需提前做好发货准备。

- **清点入库：** 清点入库主要是指清点商品的尺码和颜色，准备多少件，各有多少件，做到有备无患。
- **质检打包：** 提前做好商品的质检和打包，可以避免很多售后问题，节省发货时间，提高物流质量。在进行商品打包时，可以分开设置不同的商品尺码和颜色，方便直接发货；这样即使发货量大，也能做到有条不紊。

5.1.4　报名参加聚划算

店铺符合参加聚划算的报名资格，并做好充分的准备后即可进入淘宝聚划算页面，报名聚划算活动，其具体操作如下。

STEP 01 ▷在淘宝首页单击"聚划算"超链接，进入聚划算平台，单击右上角的"商户中心"超链接，如图5-6所示。

STEP 02 ▷跳转到商户中心首页，查看相关规则与招商公告等信息，然后单击
✎ 我要报名 按钮，如图5-7所示。

图5-6　单击"商户中心"超链接

图5-7　报名活动

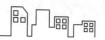

STEP 03 在打开的页面中可查看聚划算的各种活动，对主营类目、频道类型、活动时间等进行选择，聚划算会根据店铺的资质自动判别卖家是否可以参加对应的活动；若不符合活动报名条件，将在右下角给予提示，如图5-8所示。

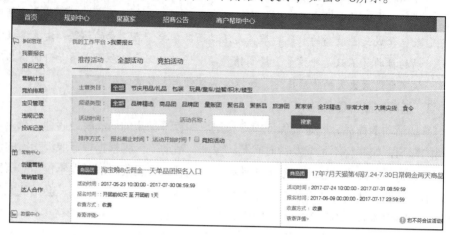

图5-8　选择活动

STEP 04 单击对应活动中的"查看详情"超链接，在打开的页面中可查看活动及费用介绍、报名要求和坑位规则等信息。图5-9所示为"淘宝晚8点佣金一天单品团报名入口"的活动详情和报名要求。

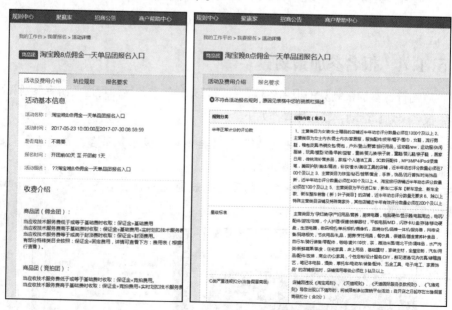

图5-9　查看活动详情

STEP 05 ▶ 若店铺符合报名条件，直接在右上角单击 立即报名 按钮，在打开的页面中阅读协议，完成后单击选中"本人已阅读并同意《聚划算平台服务协议》"选项，单击 提交 按钮，如图5-10所示。

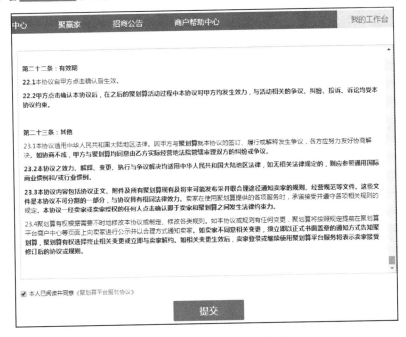

图5-10 阅读协议并提交报名申请

STEP 06 ▶ 在打开的页面中根据提示签署支付宝代扣协议，刷新页面，根据提示提交报名信息，等待审核，提交止付费用，提交商品（素材），完成报名活动的申请，通过审核后即可发布商品参加聚划算活动，如图5-11所示。

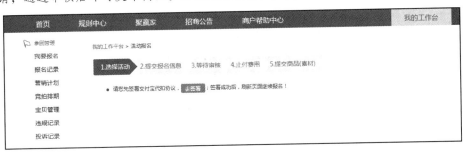

图5-11 完成后续操作

5.1.5 任务实训及考核

根据介绍的相关知识，完成表5-1所示的实训任务。

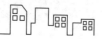
表5-1　实训任务

序号	任务描述	任务要求
1	进入聚划算后台，查看聚划算的活动类型	对比分析各种活动的优劣
2	报名参加一款活动	查看活动详情与提交报名申请

填写表5-2的内容并上交，考查对本节知识的掌握程度。

表5-2　任务考核

序号	考核内容	分值（100分）	说明
1	商品团的参团流程是怎样的？		
2	怎么选择适合的商品参团？		

5.2 淘金币

淘金币是淘宝网的一种虚拟积分，是淘宝用户的激励系统和通用积分系统。淘宝平台向活跃的高质量用户奖励金币，买家在提供抵扣的商品交易中使用金币获得折扣，卖家在交易中赚取金币，并通过支出金币来获得平台流量，提升店铺用户黏性。

针对下列问题展开讨论：
（1）淘金币是怎么抵扣现金的？
（2）买家可以通过哪些途径获得淘金币？
（3）作为卖家，怎样才能开通淘金币活动？

淘金币是淘宝网非常大的流量营销平台，具有UV（独立访客）量高、用户黏性好、超高转化率、成本低廉等特点，是十分受淘宝卖家青睐的一种日常营销活动。为了帮助广大卖家朋友掌握淘金币的基本操作并提高营销效率，本节将对淘金币的相关知识进行介绍。

5.2.1 淘金币的作用

根据淘金币的获取途径不同，淘金币有不同的作用，分别介绍如下。

- **淘金币抵钱**：全店支持买家使用淘金币抵扣部分商品金额，促成买家下单，提高店内的成交转化率。设置淘金币抵钱将有机会获得淘宝会员俱乐部的展示位。
- **店铺签到送淘金币**：对进店签到的买家赠送淘金币，使买家持续进店浏览，提升买家的黏性，提高复购率。
- **收藏店铺送淘金币**：对收藏了店铺的买家赠送淘金币，提升店铺收藏人气，为买家的回访和回购创造条件。
- **淘金币活动**：淘金币活动是淘金币营销平台为卖家提供的活动入口，包括超级抵钱、金主专享日两种。超级抵钱是卖家通过高比例抵扣获得商品展示的机会，以获取流量来培养基础销量，打造小爆款。金主专享日是淘金币每月将针对淘金币金主组织的大型营销活动，商家可报名20%抵扣或99%高额抵扣，为店铺引流，并快速赚取金币。

5.2.2　参加淘金币的要求

淘宝网规定，申请加入淘金币的卖家须同时符合以下条件。

1. 店铺基础要求

淘宝卖家、天猫商家和天猫国际商家的店铺基础要求如下。

（1）淘宝卖家

- 符合《淘宝网营销规则》。
- 店铺开通卖家淘金币账户，并设置全店抵扣。
- 店铺淘金币数量≥0。
- 符合淘宝各类目的行业资质标准。
- 因出售假冒商品（C类）被处罚的卖家，不得报名。
- 店铺内非虚拟交易占比≥90%，虚拟类目（如：本地生活、房产、卡券类等）除外。

（2）天猫商家、天猫国际商家

- 符合《天猫营销活动报名基准规则》。
- 符合天猫各类目的行业资质标准。
- 因虚假交易被违规扣分达48分及以上的卖家及商品，永久限制参加营销活动；其他因虚假交易被违规处理的卖家及商品，限制参加营销活动90天。

2. 商品基础要求

（1）基本资质。

（2）淘金币抵扣比例（淘宝）：≥1%。

（3）活动结束后的15天内不得以低于参与淘金币活动的折扣价（淘金币抵扣

后）报名其他营销活动或在店铺内进行促销。

（4）商品图片、标题与详情。

（5）图片像素：600像素×450像素，1MB以内。不允许出现水印、Logo、文字信息等任何"牛皮癣"，只突出商品本身，要求高精度、强质感。

（6）标题要求利益点+标题（如：满2件减10元××××），详情页突出淘金币活动氛围。

5.2.3　开通淘金币

淘宝卖家通过设置淘金币活动，可以获得更多优质客户、稳定流量和超高转化率，同时淘金币活动不需投入成本，不限类目，所有卖家都可参与，是淘宝官方非常热门的一个推广平台。想参与淘金币活动的卖家可通过淘宝后台的卖家中心进行开通和设置。

首次参加淘金币活动的卖家需要先申请淘金币账户，申请方式非常简单，其方法为：在淘宝卖家中心首页的"营销中心"栏中单击"我要推广"超链接，在打开页面中的"常用入口"栏中单击"淘金币"图标。打开淘金币首页，在页面中单击 点击开通金币卖家账户 按钮，在打开的页面中将提示卖家还未开通淘金币，单击 立即申请淘金币账户 按钮，在打开的页面中阅读《淘金币账户服务协议》，单击 同意协议并申请账户 按钮同意协议，即可申请淘金币账户。在打开的页面中单击 确定 按钮，即可完成申请。如图5-12所示。

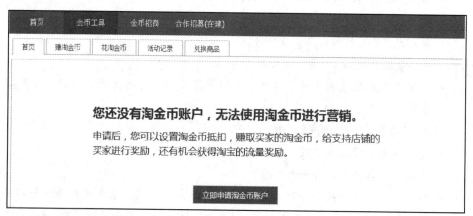

图5-12　申请淘金币账户

5.2.4　淘金币抵钱

设置淘金币抵钱活动，即全店支持买家使用淘金币抵扣部分商品金额。买家用于抵扣的淘金币，70%存入卖家淘金币账户，供后期店铺营销活动发放使用。此外，设置淘金币抵钱将有机会获得淘宝会员俱乐部的展示位。但开通淘金币抵钱的店铺必须符合一些规定，如图5-13所示。

门槛类型	门槛要求
卖家类型	集市
店铺星级	≥4星
开店时间	≥90天
近90天有成交	是
账户B类违规处罚	<12分
账户C类违规处罚	<12分

图5-13 淘金币抵钱的店铺规定

符合开设条件的卖家可以设置淘金币抵扣的开始时间、全店商品的淘金币抵扣比例、全店商品支持买家使用淘金币抵扣商品金额等。下面介绍设置淘金币抵钱的方法，其具体操作如下。

STEP 01 ▶ 进入淘金币首页，单击"金币工具"选项卡，再单击"赚淘金币"选项卡，在"淘金币抵钱"栏中单击 立即运行活动 按钮，如图5-14所示。

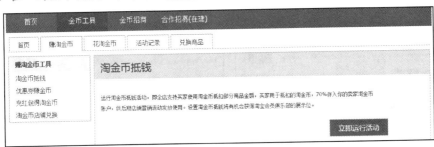

图5-14 立即运行活动

STEP 02 ▶ 在打开的页面中可查看淘金币抵钱规则，在"活动详情"栏中设置活动时间和抵扣比例，这里设置活动时间为"2017-06-30"，抵扣比例为"抵扣2%"，设置完成后单击 开通抵扣 按钮。此时将打开提示框提示淘金币抵钱活动已成功开启，单击 确认 按钮，确定全店抵扣2%，如图5-15所示。

图5-15 设置全店活动时间和抵扣比列

STEP 03 ◐设置成功后，全店商品的淘金币抵扣比例将显示为2%，如图5-16所示。

图5-16 查看设置的效果

STEP 04 ◐返回淘金币抵钱设置页面继续进行高抵扣设置，单击"高抵扣设置"栏后的 添加单品 按钮，在打开的"添加高抵扣商品"对话框中输入高抵扣单品的图片地址，单击 校验 按钮进行校验；校验完成后设置抵扣比例，如设置抵扣比例为5%，表示该单品可用淘金币抵扣5%，单击 确认 按钮，如图5-17所示。

STEP 05 ◐返回淘金币抵钱设置页面设置不参与抵扣的商品，在"不抵扣设置"栏后单击 添加单品 按钮，打开"添加不抵扣单品"对话框，在其中输入不抵扣单品的地址，单击 校验 按钮进行校验，校验完成后单击 确认 按钮。设置为不抵扣的商品将不参与全店的淘金币抵扣活动，如图5-18所示。

图5-17 设置单品抵扣比例

图5-18 设置不参与抵扣的商品

🎓 专家指导

除了淘金币抵钱外，店铺签到送淘金币、关注/收藏店铺送淘金币等工具都可以在金币工具中进行设置，卖家可根据需要选择相应的活动进行营销。

5.2.5 报名参加淘金币活动

报名参加淘金币活动需要先选择报名的日期，再提交给系统审核。报名的具体操作步骤如下。

STEP 01 ▷进入淘金币后台，在淘金币后台首页单击 报名活动 按钮，如图5-19所示。

图5-19 报名活动

STEP 02 ▷打开"报名日历"页面，在日历中选择报名的日期，页面右侧将显示相应的活动，在需要报名的活动右上角单击 立即报名 按钮，如图5-20所示。

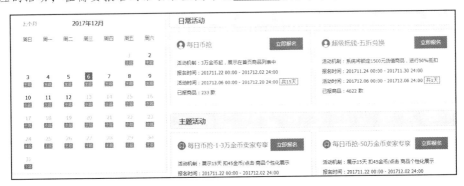

图5-20 选择需要报名的活动

STEP 03 ▷打开活动说明页面，在其中可查看活动的基础信息和报名情况，单击"操作"栏中的 选择此活动 按钮，如图5-21所示。

图5-21 查看活动信息并选择

STEP 04 ▷此时将在页面下方展开"活动公告"，仔细查看活动公告的内容，确认符合要求后单击 确认报名 按钮，如图5-22所示。

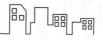

（二）超级抵钱（原半价币兑）库存及售价规则（重要，必看）：
1、超级抵钱（原半价币兑）的最低库存货值要求：1500元 5折兑货值
举例：商家报名商品的报价为100元，因为是半价活动，则实际活动售卖价为50，需要报名1500元的货值，则计算库存公式如下：1500/（100/2）=1500/50＝30件；报名时，所填的活动库存必须大于这个数，少于这个库存值的商品，将不予审核通过。

2、C店商家还需设置金币比例，如设置为10%（与5折抵扣比例叠加，即50%+50%*10%），则当一款商品报名价为100元时，实际用户的购买金额为：50元－50元*10%＋（50+50*10%）*100元金币（其中超级抵钱5000金币平台回收，商品抵扣的10%的部分即500个金币，金币按照30%给淘宝平台回收，70%给卖家）

3、超级抵钱商品（原半价币兑）的实际库存：卖家填写报名库存时，应当大于最低的库存要求，当最低库存卖完后，商品会继续在频道内展示，并且按商品的正常活动价值售卖。
举例：活动商品报名价100，商品报名的金币抵扣为10%；则该商品的超级抵钱（即半价售卖的部分）的库存为 30件，商家后台报名时的库存 则必须大于30件 ；
半价售卖的30件库存完后，剩余的库存下，商品的售价为：100元－100元*10%＋100元*10%*100个金币 = 90元＋1000金币（金币按照30%给淘宝平台回收，70%给卖家）

活动指导：
1、活动期间装修店铺，增强店铺营销氛围；
2、活动期间对新老会员进行短信等营销；
3、注意库存校验。请在活动前一天16：00之前完成活动商品的库存修改！将库存修改为报名库存（允许上下浮动超过10%）
 高能预警：系统会在活动前一天的17：00对商品的库存进行校验，如商品实际库存活动超过报名库存的10%（校验库存为后台总库存，包括分销、被锁定渠道库存等），则将取消商品的活动资格。

确认报名

图5-22　确认报名

STEP 05 ▷打开提交商品报名页面，在"填写商品信息""活动价与库存""参加活动的条件""填写商家联系信息"栏中填写对应的信息，确认后单击 提交报名 按钮进行报名即可，如图5-23所示。

④ 填写商家联系信息

联系人姓名（可选）

手机号（必填）

旺旺（必填）

邮箱（可选）

☑ 我已阅读并愿意遵守淘金币活动协议。查看协议

提交报名

图5-23　填写报名信息

5.2.6　任务实训及考核

根据介绍的相关知识，完成表5-3所示的实训任务。

表5-3　实训任务

序号	任务描述	任务要求
1	开通淘金币账户并设置金币抵钱活动	设置全店抵扣比例，并设置热销单品的高抵扣折扣
2	设置签到送淘金币	为店铺的成交用户设置签到送金币活动

续表

序号	任务描述	任务要求
3	报名参加一个淘金币活动	选择并参加一个符合要求的淘金币活动，小卖家可避开竞争力度太大的活动

填写表5-4的内容并上交，考查对本节知识的掌握程度。

表5-4　任务考核

序号	考核内容	分值（100分）	说明
1	淘金币的营销过程是怎样的？		
2	淘金币的准入条件是什么？		
3	淘金币抵钱需要设置哪些内容？		

 ## 5.3　会员营销

不管线上营销还是线下营销，会员营销都是商家十分重视的一种推广方法。通过对会员的分析与整理，可以帮助商家了解自己的客户群，使商家制订更合适的营销方案，不断发展客户，培养客户忠诚度，为店铺带来更多的收益。

针对下列问题展开讨论：
（1）会员营销有什么作用？具体有哪些营销方法？
（2）会员营销的技巧有哪些？

会员是与企业建立了长期合作关系的客户，能够为企业带来长远的利益。会员营销就是在分析会员消费信息的基础上，充分了解会员的后续消费力，实现客户价值的最大化。在这个过程中可以通过一些营销手段来增加会员的黏性和活跃度，延伸其生命周期。本节将对会员营销的相关知识进行介绍，包括会员营销的意义、会员营销的方法和会员营销的技巧，帮助运营人员更好地制订会员营销策略。

5.3.1　会员营销的意义

会员营销可以为企业培养更多的忠实客户，在会员心中留下良好的品牌印象，

为企业建立长期稳定的消费战线，这不仅有助于提高企业的销售额，还能增加企业在同类产品中的竞争力。同时，还能更好地了解消费者需求，为产品和服务改进提供依据。总的来说，会员营销的意义主要有以下3点。

- **了解消费者需求**：客户在成为企业会员时，一般需要填写各项资料，这些资料中包含了大量的客户信息和消费信息。企业可以据此更加清楚地了解和掌握客户的消费需求，制订更加符合客户消费习惯的营销策略。同时，企业还会定期向会员发送商品信息和企业动态，通过这些信息获得客户的反馈，进而改善企业的经营策略，保证企业对目标消费群体的精准定位。

- **培养客户忠诚度**：会员营销的根本目的就是建立长期稳定的客户关系，使客户产生强烈的归属感，认同企业理念并成为传播企业信息的媒介。这样不仅可以树立企业品牌，还能降低企业开发新客户的成本，为企业发展提供更强的市场竞争力。

- **创造企业利润**：产品营销中常有"20%的客户决定企业80%的收益"的理论，即著名的二八定律。其中20%的客户就是由会员转变而成的忠实客户，由此可见会员的消费能力是相当强大的。会员是购买产品的生力军，是增加企业人气、创造企业收益的主要来源。

5.3.2　会员营销的方法

会员的积累是个不断发展新会员，并使新会员变成老会员的过程。对新会员采取恰当的营销手段，同时维护与老会员的关系，不仅可以为店铺带来直接的营业额，还能借由会员营销扩大推广效果，保持店铺的良性发展。一般来说，可以采取以下途径来进行会员营销。

1．通过社交平台营销

现在的社交平台越来越多，这些社交平台通常都有非常庞大的用户基础，成本比较低，利用这些平台开展会员营销活动，不仅可以发展更多的新客户，还能为老客户维护带来不错的效果。一般来说，微博、微信、邮件、短信、电话、旺旺、QQ、博客、论坛等都是现在常见的营销平台，其中微博、微信等平台，坚持的时间越久，积累的粉丝就越多，效果越明显。

现在的微博营销主要依靠与粉丝互动来开展营销活动，成本一般不高，需要积累一定的粉丝基础。在微博中，可以宣传产品，但不宜过多，否则容易引起粉丝的反感。微博粉丝以为粉丝带来便利为前提，如关注转发抽奖、发布贴心提示、发布有趣软文等，保证内容新颖简洁。此外，也可转发或发布一些热门话题，发布一些目标客户群体感兴趣的内容，或者与其他品牌进行微博互动等，以便积累更多的粉丝，如图5-24所示。

　　微信营销包含的内容比较多，如朋友圈营销、公众号营销等，这些营销方式同样需要积累一定人气，卖家需要引导买家关注店铺微信或公众号。在微信中发布的内容与微博略有不同，朋友圈主要发布一些产品图片，以视觉营销和买家好评为主；公众号主要发布一些具有个人风格的文章，可专业、可有趣、可别出心裁，旨在形成个人品牌；当然也可发布一些有吸引力的软文，引起买家兴趣，如图5-25所示。

图5-24　微博营销　　　　　　　　　图5-25　微信营销

　　邮件营销、电话营销和论坛营销是比较传统的营销方式，在会员维护中使用较多，主要用于推介会员活动或维护会员关系。

　　短信营销也是一种比较常用的会员营销方式，一般在节日、生日、促销活动时使用较多，短信营销的方式比电话营销更温和，比较容易被买家接受。

　　总之，不管选择哪种营销方式，卖家都必须有意识、有规划地完善自己的营销平台，为会员营销创造更多的空间和可能，不断积累客户资源，才能扩大店铺影响，提高销售额。

2. 创建会员专享活动

　　对店铺数据进行分析不难发现，在营销活动期间，店铺的各项数据一般比平时更好，访客数、成交率、成交额等都会有非常明显的提升，这是因为一个好的营销活动可以为商品带入比较可观的流量。

　　一般来说，会员专享以优惠券、专享打折等智能营销活动为主。以淘宝网为例，商家可以通过上新老客提醒、短信营销、兴趣客户转化、优惠券关怀、专享打折/减现、专享价、购物车营销等手段进行会员活动营销。其创建方法很简单，在淘宝卖家中心首页单击"营销中心"栏中的"客户运营平台"超链接，打开"客户运营平台"页面，在左侧导航栏中选择"运营计划"选项卡下的"智能营销"选项即可，如图5-26所示。

图5-26　智能营销

单击需要创建的营销活动下的 立即创建 按钮，按照提示进行操作即可创建营销活动。在创建时，商家应该考虑清楚活动的对象是谁，使用哪种营销方式，按照不同的营销目的来选择营销的人群，如流失人群、加购人群、活跃用户等。

5.3.3　会员营销的技巧

进行会员营销时要采取一定的技巧，才能增加会员对店铺的好感度，提高其忠诚度和黏性；还有利于增加店铺的曝光度，加深会员对店铺的印象。常用的会员营销的技巧有以下3种。

- **会员细分：**会员营销前应该以会员的消费频率、消费金额和最后一次消费的数据为依据进行会员等级划分，将会员分为普通会员、高级会员、VIP会员、至尊VIP等不同的等级，根据不同的会员群体采取不同的营销策略。
- **加强会员交流：**会员是店铺购买力最强的一部分买家，所以必须注意维护与会员的关系，可以为会员建立旺旺、QQ或微信群，加强会员与店铺之间的联系和交流，维持他们的忠诚度。
- **会员关怀：**节假日时，商家可以节日的名义向会员发出问候，给予一定的专享优惠。当会员生日时，可以邀请会员进店领取生日福利，让会员感受到自己被重视。关怀的内容可以是现金折扣、抵现、优惠券等，以增加会员购买的积极性。

5.3.4　任务实训及考核

根据介绍的相关知识，完成表5-5所示的实训任务。

表5-5　实训任务

序号	任务描述	任务要求
1	创建一个VIP会员专享优惠券活动	要求为VIP会员创建专享优惠活动，要求该会员至少在店内消费过5次或消费金额达到1000元

续表

序号	任务描述	任务要求
2	为会员生日策划福利活动	要求为不同等级的会员策划生日福利活动，可以现金折扣和抵现为主

填写表5-6的内容并上交，考查对本节知识的掌握程度。

表5-6　任务考核

序号	考核内容	分值（100分）	说明
1	会员营销的意义是什么？		
2	会员营销有哪些方法？		

拓展延伸

活动营销的方法很多，经营者应该根据网店的运营情况选择合适的营销活动。下面介绍活动营销时的一些常见问题，帮助读者更好地掌握营销的方法。

一、哪些商品适合报名参加营销活动？

参加活动的目的是为了引爆商品销量，提高销售额，但引爆销量的商品必须具备好的款式，同时，还应该具有以下5项必备要素。

- 利润空间大，销量转化较好。
- 热销潜力比较大，评价比较好。
- 货源比较稳定，不会出现断货、缺货的情况，最好不缺码、缺色。
- 尺码标准，颜色主流，容易被大众接受。
- 商品应季，符合当前流行趋势。

报名参加活动后，通常都有一段时间的准备阶段，在选择商品时，应考虑这段时间后的应季情况，如报名时商品为长袖衬衫，但活动开始时天气已经转热，购买长袖衬衫的人数会大幅度减少，商品也就没办法达到很好的销量。

二、竞拍团竞拍有什么技巧吗？

参与竞拍的商家，特别是中小卖家，都希望能够以最合理的价格竞拍到好的坑位，但如何参与竞拍呢？

- **分析数据：**竞拍模式依靠价格排序，价格高的竞拍者入围。卖家在竞拍坑位时，要保持理智竞拍，提前需要分析自己商品的销售行情、成本收益和竞争优势。如果竞拍价格太高，但是产品收益却跟不上，那么这次竞拍就无法达到理想的效果，甚至可能造成极大的亏损。

- **出价**：每位参与竞拍的卖家的出价次数是有限的，但竞拍出价时间却有1小时，建议不要提前出价。如果出价太早，每次出价就浪费一次机会，出价次数用完则失去入围资格。可以以自己可接受的最终竞拍金额为前提，在出价人数和别人出价次数达到一定高度的时候再开始出价。

三、怎么提高客户的忠诚度？

要提高客户的忠诚度，可以从以下5个方面来进行。

- **提供超值服务**：超值服务指所提供的服务除了满足一般需求外，还有部分超出一般需求以外的服务，如通过客户关怀和创造惊喜来提高客户的忠诚度。
- **与客户保持密切的联系**：与客户保持密切联系，建立与客户沟通的桥梁和纽带，如中国联通采取的俱乐部形式。
- **保持价格方面的相对优势**：价格优势是指同样品质的商品或服务，谁能够给消费者提供更低的价格，谁就更有竞争力。
- **对老客户进行激励与挽留**：让老客户的忠诚得到实实在在的回报，如某些网店推出的老客户回馈活动、客户忠诚计划等。
- **与客户成为朋友**：客服在与客户交流的过程中，不要刻意营销，要用心维护与客户之间的关系，倾注更多的私人情感，将客户真真实实地当成自己的朋友。

实战与提升

通过本章知识的学习，对下列问题展开讨论与练习，在巩固所学知识的同时，拓展视野，进一步提高自己的能力。

（1）选择店铺中的爆款产品参报网站活动，可选择一个或多个活动。

提示：电商平台的活动有很多，商家需根据当前的营销目标来选择活动，在淘宝卖家中心首页单击"营销中心"栏中的"活动报名"超链接可查看所有活动。

（2）制订不同的会员等级标准，为会员进行等级细分，然后制订会员关怀计划。

提示：划分会员等级的目的是为了进行针对性营销，VIP会员和至尊会员应该与普通会员有所区别，体现其个性化。

内容营销，直击买家痛点

学习目标

　　直通车、钻展、聚划算、淘金币、会员营销等活动可以为店铺带来巨大的流量，有了流量后还要考虑如何对其进行转化，提高流量的转化率与成交率。内容营销就是在传统电商营销方式的基础上发展起来的，以其高效的转化和较低的成本广受广大电商卖家的青睐。

学习导图

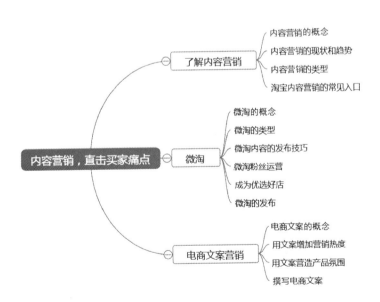

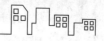

 案例导入

淘宝头条是阿里巴巴集团旗下的生活消费资讯媒体聚拢平台，以内容化、社区化和本地生活服务3个板块为淘宝卖家提供了营销的空间。对于广大淘宝卖家来说，淘宝头条给了他们更加贴近消费者需求的营销方式，使其能够快速吸引具有潜在需求或感兴趣的用户；对于消费者来说，淘宝头条中推送的各种内容已经提前将他们需要考虑的问题提出并给出解决的办法，使其无须再花费过多的心思，是一种省时省力的方式。

淘宝头条以图文结合的方式发布消费者感兴趣的帖子或视频，内容可以是新产品上市、经验分享、使用体验、疑难问答等，向用户传递有价值的信息，从而实现营销的目的。这种新型的营销方式具有很高的转化效果，能够快速吸引在未来一段时间内可能产生这种需求的消费者关注，使其快速形成对品牌的印象，对产品与品牌的推广起到了很好的作用。

类似淘宝头条这样的内容营销平台有很多，如淘宝中的微淘、有好货、必买清单、每日新品；京东的京东快报、会买专辑、发现好货；各种自媒体推送的文章等。内容已经成为消费者越来越关注的信息，怎样将这些信息与消费者的购物需求联系起来，引导他们主动查看内容是内容营销的第一步。而怎么来创作内容，写出直击买家购物需求痛点的内容则是激发消费者购物的关键。

最新统计显示，淘宝头条MAU（月活跃用户）数已过亿。除了淘宝内部资源外，淘宝头条还与DT财经、"新榜"等新媒体平台深度合作，并联合线下活动举办主题活动，在丰富功能的同时，为消费者提供更精准的服务。

【思考】

（1）什么是内容营销？内容营销的入口有哪些？

（2）怎么写作具有吸引力的内容，引起消费者的购物兴趣？

6.1 了解内容营销

随着电子商务的快速发展，人们的行为习惯渐渐发生了变化，从最初的由卖家被动提供信息，到如今主动通过各种自媒体渠道获取内容，使消费者对网上信息的真实性有了更多的了解，能够快速分辨出哪些是广告，哪些是真实信息。在这种环境下，传统的电商营销方式对消费者的影响在渐渐变小，电商内容营销逐渐兴起并成为影响消费者购物行为的重要因素。

课堂讨论

针对下列问题展开讨论：
（1）内容营销是怎么发展起来的？
（2）内容营销有哪些类型？
（3）举例说明常见的内容营销方式。

　　内容营销是一种营销思维模式，它与传统营销被动为消费者提供商品信息不同的是，要求企业能生产和利用内外部有价值的内容，吸引特定受众群体主动关注。内容营销的重点是内容是否具有吸引力，是否能够吸引消费者关注，并影响消费者的搜索与购物行为。本节将介绍内容营销的相关知识，帮助读者掌握电子商务环境下的内容营销方式。

6.1.1　内容营销的概念

　　随着电子商务的快速发展，消费者逐渐开始转变被动的信息接收方式，转而自主寻找获得信息的更多途径，这在很大程度上改变了以往电商单方面向消费者传输信息的营销方式，为内容营销的发展提供了条件。

　　同时，由于电商的发展已经进入一个相对平缓的发展阶段，各种营销媒介层出不穷，企业之间的竞争愈加激励，电商企业虽然花费了大量资金获得了流量，但成交转化效果却并不理想。面对这些新的问题与挑战，内容营销以其高效的转化方式和流量变现模式成为电商持续发展的中坚力量。各大电商纷纷向内容营销转型，致力于以内容取胜。那么究竟什么是内容营销呢？

　　简单来说，内容营销是一种营销策略，它将图片、文字、视频和音乐等元素以内容的形式呈现出来，使其成为消费者可以消费的信息，如淘宝头条和京东快报就是最典型的内容营销方式。通过文章的形式将需要营销的内容转化为向用户提供有价值的服务，进而吸引用户点击、阅读，引起消费者的购物兴趣并使其付诸行动。同时，这种内容的表达方式又使企业与消费者之间建立起了强有力的互动关系，为企业品牌与形象的建设提供了更直接的途径。

　　图6-1所示为京东快报、发现、发现好货的首页，它们都是京东专为内容营销开发的营销方式，用于向消费者推荐各种购物咨询或分享购物、使用心得。其实质是通过对用户购物行为的分析，将这些内容推送给与之匹配的消费者，实现精准化营销。它是一种促进流量变现和用户消费升级的新型营销方式，可以简单地看作是以内容聚集粉丝来提升转化的一种营销方式。

图6-1　京东快报、发现、发现好货的首页

6.1.2　内容营销的现状和趋势

电子商务的发展、国家相关政策的扶持、网购用户的数量与行为成熟度的提升、网络零售规模的增长，都使电商营销市场的竞争越来越激烈。而随着消费者需求的日益多元化与精细化，以优质内容获得流量和品牌效应的营销方式，在短时间内获得了各大电商的青睐，内容营销成为打破现有电商营销模式的一种新思路，并获得了迅猛的发展。

内容营销以内容为起点，向粉丝销售商品或者服务，其实质是通过内容连接用户与商品。内容营销目前以直销商品、服务型内容为主，其营销渠道多种多样，适用于几乎所有的媒介渠道和平台，但在电子商务无线化的发展趋势下，内容营销也朝着移动端发展。未来，内容营销将主要以视频营销、移动营销等为主要的发展方向；同时，以原创、实用的内容被消费者接受。一旦用户养成了习惯，成为店铺的粉丝，不仅可以大大提高店铺的流量，增加用户黏性，还能延伸店铺的服务范围，提高其综合竞争力。

6.1.3　内容营销的类型

内容营销与传统的促销手段不同，它通过营造一种消费场景，以内容来刺激消费者的购物行为，这不但降低了高额的流量成本，还能快速获得消费者的认同，为企业树立良好的形象和提高用户忠诚度。内容营销根据内容呈现方式的不同，可以分为不同的类型，最为典型的是UGC口碑体验和PGC内容营销，下面分别进行介绍。

1. UGC口碑体验

UGC（User Generated Content）即用户原创内容，也可叫作UCC（User Created Content），是指用户将自己原创的内容通过互联网平台进行展示或者提供给其他用户，从而协助企业或产品实现口碑营销。其实质是通过原创性的内容，向对产品不了解的用户提供证明，打消用户的疑虑，建立商家与用户之间的信任。一般来说，可以通过社区、博客、微博、微信、电商平台论坛等渠道来发布UGC，提供真实可靠的文字说明和图片信息，回答其他潜在消费者的疑问，增加互动，提高用户的购物体验，形成良好的用户口碑传播，增强品牌的竞争力，从而带来更多的购买转化。

电商平台中有很多UGC的入口，如微淘、京东发现、淘宝头条、小红书等，图6-2所示即为小红书的首页。

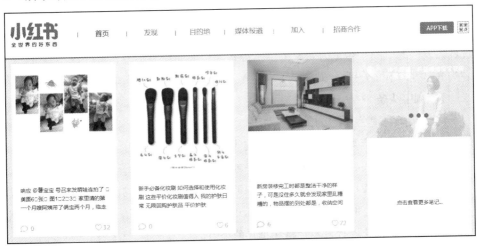

图6-2　小红书首页

 **专家指导**

　　UGC口碑传播的一个有效方法是通过用户的评论和真实体验来提高传播效果，以打造更可靠、更具有认同感的品牌形象。

2. PGC内容营销

PGC（Professionally Generated Content）即专业生产内容，也叫PPC（Professionally-produced Content）。它与UGC的区别在于，其内容质量更高，

专业性更强，是通过从各个领域的细分市场来纵向挖掘内容，为消费者提供真正有价值的内容。

PGC主要有两种类型：一是知识、技能、方法的分享；二是主题式推荐。知识、技能、方法的分享是在专业技能的基础上进行内容的创作，如一个美食店铺的PGC内容营销，就是进行各种美食内容的分享，如美食制作、美食推荐等；主题式推荐则是通过小而美的内容来吸引具有相同需求的用户，引起消费者的共鸣和归属感，从而获得忠实用户。

专家指导

除了UGC和PGC外，OGC（Occupationally Generated Content）职业生产内容，也是内容营销的一种方式。它与PGC的区别在于，PGC是一种义务共享，不收取任何报酬；OGC则属于职务行为。

6.1.4 淘宝内容营销的常见入口

内容营销的大力兴起，使各大电商平台纷纷开放了内容营销的入口。淘宝作为最具代表性的电商平台也为卖家提供了很多入口，如淘宝头条、有好货、爱逛街、必买清单等，下面分别介绍。

1. 淘宝头条

淘宝头条是淘宝平台为外部媒体开放的内容营销入口，要求其对象为机构媒体、内容电商、内容类公司、自媒体或其他身份的内容创作者。

- **机构媒体**：指具有国家媒体资质许可证的各类媒体机构。
- **内容电商**：指以内容为纽带触达人群，给予消费建议并引导消费的电商。
- **内容类公司**：指主打某一领域，通过文字或视频的形式，以PGC或UGC模式产出内容，并进行内容传播和推广的公司。
- **自媒体**：指个人以现代化、电子化的手段，向不特定的大多数或者特定的单个人传递信息的新媒体。
- **其他身份的内容创作者**：指在相关领域有一定影响力的内容创作者。

淘宝头条的合作方式有两种，一是后台管理，二是系统对接。

- **后台管理**：淘宝头条为内容伙伴开通内容发布账号及后台，内容伙伴只需按照说明在后台提交内容即可。
- **系统对接**：部分内容伙伴拥有丰富且优质的内容，但因数量较多后台提交成本太大时，淘宝头条将会对双方系统进行对接，提供成熟的技术及服务来实现内容的自动接入。

淘宝头条提供了头条、视频、问答、PK、订阅5种内容展示模式，如图6-3所示。每个展示模式下可以创作不同类目的内容资讯，资讯中可以添加产品链接，其中，生活时尚潮流的资讯内容，如穿搭类时尚潮流趋势解读、3C数码前沿科技产品首发信息同步与解读等；知识、经验分享等实用型资讯，如育儿类经验分享、3C数码各型号产品、美妆护肤用品盘点、装修攻略分享、户外装备挑选等；热点话题、新鲜资讯等；商品评测、旅游攻略、新书上架导读与推荐、电影影评、其他和生活、娱乐、消费相关的新鲜资讯等，是淘宝头条比较受欢迎的内容。

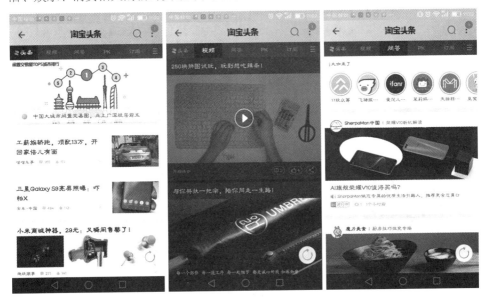

图6-3　淘宝头条内容展示模式

🎓 **专家指导**

　　在淘宝头条中发布的内容若涉及商品导购，必须为淘系内的商品，不能有外链和App装机下载引导。

2. 有好货

有好货是一个精品导购平台，以千人千面个性化算法模型为中高端用户提供高品质的选品及导购介绍。在手机淘宝首页点击进入有好货，即可看到进口好货、淘宝心选等栏目，如图6-4所示。

有好货注重对单品进行内容营销，要求写作的内容标题清晰且能表达推荐产品的名称、品牌、品类、产地、功能等元素，正文则主要侧重于对产品功能、特点、品牌、产地、质量、优缺点、使用经验等的介绍，要求描述可观，与商品实际相符。正文内容可搭配产品图片，要求图片清晰，最好为白底图、浅色背景图或场景图，能够体现出商品的功能，方便读者查看。

商家若要通过有好货进行内容营销，可先成为淘宝达人，再直接投稿。也可发布招募信息，给其他达人布置任务；其他达人写好内容并进行投放；商家按照用户点击与匹配来与之结算佣金。

 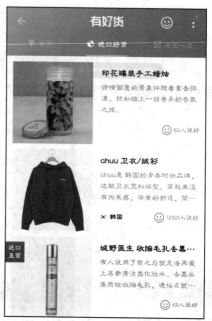

图6-4　有好货内容展示模式

3．爱逛街

爱逛街是淘宝官方为用户推出的一个专注于分享和交流的内容电商平台，以内容为导向服务于年轻女性群体，围绕"时髦""流行"不断为女性提供时髦流行的消费指南。在手机淘宝首页点击"爱逛街"即可进入爱逛街首页，其中包括精选、更时髦、变漂亮、懂生活、看视频5个栏目。用户可以单击对应的栏目查看他人分享的商品，并对内容进行收藏、评论和分享。在商品图片上点击▣按钮，可打开对应的单品；若需要购买可直接点击单品进入宝贝详情页，如图6-5所示。

爱逛街目前并未开通招商入口，频道内的商品主要通过淘宝达人推荐、红人推荐、行业推荐做千人千面的展示。如果想在爱逛街进行内容营销，需要在淘宝达人后台申请爱逛街渠道权限，通过审核后方能入驻成为爱逛街红人。成为红人后在爱逛街首页点击用户头像，打开"我的爱逛街"页面，点击"我的发布"选项即可在打开的页面中发布内容。发布的内容可以是宝贝和照片。当发布宝贝时，可以在"已买到"、购物车、收藏夹或"足迹"中选择相应的商品来发布；当发布照片时，可从手机相册中选择相应的商品图片。需要注意的是，爱逛街推荐的内容应尽量简单明了，以突出产品特点为宜，不适合长篇大论。

图6-5　爱逛街内容展示模式

4．必买清单

必买清单同样是淘宝向用户推出的一个分享与交流的内容电商平台，与爱逛街不同的是，大V或淘宝达人可以申请店铺内的多款相关商品形成购物清单。"必买清单"在"有好货"的下方，点击即可进入，包括穿搭、耍帅、送礼、爱吃、置家、潮玩、旅行、运动、海淘、化妆、育儿等栏目。每个栏目中的内容都以清单Banner、清单标题、部分清单进行单品展示，点击这些内容可进入清单详情页。详情页中有具体的清单描述和清单商品，可以帮助消费者了解商品并选择需要购买的物品，如图6-6所示。

清单中的每个商品都有一段推荐文字，建议文字控制在20个字以内，以突出产品卖点为主，不要与标题重复。商品图片则要求为正方形，不能添加水印、Logo和其他多余的文字。另外，在写作清单描述内容时，不要写无意义的空泛的内容，要以用户需求为切入点，将产品卖点与用户需求结合起来，增加内容的可读性与通过率。

🎓 专家指导

除了淘宝平台外，其他电商平台也有很多类似的内容营销入口，卖家可根据自己所在的电商平台选择需要的营销方式。若为自建网站，可以软文的方式进行内容营销；若为微信电商平台，则可通过朋友圈、公众号推送等进行内容营销。总之，要选择符合自己店铺定位的方式来进行内容营销，以达到最佳的推广效果。

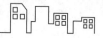

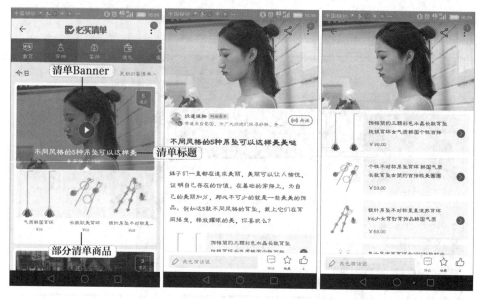

图6-6　必买清单内容展示模式

6.1.5　任务实训及考核

根据介绍的相关知识，完成表6-1所示的实训任务。

表6-1　实训任务

序号	任务描述	任务要求
1	查看淘宝头条中包含的栏目并进行订阅	要求掌握淘宝头条的内容营销方法并熟悉其界面操作
2	查看必买清单中包含的栏目并进行阅读	要求熟悉必买清单的结构与内容写作要求

填写表6-2的内容并上交，考查对本节知识的掌握程度。

表6-2　任务考核

序号	考核内容	分值（100分）	说明
1	什么是内容营销？其类型有哪些		
2	主要的内容营销入口有哪些？试举例说明		

 **6.2　微淘**

微淘位于手机淘宝底部导航的第二位，这个位置可以带来大量移动流量。对于淘宝卖家而言，微淘是淘宝营销的一个重要武器，通过微淘后台发布各类新产品上市信息，可以让粉丝及时知道店铺的动态，实现精准互动，增加客户黏性，并进行品牌传递，直至达到成交转化。

课堂讨论

针对下列问题展开讨论：
（1）怎么发布微淘？
（2）微淘有哪些类型？
（3）怎么写作微淘内容？

微淘是淘宝移动端一个重要的内容营销平台，它定位于移动端，通过发布各种消息来维护与粉丝之间的关系，加强与消费者之间的互动，达到宣传店铺品牌文化、发布折扣活动、管理新老客户、定向推送优秀内容的目的。本节将介绍微淘的相关知识，帮助读者掌握其操作方法。

6.2.1　微淘的概念

微淘是在现有的店铺和宝贝之上新构建的一个可无限传播的信息层，每位买家可以自由订阅自己关注的账号和关注自己感兴趣的领域，还可与运营者或粉丝产生互动。也就是说，当卖家在微淘上发送信息后，关注该卖家的粉丝即可看到他发布的信息，并与卖家产生互动。

卖家如果在微淘上拥有众多活跃的忠实粉丝，其发布的内容就可以即时被大量粉丝收到，这将为宝贝或店铺带来可观的流量。当然，作为一种有效的商品和店铺推广手段，微淘也必须经过合理运营才能发挥最大的价值。那么，微淘推广的价值主要体现在哪里呢？

- **流量价值：**现在的电商行业已明显呈现出向移动端发展的趋势，也就是说，移动端逐渐成为电子商务销售的主流途径，很多店铺移动端的成交金额已远远超过PC端。微淘位于手机淘宝底部导航的第二位，拥有非常有利的展示位置。同时，其展示形式简捷有效，所展示对象的忠诚度与黏性较之普通淘宝用户更高，因此依靠微淘可以引入大量的移动流量。

- **营销价值：** 微淘作为阿里巴巴重要的无线营销平台，得到来自阿里巴巴的大力支持，卖家在微淘中运营，相当于增加了一个有效的营销渠道来吸引粉丝，宣传店铺和产品，同时多一个渠道触达用户，引导转化。
- **CRM价值：** 通过资讯、活动等内容，微淘卖家不仅可以吸引新客户，还能更好地维护老客户，提高客户黏性。

微淘是一种移动端引流和老客户维护工具，大部分时候，它的运营效果并不能立竿见影，而是需要日积月累。只有慢慢积累起粉丝，才能够达到理想的效果。

6.2.2　微淘的类型

根据电商内容的属性，可以将微淘划分为商品类、导购类、互动类以及故事类等内容，不同的内容有不同的功能，下面分别介绍。

- **商品类微淘：** 商品类内容注重商品本身的价值、实用功能、外包装设计等元素，通过对这些元素进行包装与处理，赋予这些元素特殊的含义与价值。新品上市、购物清单等内容适合以商品类微淘营销，引起消费者的共鸣，如图6-7所示。

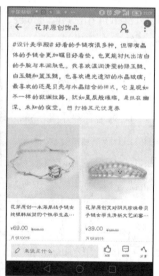

图6-7　商品类微淘

- **导购类微淘：** 导购类内容可以帮助消费者解决各种购物问题，是在消费者需求和兴趣点的基础上来刺激消费者购物，引导消费者产生购买欲望，如图6-8所示。

图6-8　导购类微淘

- **互动类微淘**：话题、活动等形式的微淘内容可以引起粉丝的讨论与互动，在增加自身人气的同时还能给粉丝反馈一些福利，是维护客户很好的营销方式，如图6-9所示。
- **故事类微淘**：故事类微淘以视频的形式进行展现，内容可以是开店的故事、好物分享、使用过程、制作工艺等，其展现方式更加直观、生动，可以获得良好的互动反馈，如图6-10所示。

图6-9　互动类微淘　　　　　　　　　图6-10　故事类微淘

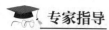专家指导

微淘可以多种形式进行发布，如帖子、宝贝清单、跨店清单、图片、上新、预上新、链接、视频和买家秀等，卖家可根据营销的目标来选择合适的方式。

6.2.3 微淘内容的发布技巧

微淘内容的展现主要有关注和发现两种形式。关注主要基于关注关系展现，即主要展示买家关注的微淘内容；而发现则基于官方推荐和算法推荐。要通过微淘获得流量，引发转化并达到营销目的，需要先吸引粉丝关注，而吸引粉丝关注的前提则是内容设计。微淘内容的输出形式包罗万象，可以发布新品、视频、资讯攻略、穿搭技巧、买家秀等。那么究竟怎样设计微淘内容，才能达到更好的营销效果呢？非常重要的一点就是要发布粉丝感兴趣的内容。

微淘运营其实就是粉丝运营，其内容既不能单一重复，又不能死板无趣，必须结合自身行业目标消费群的兴趣点，打造与之匹配的内容栏目，运用人格化的运营方式，强化用户的情感交流和互动。目前微淘的粉丝互动形式主要有话题、游戏、任务、情感、买家秀和直播等，其中任务又包含"盖楼"、投票、签到、邀请好友收藏店铺等多种玩法。内容玩法形式多样，究竟哪一种方式最有效，还需结合数据进行观察和筛选。例如某个类目的店铺根据每日发送的不同内容对粉丝的响应数据来观察，发现粉丝对卖家活动和买家秀的敏感度比较高，就可以主要围绕活动和买家秀设计微淘内容，如图6-11所示。

图6-11 买家秀和卖家活动

发布后的内容会优先推送给微淘粉丝，推送后系统会根据点击率、停留时长、互动等数据指标来进行监控，对表现好的内容进行推荐，商家就有机会在微淘首页和热榜展示。一般来说，在微淘运营初期，其内容主要可以"买家秀+卖家活动+上新预热+热卖榜单+活动提醒+搞笑段子"等形式进行发布。也可设计一些有趣的游戏、讨论、节目等个性化内容，提高粉丝的关注度，增加粉丝数量。

6.2.4　微淘粉丝运营

根据微淘官方规划，微淘运营不以短期成交为目的，更注重品牌宣传和粉丝运营，通过持续可触达通道，挖掘用户有效价值，增加用户的黏性和回访率。微淘希望通过增加优质内容曝光率及其生命周期，降低内容生产成本，提高转化率，争取优质粉丝，进行粉丝深度运营，留存核心种子用户。因此对于商家而言，粉丝运营才是微淘运营的大势所趋。

微淘上粉丝运营的根本，不外乎增强粉丝互动性，拉近粉丝距离，培养粉丝忠诚度，比较常用的方法一般是取昵称和话题互动。

取昵称是拉近双方距离非常直接且有效的一种方式，可以实现与店铺粉丝的亲密沟通。定位精准的昵称还能够较好地迎合目标消费群的喜好，达到更好的营销效果。

话题互动是指通过组织和发布各种话题，带动粉丝在微淘中进行讨论，这也是增加粉丝热度和黏性的一种方式。微博、微信中的很多自媒体营销也常采用这种方式与粉丝互动。一个好的讨论话题可以带来非常可观的浏览量、评论量，以及粉丝的关注度。关于话题的选择和发布，可以选择近期网上比较热门的话题，带一点争议性的话题，或者日常生活话题，例如"#最近气温飙升，大家快来吐槽去去火！#""#新的南北之争又出现啦，竟然有人吃咸荷包蛋，荷包蛋难道不是吃甜的吗？！#""#吃货们，你们最想去吃哪个城市的特色小吃？#"等。

粉丝的兴趣点很多，一个有讨论价值的话题，可以激发他们的评论热情，促使他们表达自己的想法，甚至带动平时不爱评论的粉丝进行互动。

6.2.5　成为优选好店

微淘的认证标签体系主要有3种，分别是优选好店、淘宝达人、官方账号。普通淘宝卖家可以争取的认证标签主要是优选好店。认证微淘优选好店之后，店铺有了加权，流量会有明显提升，特别是对于宝贝上新的流量更是如此。此外，经过人工

精选，优质的内容还可能进入精选热榜，使微淘流量在微淘中放大，提高综合曝光率。

微淘优选好店对微淘发布数、微淘手动发布数、微淘活跃UV、微淘粉丝数和二次回访率等都做出了一定的要求，只有达标的商家才可以报名申请优选好店，其要求如下。

- 近30天微淘发布内容数≥5篇。
- 近7天微淘手动发布内容数≥2篇。
- 近7天粉丝活跃UV≥500。
- 微淘粉丝数≥5000。
- 微淘粉丝7日二次回访率≥50%。
- 店铺符合《淘宝网营销活动规则》。

6.2.6 微淘的发布

微淘是主要针对移动端用户的推广方式，但其内容发布需要通过计算机入口来实现。其方法为：在淘宝卖家中心首页单击"手机淘宝店铺"超链接，打开"手机淘宝店铺"页面，单击"发微淘"超链接，打开"发布微淘"页面，在"布微淘入口"栏中选择需要发布的选项并填写相关内容即可进行发布，如图6-12所示。

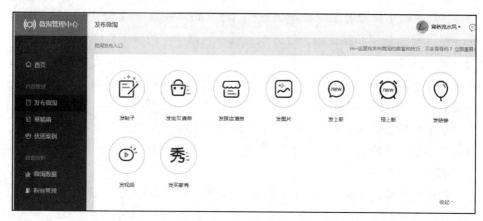

图6-12 发布微淘

6.2.7 任务实训及考核

根据介绍的相关知识，完成表6-3所示的实训任务。

表6-3　实训任务

序号	任务描述	任务要求
1	发布一条买家秀	要求分享购物心得，对宝贝使用体验进行说明
2	发布一条导购型的微淘	要求以数码为主题，为消费者推荐十款高性价比的数码产品
3	发布一条互动型的微淘	要求以活动为主题，说明活动内容、活动方式及活动奖励

填写表6-4的内容并上交，考查对本节知识的掌握程度。

表6-4　任务考核

序号	考核内容	分值（100分）	说明
1	微淘的营销模式是怎样的		
2	怎样进行微淘粉丝的运营		
3	微淘类型有哪些		

6.3 电商文案营销

　　微淘是淘宝内容营销的重要入口，而文案则是打造内容价值的手段，商家既可以通过微淘创作文案进行商品营销，也可以通过其他的途径进行电商文案营销。电商文案营销的重点是怎样通过文案来表现主题，引起消费者的关注，达到传播商品信息、推广品牌、树立企业形象的目的。

 课堂讨论

针对下列问题展开讨论：
（1）什么是电商文案？怎样通过文案营销商品？
（2）文案要怎样写？怎样通过文案增加宝贝的曝光率？

　　电商文案是内容营销的重中之重，它不仅可以展现商家的文化和品牌，还是满足消费者需求，降低成本并唤起消费者共鸣的有效手段。本节将介绍电商文案的相关知识，并讲解如何通过文案内容来展现宝贝，营造氛围，提高成交率与转化率。

6.3.1 电商文案的概念

传统的文案是指广告作品中的所有语言文字，即在大众媒介上刊发出来的广告作品中的所有语言文字。而随着新媒体时代的到来，文案逐渐发展为基于网络平台传播的文案。这些文案以商业目的为写作基础，通过网站、论坛、微博和微信等交流平台进行发布，达到让浏览者信任并引起其购买欲望的目的。

电商文案基于互联网，信息的传播非常快速和简洁，需要具备以下4个特点。

- **准确规范、点明主题：** 文案需要实现对主题、创意和内容信息的有效表达和传播，因此首先要规范、完整，避免语法错误和表达残缺；其次用语要准确，避免产生歧义，且符合语言表达习惯。注意不能自己创造鲜为人知的词汇，也不能使用冷僻以及过于专业化的词语，这样会让消费者无法理解所表达的内容，造成营销失败。

- **简明精炼、言简意赅：** 文案主要由文字组成，所以在文字语言的使用上，要简明扼要、精练概括。主要表现在3个方面：一是为了实现广告信息传播的有效性，要以尽可能少的文字表达出广告产品的特点；二是为了方便广告受众迅速记住广告信息，需要在文案中使用简明精练的文字，这样有助于吸引广告受众的注意力；三是为了方便受众阅读和理解，要尽量使用简短的语句。如红牛宣传广告中的"你的能量超乎你想象"文案就很好地表达了主题，如图6-13所示。

- **悦耳动听、通俗易记：** 写作文案还要关注受众的听觉感受，要注意优美、流畅和动听，并且易于识别、记忆和传播，以表现广告的主题和创意，产生良好的广告效果。当然，不能为了追求文案的语言和音韵，喧宾夺主，忽视广告主题。

- **生动形象、具体逼真：** 在文案中展示出生动形象的产品更能激发广告受众的兴趣。数据统计显示，文字和图像能引起人们注意的百分比分别是35%和65%，所以，一个优秀的宣传文案需要采用生动活泼、新颖独特的文字来增强图像的表现力，如图6-14所示。

图6-13　简明精练、言简意赅的文案示意

图6-14　生动形象、具体逼真的文案示意

6.3.2 用文案增加营销热度

文案营销不仅要把信息展示给受众，还要具有说服力，这样才能引起消费者的主动讨论，增加营销热度，达到提高流量、加深印象、广泛宣传、快速传播的效果。一般来说，通过文案增加营销热度的方法主要有热点、故事、名人、设计等，下面分别进行介绍。

1．热点

所谓"热点"，主要是指一些时下发生的热门事件，引起了人们广泛的关注，可以是社会事件，也可以是新闻事件。一些热点事件一旦在网络中传播，在很短时间内受众就可能达到成千上万。对于电商而言，有受众就是有广告传播的基础，就应该抓住机会；如果热点事件内容与产品或品牌相关，更应该及时抓住机会，打一场热点营销的"文案大战"。这种文案在热闹的关头推出，短时间内就可以轻松抓住关注热点事件的用户群体。杜蕾斯是最为典型的热点营销品牌，其电商文案紧随热点信息，以幽默风趣的方式快速吸引消费者，达到了快速传播的效果。

2．故事

故事是最新鲜也最容易受到人们欢迎的信息接收方式，故事性的文案能让消费者记忆深刻，能够拉近商品与消费者之间的距离，让消费者不自觉产生消费行为。稍有一定实力的企业，几乎都有自己的品牌故事，如"茅台海外参展摔酒瓶""海尔张瑞敏砸冰箱"的故事至今仍为人们津津乐道，这些故事为企业带来的传播贡献是毫无争议的。而对于很多中小企业，故事文案可以从品牌或产品的故事上进行创意，例如通过管理运营过程中企业与经销商、客户或者员工之间的故事，去展开品牌故事。

3．名人

电商文案也可以借助名人来吸引公众的眼球，一些大企业可以直接聘请名人进行或辅助宣传和推广，借助名人的影响力来扩大自己的影响力。这种方式通常可以体现在文案内容上，如让文案与名人的形象产生联系，从而为产品和品牌增添附加价值。

4．设计

设计也是电商文案中最容易体现创意的项目，文案可以通过对图像、文字、色彩、版面、图形等元素的组合，进行平面艺术创意的设计，从而表达电商销售的目的。文案创意设计就是将创造性的思想、理念以设计的方式予以延伸、呈现与诠释的过程或结果。

6.3.3 用文案营造产品氛围

研究表明：消费者到商场购物，70%以上的决定是在卖场里做出的，冲动性消

费占了消费行为的很大一部分。良好的购物气氛，对卖场销售有着巨大的意义。简单来说，销售氛围指消费者在卖场环境中感受到的气氛和情调。正是这种氛围，让消费者自发地产生或放弃一系列购买行为。作为电商，虽然没有实体店面的优势，但也能通过文案来营造产品氛围，使受众群体熟知产品与企业的经营理念，为产品的后续发展与市场推广打好基础。

对于电商文案来说，文案的重点是信息的传递，那么怎样通过信息的传递来营造产品的氛围呢？可以从不同的营销目的来进行营造。

- 若营销的目的是为了给消费群体一个具象化的理由，使其选择或相信你的产品，则氛围重点体现的就是产品价值，即能够让消费群体从文案中感受到使用产品的好处，并在脑海中产生相应的使用场景。如"可以拍星星的手机"就比"2000万像素"更能让消费者产生场景联想，也更有说服力。

- 如果要直观地体现产品的功能、性能、质量等，给消费群体营造一个独特的产品观念，则文案应该体现出"人无我有，人有我精"的理念。如"格力，掌握核心科技"，"核心科技"四个字就很好地传递了格力在电器类产品的领先地位。

- 如果企业已经有了一定的知名度，需要通过文案来引起其与消费者在价值观层面上的共鸣，可以使用情感式文案营造产品氛围，通过感情与品牌差异化来进行展现。如万科的"世界上没有一幢摩天大楼，比天坛更高"，即代表了万科企业文化的高度，又体现了其对房地产企业的敬畏之心；如现代途胜的广告文案"去征服，所有不服"，通过激发人的征服欲与野心来与消费者产生共鸣。

6.3.4 撰写电商文案

电商文案是产品和品牌的文字表现形式，通过独特的观点与文字信息为其赋予一层新的外衣，以便让消费者能够愉快地接受这些事物，达到宣传产品和品牌的目的。那么，要怎样来写电商文案呢？

1. 确定文案主题

根据产品、品牌或活动的目的，消费者需求，来确定文案写作的主题。认真思考并明确需要表述的文案主题是什么，应该在哪里使用，为什么消费者会使用和接触产品，一般在什么时间点用得较多，对其使用效果进行了怎样的评价。思考完这些，就能对这个产品或品牌有一个确定的想法，进而确定文案的主题。

2. 确定文案的风格

文案的风格多数取决于所要描绘的产品，情怀、有趣、温馨、实在、华丽、无厘头、好玩、高大上等都是文案涉及的风格样式，如锤子手机的文案自始至终都在表达情怀，用情怀俘获了大量粉丝；宜家家居的文案走的是清新温馨的路线，为用户营造出家的感觉，并时刻提醒消费者什么是有质量的生活。所以作为文案的作者，需要先了解文案有哪些风格，然后确定使用哪一种。

3．换一个角度搭建场景

向别人抛出一个产品或者问题时，先假设自己正在使用这件产品或者正在面临这个问题，换一个角度，站在当事人的立场来看待这个问题，根据一些决定性因素思考别人可能会有的想法，会遇到什么需要改进之处，把自己当成消费者来搭建使用场景。场景被搭建出来后，应当具体化这个场景，具体化成生活中容易理解和令人意想不到的事，如香飘飘奶茶的文案，"一年卖出七亿多杯，杯子连起来可绕地球两圈"。

4．参考各种外部信息

在撰写文案前，参考各种外部的信息进行综合整理，例如已完成的案例、各种外部素材、流行热点等。

- **已完成的案例**：从中寻找各个案例的异同点，判断是否成功，再去寻求差异化，从而完善文案。
- **外部素材**：在看微信热搜排行榜和热门微博时，可以从微信和微博的搜索栏中搜索关键字来寻找参考素材。
- **流行热点**：结合时下热点，借势热点带来的流量，在结合产品的基础上搜索和参考同行业的个性化风格。

5．修改并确定文案

撰写文案并进一步修改文案的内容，考虑文案可行与否，有没有向消费者明确地表达出产品的特点和亮点，文案想要表达的卖点是否吸引人，是否能够触碰到消费者的痛点，都是文案修改过程中需要重点关注的问题。在条件允许的情况下，可以把文案初稿展示给其他人进行讨论和评价。最后再确定文案的内容，并进行最终的审查。

6.3.5　任务实训及考核

根据介绍的相关知识，完成表6-5所示的实训任务。

表6-5　实训任务

序号	任务描述	任务要求
1	列举3则有代表性的电商文案	分析这些文案的主题、表达内容、目标受众
2	以故事的方式写作一篇护肤品产品文案	产品名称自拟，要求体现产品"源远流长""精致纯粹"的特点

填写表6-6的内容并上交，考查对本节知识的掌握程度。

表6-6　任务考核

序号	考核内容	分值（100分）	说明
1	什么是电商文案？它有什么作用？		
2	怎样确定电商文案的主题？		
3	怎样增加文案的热度？		

拓展延伸

内容营销是目前、甚至未来较长一段时间内都较为流行的营销方式，在学习内容营销知识的同时，要多加练习；当遇到问题时，要及时咨询并查找解决的办法。下面对内容营销过程中所遇到的一些问题进行介绍，以加深对内容营销的理解。

一、内容电商与传统平台电商有什么区别？

内容电商通过原创的优质内容来凝聚流量，展现个性化、情景化的信息，将浏览者变为信息的订阅者、消费者，充分挖掘潜在消费群体，刺激消费者的购物欲望，其与一般的平台型电商的区别主要有以下3点。

- 内容电商通过内容来使产品和用户之间产生联系，通过内容信息来提供价值观、增值服务，引起消费者的共鸣并吸引他们。内容电商是在充分基于消费者需求的基础上产生的，其核心是用户；传统电商平台的核心是产品、供应链，根据这些来拓展市场，吸引消费者。
- 内容电商依靠原创内容来聚集流量，流量的成本相对较低；传统平台电商则主要靠各种渠道引流，对流量的控制较弱，成本较高。
- 内容电商的信息浏览者一开始并未有购物心态，而通过内容潜移默化的影响会转变为消费者；传统平台电商的目标消费群体一开始就被准确定位，电商只需做好产品的信息展示即可。

二、有好货怎么进行投稿？

只要符合达人身份的用户都可以直接进行投稿，无须人工审核。投稿后，选品和内容将经过系统审核和线上浮现效果对比，收录数据展现较好的内容进行长期浮现。若审核不通过数量或降权数量达到一定比例，达人投稿权限将被冻结一段时间，其流程如图6-15所示。

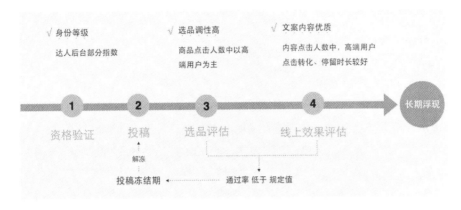

图6-15　有好货达人投稿流程图

三、微淘的粉丝从哪里来？

微淘是商家进行粉丝运营的阵地，卖家通过微淘可以发布上新宝贝、图文广播、优惠券、粉丝互动等。如果买家在PC端或者移动端收藏或关注了店铺，则成为该微淘账号的粉丝。除此之外，在微淘中也可直接关注和取消关注店铺账号。

需要注意的是，店铺收藏人数与微淘粉丝数的活跃度并不一致。一般来说，收藏店铺数主要是指在淘宝PC端收藏店铺的人数，而微淘粉丝数是指在手机淘宝上直接关注店铺的人数。收藏店铺的那部分买家平常可能不会关注卖家在微淘上发布的上新、话题等活动。相对而言，直接在手机上关注店铺的微淘粉丝则活跃度更高，也是微淘的主要活跃人群。因此，微淘推广与移动端运营结合起来，才能发挥最好的效果。

🎓 **专家指导**

> 手机淘宝上没有收藏店铺功能，但是可以直接关注店铺；关注店铺后，在PC端将默认收藏该店铺。

📈 **实战与提升** ●●●●●···

通过本章知识的学习，对下列问题展开讨论与练习，在巩固所学知识的同时，拓展视野，进一步提高自己的能力。

（1）成为淘宝达人，并通过淘宝内容营销入口进行投稿，根据自己的实际能力在各个类目中选择一个类目发布内容。

提示：美妆、美食、3C数码、运动、搭配、居家、育儿等内容既适合以教程的方式来写作（如：针对某些场景，在提供解决方案的同时，推荐一些解决方案中需要的商品），又适合以评测的方式来写作（如：对商品做不同维度的推敲、比较，形成一些真实的使用感受和体验总结）。

（2）访问微淘，查看精选和热榜内容并关注感兴趣的店铺账号。

提示：精选与热榜位于微淘的"发现"页面，其内容展示都较有热度。若需要关注可直接点击"关注"按钮；若需要对已经关注的账号进行管理，可单击微淘右上角的账户头像，打开"我的关注"页面，在其中可进行已关注账号的管理。

（3）以"高山茶叶"产品为主题，撰写一篇品牌故事文案，该产品的描述信息如图6-16所示。

图6-16　产品描述信息

提示：故事是一种说服艺术，是一种与受众产生情感连接和价值认同的沟通方式。因此品牌故事的写作要找到与受众共鸣的地方，可从故事背景入手，通过细致的语言描写来突出细节，彰显主题。

第7章 渠道营销，提高店铺知名度

学习目标

　　企业的营销计划、营销方案和营销内容需要通过各种渠道，才能将信息展示给目标消费群体，如网络广告、电视、报纸、公交、地铁广告、微信、微博等营销渠道。对于电商而言，选择合适的渠道进行营销非常重要，直播、微信、微博是目前电子商务环境主要的营销渠道，掌握其营销方法不仅能够改善企业与消费者之间的关系，还能加快产品的销售和价值转换，使企业在激烈的市场竞争中处于优势地位。

学习导图

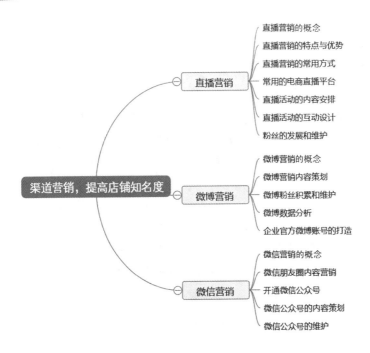

渠道营销，提高店铺知名度

- 直播营销
  - 直播营销的概念
  - 直播营销的特点与优势
  - 直播营销的常用方式
  - 常用的电商直播平台
  - 直播活动的内容安排
  - 直播活动的互动设计
  - 粉丝的发展和维护

- 微博营销
  - 微博营销的概念
  - 微博营销内容策划
  - 微博粉丝积累和维护
  - 微博数据分析
  - 企业官方微博账号的打造

- 微信营销
  - 微信营销的概念
  - 微信朋友圈内容营销
  - 开通微信公众号
  - 微信公众号的内容策划
  - 微信公众号的维护

 案例导入

自2010年开始，每年的6月18日都成为京东的店庆日。在这一天，京东会推出一系列的大型促销活动，而2016年成立的京东生鲜事业部就利用这一天实现了其首次隆重亮相，达到了打响品牌知名度、传播活动信息、引爆网络时尚美食圈的效果。

京东生鲜通过"6·18"开展促销活动，先搭建了京东生鲜展台并推出试吃服务和龙虾舞表演，充分造势并在各大网站的首页推荐位进行展示；然后通过微博、微信等渠道进行"6·18""低价购美味"主题营销，充分传播"美味不平等""美味三重奏"等系列海报，为京东生鲜引爆流量；然后招募了50位"素人"主播，在斗鱼直播平台上直播制作由京东生鲜提供的波士顿鲜活大龙虾，直播时间一共有3天，每天分时段全程直播，全方位展现京东生鲜的材质品质与促销信息。紧接着策划了在30分钟内利用周围环境制作龙虾大餐的线下挑战赛，结合线上、线下进行京东生鲜的营销。最后，还通过央视财经频道的"聚焦'6·18'电商大战"专题进行专题报道。在电视播报与新闻稿、评论稿的大力引导下进行营销事件的提炼与曝光，彻底打响了京东生鲜的名号，促进了产品的销售。

京东生鲜本次活动的直播视频点击量累计超过626万人次，微博话题"'6·18'龙虾免费吃""'6·18'任选三件""第二件半价""京东生鲜'6·18'"等阅读量超过6 000万人次，很好地宣传了产品并提升了京东生鲜的品牌知名度和美誉度。

电子商务时代，企业之间的竞争越来越激烈，产品同质化现象越来越严重，企业之间的竞争不仅限于产品、价格、价值，还有渠道、营销方式的竞争。谁能快速传播信息占领市场，谁就能获得竞争的优势，因此，直播、微信、微博等主流的营销渠道对企业来说是非常重要的，通过它们可以建立完善的产品分销渠道，实现产品的高效销售。

【思考】

（1）什么是直播营销？它有什么特点和优势？

（2）什么是微博营销？怎么进行微博营销内容的策划与粉丝的维护？

（3）什么是微信营销？朋友圈与公众号营销有什么技巧？

7.1　直播营销

　　随着移动互联网与智能手机的普及，人们能够通过较低的流量资费来观看视频，越来越多的用户习惯并愿意通过手机来浏览各种信息。并且由于视频比图文具有更加直观的场景表现力，直播这种新兴的营销方式被各大企业广泛关注，并快速涌现出了一批直播平台。企业通过这些直播平台可以更加立体化地展示企业文化，传递品牌信息，开展各种营销活动，与消费者展开更加直观的互动。

课堂讨论

针对下列问题展开讨论：
（1）什么是直播营销？
（2）直播营销有哪些方式？
（3）直播营销活动要怎样安排？

　　直播营销是以直播平台为载体，通过现场展示的方式来传递企业品牌价值或产品信息。这些直播平台一般基于智能手机，通过手机摄像头对各种信息进行实时呈现，以方便其他网民观看并进行互动。直播营销是目前的主流渠道营销方式之一，掌握其操作方法可以帮助企业更加灵活地进行各种营销方案的策划与实施，本节就将详细介绍直播营销的相关知识，为企业制订营销计划做好准备。

7.1.1　直播营销的概念

课堂讨论

　　日常生活中接触到的直播有哪些？举例说明。春节联欢晚会属于直播吗？它与电商直播营销有什么区别？

　　电视或广播等传统媒体平台的现场直播是最早的直播形式，如体育比赛直播、新闻直播等。而随着移动互联网和智能手机的快速发展，网络直播、互联网直播等新兴的直播方式开始兴起。它们通过在互联网设备上安装直播软件来进行直播，达到展示信息的目的。淘宝、蘑菇街、京东等大型电商平台都提供了直播的入口，如淘宝直播、蘑菇街直播、京东直播等。一些专注于直播的平台也可进行直播营销，图7-1所示为京东直播中的直播营销画面。

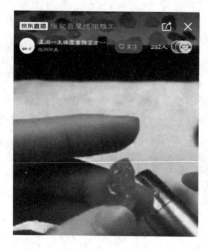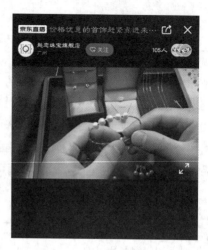

图7-1　京东直播

目前的直播营销默认为基于互联网的直播，从广义上来理解，可以将直播营销看作是以直播平台为载体进行营销活动，达到提升品牌形象或增加销量目的的一种网络营销方式。它与传统媒体直播相比，具有不受媒体平台限制、参与门槛低、直播内容多样化等优势。

课堂讨论

某位旅行达人通过手机将自己旅行途中的趣事录制下来，以视频的形式发布到网上属于直播营销吗？网络游戏直播、发布会直播属于直播营销吗？

直播营销包括场景、人物、产品和创意4个要素。场景是指营造直播的气氛，让观众身临其境；人物是指直播的主角，可以是主播或直播嘉宾，以展示内容与观众互动；产品要与直播中的道具或互动有关，以软植入的方式达到营销产品的目的；创意则是提升直播效果、吸引观众观看的方式，如明星访谈、互动提问等形式就比简单的表演直播的效果更加吸引观众。

7.1.2　直播营销的特点与优势

直播营销以其即时事件、常用媒介、直达受众等特点广受企业营销人员的青睐。

- **即时事件：**顾名思义，通过直播可以同步看到事件的发生、发展与结果，第一时间反映现场的状态，为观众了解信息提供了直观、即时的方式。特别是对于投票、资讯、发布会等形式的直播来说，可以在了解最新进展的同时，邀请观众同步参与互动。

- **常用媒介：** 直播营销的设备很简单，常见的手机、电视机、计算机等都支持直播。而基于互联网的直播营销，可以直接通过手机来接收与传播，营销的传播范围更广、传播速度更快，营销所达到的效果也更加明显。
- **直达受众：** 直播营销不会对直播内容进行剪辑和加工，播出的内容与观众所看到的内容完全一致，因此，要注重直播流程与设备的维护，避免出现直播失误，给观众留下不好的印象。

传统营销模式下，企业主要通过户外广告、新闻报道和线下活动等方式来进行营销，营销展现的效果不佳；而互联网环境下的直播营销，则通过更低的营销成本、更广的营销覆盖、更直接的营销效果、更有效的营销反馈来达到更佳的营销目标。

- **更低的营销成本：** 传统营销的渠道主要有电视、广播、楼宇、展位等，投放成本从几万到上百万不等，资产并不雄厚的中小企业对此并没有竞争力。而直播营销的直播设备简单，直播场景可由企业自己构建，直播营销是目前成本较低的一种营销方式。特别是对于个人电商来说，可以仅靠一部手机就完成一次直播营销。
- **更广的营销覆盖：** 一般的营销方式，观众在查看信息的同时需要自己在脑海中构建场景，而直播营销可以直接将产品的形态、使用过程等直观地展现给观众，将其带入营销的场景，达到全方位覆盖用户认识的效果。
- **更直接的销售效果：** 不管是哪种营销方式，都是为了获得更好的销售效果。通过直播营销方式，可以更加直观地通过主播的说辞来传递各种优惠信息，同时开展现场促销活动，极大地刺激观众的消费热情，提高营销的效果。
- **更有效的营销反馈：** 在确定目标产品的前提下，企业开展营销活动的目的是为了展现产品价值，实现盈利。在这个过程中，企业需要不断优化产品和营销策略，对产品进行升级改进，使营销效果最大化。而直播营销强有力的双向互动模式，可以在主播直播内容的同时，接收观众的反馈信息，如弹幕、评论等。这些反馈中不仅包含产品信息的反馈，还有直播观众的现场表现，这也为企业下一次开展直播营销提供了改进的空间。

7.1.3 直播营销的常用方式

直播方式在很大程度上决定着直播的效果。对企业来说，要根据营销的目的、前期策划来选择合适的营销方式。直播营销的方式主要有5种，包括颜值营销、明星营销、利他营销、对比营销和采访营销。

- **颜值营销：** 颜值营销对主播的形象要求较高，男主播要求英俊帅气，女主播要求青春靓丽。通过高颜值的容貌来吸引大量观众观看直播，并使其产生打赏行为，这种方式能够带来大量的流量，是进行前期引流的有效手段。

- **明星营销：** 明星本身就带有流量与话题，通过明星来进行营销可以充分调动明星自身的粉丝群体，这些粉丝数量庞大，互动力强，可以为直播营销带来较高的热度。但邀请明星需要一定的资金，企业需要在充足的预算下选择与自身产品和品牌形象相符的明星。

- **利他营销：** 利他营销主要是通过分享知识或生活技能，在提高观众技能的同时，借助主播或嘉宾的分享来推广产品，如护肤步骤直播、化妆技巧直播等。

- **对比营销：** 对比营销是指通过与其他同类型的产品进行对比，展现营销产品的差异化、优势，以增强说服力。这种方式适合于产品性能测评直播，但不建议在直播中诋毁被对比的产品。

- **采访营销：** 采访营销是通过第三方的角度来阐述观点和看法，如采访嘉宾、专家、路人等，以第三方的观点来增加产品信息的可信度。这种直播方式切忌作假，在没有专家和嘉宾的情况下可选择采访路人，以拉近与观众的距离。

7.1.4　常用的电商直播平台

目前最常见的电商直播平台主要有淘宝直播、京东直播等，下面分别进行介绍。

1．淘宝直播

淘宝直播是一个以网红内容为主的社交电商平台，它是通过营造场景的方式，对产品和品牌进行营销，实现商家边直播边卖、消费者边看边买的营销目的。在直播中，消费者可以提出自己的疑问和要求，主播可以现场解答疑问，信息的展示更加直观、真实，互动更加紧密，是目前十分主流的电商直播营销方式。

淘宝直播的入口在手机淘宝的首页，如图7-2所示。点击进入后即可观看淘宝达人发布的直播内容，一般美妆、潮搭、母婴、美食、旅游等相关的内容较多。点击一个直播即可进入直播间观看直播内容，在其中可与主播互动或点击商品按钮进行购买，如图7-3所示。

要成为淘宝直播的主播，必须有一个绑定了支付宝实名认证的淘宝账号，根据账号属性的不同要求也不同，具体如下。

（1）非商家且为个人主播，以下条件满足一条即可。

- 微博粉丝数要大于5万（含5万），最近的7天内至少有一条微博的点赞数和评论数要过百（出现转发、水军评论的情况将取消申请资格）；或者其他社交平台的粉丝数大于5万（含5万），粉丝互动率高。

- 淘宝达人（不含有商家身份）粉丝数大于1万（含1万），最近的7天内至少发布过一篇图文帖子。

满足以上任意条件，即可上传一份大小不超过3MB、时间在5分钟内的主播出镜视频，申请成为淘宝主播。视频内容要求主播有较好的控场能力，口齿流利、思路清晰，与粉丝互动性强，以充分全面地展现自己，这样可提高审核通过的概率。

（2）如果为个人商家，要求微淘粉丝数在1万以上。但行业不同，对主播的要求也各不相同，以每个行业的要求为准，因此需要商家明确自己所属的行业。

（3）如果是经纪公司，旗下有大量主播，且在其他直播平台有过成功合作经验，想要以主播运营机构身份加入淘宝直播，则要求引入的达人必须在微博等社交平台有一定粉丝影响力（粉丝基本门槛≥20 000，粉丝数高的优先），或者为某些专业领域的KOL（领导者）、知名公众账号、平台签约模特或艺人等；有影响力的达人优先通过。

图7-2　淘宝直播入口　　　　　图7-3　直播内容

🎓 **专家指导**

在进行淘宝直播时，要求直播内容不能出现纯粹的商品推荐或广告推销、与直播内容毫无关系的商品、微信账号等，以及涉及黄、赌、毒、烟、酒等违规内容。另外，主播不能在直播评论中使用小号添加自己的店铺或微信信息。

2. 京东直播

京东直播是京东商城重点打造的引流入口，商家可以通过京东PC端进行操作，但买家需要在手机中安装京东App才能观看直播内容。图7-4所示为京东直播的PC端界面，主要包括热门直播、直播预告和精彩回放3个方面的内容。

图7-4　京东直播PC端界面

商家要通过京东直播引流，需要在商家后台的达人平台中先申请成为达人，然后申请直播权限。当获得直播权限后即可在渠道投稿中选择直播方式进行预约；确定好预约时间和内容后，商家即可创建直播。创建直播有两种方法，一种是通过达人平台创建；另一种是通过商家后台创建，即商家后台→内容营销→营销工具→京东直播。

通过达人平台创建直播时，需要在京东达人平台中选择"渠道投稿"选项，在打开的页面中单击"投稿渠道"选项卡，在下方选择"直播"选项，如图7-5所示。

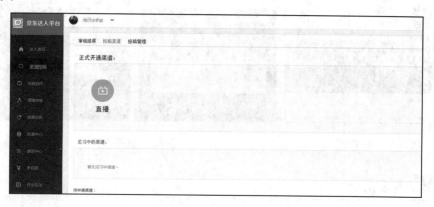

图7-5　选择"直播"选项

打开"创建直播"页面，在其中设置直播的类型、主播欢迎语、直播标题、直播分类、直播时间、利益点、直播模式、首页封面图、频道封面图、GIF动态封面、预告视频、直播地点、主播手机号、主播身份证、提报事业部等信息后，单击 下一步 按钮，进入促销信息设置页面。在其中设置直播推广的商品信息，包括店铺地址、广告位数量、商品信息等内容，完成后单击 下一步 按钮，在打开的页面中核对信息并确认无误后单击 提交 按钮进行提交，待审核通过后商家即可在指定时间开始直播。图7-6所示为创建的直播界面，其中直播ID即为直播房间号。

直播ID	封面图	直播标题	分类	开播状态	推荐到直播首页	直播开始时间	创建时间	推荐商品数量	操作	直播间地址
95686		创建测试	紧抢	待直播	审核通过待推荐	2017-11-29 13:34:34	2017-11-29 12:34:14	0		复制链接 生成二维码 进入操控台
95346		热卖推荐	潮搭	已完成	审核不通过	2017-11-19 10:24:12	2017-11-17 09:25:14	0		复制链接 生成二维码 进入操控台

图7-6　创建京东直播

7.1.5　直播活动的内容安排

与简单的对着摄像头聊天或计算机屏幕分享等直播不同，企业直播营销需要在营销目的、目标用户的基础上进行设计，策划专门的营销活动方案，并根据方案来进行执行。一般来说，直播营销活动可以分为直播活动开场，即帮助观众获取感知；直播活动过程，提升观众的兴趣；直播活动结尾，促使观众接受营销内容。每个阶段的内容安排与营销技巧不同，下面分别进行介绍。

1．直播活动开场

开场的目的是让观众了解直播的内容、形式和组织者等信息，给观众留下良好的第一印象，以使观众判断该直播是否具有可看性。开场的观众主要来自前期宣传所吸引的粉丝、在直播平台随意浏览的网友，这些观众一般在进入直播的1分钟内就会做出决定继续看直播还是退出，因此要做好直播活动的开场设计。直播活动的开场主要有6种，下面分别进行介绍。

- **直接介绍：**在直播开始时直接告诉观众本次直播的相关信息，包括主播自我介绍、主办方介绍、直播话题介绍、直播时间、直播流程等。要注意的是，这种方式比较枯燥，容易引起部分观众的不耐烦，因此建议添加一些吸引观众的活动环节，如抽奖、发红包、特约嘉宾等，以最大限度地保留已有观众。
- **提出问题：**提问可以引发观众思考，加强主播与观众之间的互动，使观众有一种参与感。同时，又能通过观众的反馈了解本次直播的效果。
- **数据引入：**对于专业性较强的直播活动，可以通过展示数据的方式来进行开场，增加观众的信服度。这种开场方式要求数据真实可靠，否则容易引起观众的质疑，为直播带来负面影响。

- **故事开场：**趣味性、传奇性的故事可以快速引发消费者的讨论与共鸣，为直播活动营造一个良好的氛围。注意不要选择争议性太大的故事，否则容易引起观众的激烈讨论，使直播无法快速进入主题而得不偿失。
- **道具开场：**营销产品、卡通娃娃、礼品、场景工具等都可作为辅助开场的道具，通过对道具的简单说明来进入主题。
- **借助热点：**参与直播营销的观众大都是喜爱上网的互联网用户，这些用户对目前的热门事件非常熟悉，借助热门事件可以快速融入观众，拉近与他们之间的距离。

2．直播活动过程

直播活动的过程主要是对直播内容的详细展示，除了全方位、详细地展示信息外，还可设计一些互动活动，如抽奖、赠送礼物等来吸引观众，提高观众对活动的兴趣。互动设计的内容将在下一节中进行详细介绍。

3．直播活动结尾

直播从开始到结束，观众的数量一直在发生变化，到结尾时最终还留下的观众，在一定程度上都是本次营销活动的潜在目标客户群，因此，一定要注重直播活动的结尾，最大程度引导直播结束时的剩余流量，实现企业产品与品牌的宣传与销售转化。

- **引导关注：**直播结尾时可以将企业的自媒体账号和关注方式告知观众，引导观众关注，使其成为自己的粉丝，便于后期的粉丝维护。
- **邀请报名：**直播结尾时告知观众加入粉丝平台的方式，并邀请其报名。加入粉丝平台的这部分观众对直播内容的认可度较高，能够快速参与直播互动，具有转化为忠实粉丝的潜力。
- **销售转化：**直播结尾时告知观众进入官方网址或网店的方法，促进其购买，实现销售转化。这种结尾方式建议给观众一些有利于他们的信息或营造一种紧迫感，如打折、优惠或供不应求等。

7.1.6　直播活动的互动设计

在直播过程中开展各种互动，可以在增加观众兴趣的同时引爆活动。常见的直播活动互动设计主要有弹幕互动、参与剧情、直播红包、发起任务等，下面分别进行介绍。

1．弹幕互动

弹幕是以字幕形式出现的评论，它以飘在屏幕中的形式密集出现，所有观看直播的观众都可以看到这些内容。直播时观众的评论就会以弹幕的形式出现，主播在直播过程中要关注弹幕的内容并挑选一些与观众互动，特别是对于观众的一些提问、建议、赞美等内容，如"能介绍一下这个产品的原材料吗？""小姐姐皮肤真好，是用介绍的这个护肤品吗？""什么时候抽奖呀？"等。

2．参与剧情

参与剧情适合于户外直播，通过邀请网友参与直播内容的下一步策划与执行，加强观众的参与感，同时还能借助观众的创意增加直播的趣味性。若采纳了观众的意见，还可以给参与的观众一些奖励，提高观众的积极性。如2016年的夏季里约奥运会期间，咪咕直播与凤凰网联合推出的"走着！看里约"直播，就通过采纳网友的意见，以采访里约街头不同国家、不同肤色的奥运观赛人群来进行直播。

3．直播红包

观看直播的观众可以通过直播平台打赏主播，如赠送"游艇""跑车"等虚拟礼物。同样，主播也可以发红包或赠送礼物等方式来回馈观众，增加直播的人气并加强互动。主播发放红包时要提前告知观众发放的时间，如"10分钟后有一大波红包来袭""20:00准时发红包"等，这是为了让观众知道抢红包的时间，在做好准备的同时，暗示观众邀请更多人加入直播等待红包，提高直播的人气。

 专家指导

> 　　直播红包的发放可以直接通过直播平台，也可以通过支付宝、微信、微博等第三方平台，为站外平台引流，便于直播结束后的效果发酵。

4．发起任务

在直播中发起任务，让观众按照指定的方式，在指定的时间内完成一系列行为，如邀请观众进入一个微信群，在微信群中发表自己的糗事；邀请观众在某个帖子或微博下评论；号召观众一起做出与主播相同的动作，并分享到社交网站上等。发起任务可以快速凝聚观众，形成团体力量，使观众有一种成就感和满足感。

7.1.7　粉丝的发展和维护

直播活动吸引的粉丝需要进行维护才能使他们从粉丝变为客户，再成为忠实客户，实现企业的营销目的。直播活动的粉丝可以在直播结束后通过线上活动、信息分享、邀请参与策划、线下活动等方式进行维护。

- **线上活动：**刚刚加入群内的粉丝可以通过线上活动来迅速融入群体，与群内其他成员熟悉起来，获得归属感。线上活动主要以折扣、促销信息、抽奖、有奖问答等为主。

- **信息分享：** 粉丝比普通用户具有更强的消费与互动能力，企业的各种营销信息要第一时间让粉丝知晓，企业要提供一些只有粉丝才能享受的特殊服务，因此可在粉丝群中定期分享最新资讯，如专属折扣链接、爆款产品提前购、红包口令、新品预购、限量抢购等，让粉丝感到受重视，增加粉丝的忠诚度。

- **邀请参与策划：** 邀请粉丝参与下一场直播的策划，将粉丝的意见与创意融入营销计划中，既可以缓解企业运营人员的压力，又可以让粉丝获得充分的荣誉感，使粉丝对企业产生归属感。一般来说，粉丝可在直播的筹备阶段参与选题、场地、文案策划、海报设计、主持人推荐等内容；在直播过程中进行互动；直播结束后分享内容，转发信息等。

- **线下活动：** 虽然直播是基于互联网进行营销的，但线下活动仍不可缺少。结合线上和线下可以更好地凝聚粉丝，培养粉丝对企业的忠诚度。常见的线下活动主要有聚会、观影、表演等。在开展线下活动时可以给参加活动的粉丝一些特殊的福利，如新品试用、优惠券等；同时利用这种面对面的交流获取粉丝的反馈意见，为企业下一阶段的营销策略做好准备。

7.1.8　任务实训及考核

根据介绍的相关知识，完成表7-1所示的实训任务。

表7-1　实训任务

序号	任务描述	任务要求
1	下载一个直播平台并观看一场直播	要求熟悉直播营销的操作过程
2	以发布弹幕、加群等方式参与直播互动	要求理解直播互动的方式

填写表7-2的内容并上交，考查对本节知识的掌握程度。

表7-2　任务考核

序号	考核内容	分值（100分）	说明
1	什么是直播营销？直播营销有哪些方式？		
2	直播活动的开场、过程和结尾是怎样的？		

7.2 微博营销

微博是一个即时信息传播平台，在信息传播和分享的过程中，可以为用户提供最短的路径，让用户快速准确地获取到有价值的内容。在微博平台上，用户既可以作为读者浏览自己感兴趣的信息，也可以作为发布者发布内容供其他用户浏览，蛛网式的传播方式更为市场营销提供了丰富的平台和渠道，让企业或个人拥有更多营销选择。

课堂讨论

针对下列问题展开讨论：
（1）什么是微博营销？微博营销的价值是什么？
（2）怎样进行微博营销内容的设计？
（3）怎样维护微博粉丝，打造企业级的微博账号？

微博的用户数量非常庞大，发布信息和传播信息的速度都非常快。微博博主通过每天更新微博内容，发布粉丝感兴趣的话题，可以与粉丝保持良好的交流互动，培养起坚实的粉丝基础。如果微博博主拥有数量庞大的粉丝群，则发布的信息可以在短时间内传达给更多其他用户，甚至形成爆炸式的"病毒"推广效果。因此不管是企业还是个人，都选择将微博作为主要营销平台之一。本节将对微博营销的相关知识进行介绍，帮助用户更好地进行微博营销的基础知识。

7.2.1 微博营销的概念

微博随国外媒体平台"推特"的发展而兴起，是一个通过关注机制分享简短实时信息的广播式的社交网络平台。网络上很多的最新动态几乎都是通过微博分享出来的，图7-7所示为某微博首页。

图7-7 某微博首页

微博营销是指商家、个人通过微博平台为用户创造价值的一种营销方式。微博营销注重价值的传递、内容的互动、系统的布局和准确的定位，是一种基于粉丝基础进行的营销。对于营销者而言，微博上的每一个活跃粉丝都是潜在的营销对象。企业用户可以通过微博向粉丝传播品牌信息、产品信息，树立良好的企业形象，增加品牌影响力。个人用户也可以通过微博建立自己的粉丝圈子，打造个人品牌，开展各种营销活动。

根据使用目的和作用的不同，微博分为个人微博、企业微博、政务微博、组织机构微博和其他临时性组织的微博。对于企业和个人用户而言，微博营销的价值主要体现在以下6个方面。

微博个人设置

- **品牌传播：** 互联网营销时代，不管是个人品牌还是企业品牌，都需要通过多渠道的推广宣传，才能被更多人关注和了解。微博作为很多网络用户获取信息的主要平台之一，为品牌推广奠定了坚实的用户基础。

- **顾客服务：** 微博是一个社交平台，用户可以直接通过微博反映产品或服务的问题，或者寻求解决方法。而企业也可以通过对用户使用情况的跟踪和反馈，利用微博来实时解决用户的问题，实现一对一的服务交流。

- **产品调研：** 微博是很多高质量网络用户的常用社交工具之一，他们会通过微博记录自己对产品或服务的想法、爱好和需求等，企业可以基于微博对目标用户的偏好、品牌态度、购买渠道、购买因素等进行调研，获得更加准确的消费者数据，从而制定出更好的产品策略和营销策略。

- **产品销售：** 微博支持添加外部链接，很多企业或个人微博在发布信息时，会同步附带店铺地址，方便用户购买。阿里巴巴与新浪合作之后，新浪微博也成为很多中小企业获得流量、销售产品的重要渠道。

- **危机公关：** 微博信息的裂变式传播虽然为营销提供了更大的空间，同时也容易造成负面信息的大范围传播。当出现危机时，企业也可以利用这把"双刃剑"做好危机公关，正确处理用户对产品或品牌的负面评价，危机公关处理得当，甚至可以将危机变成良机。例如海底捞的危机公关就表现得十分出色，当网友质疑海底捞卫生质量的时候，海底捞在事发后3小时内就及时发布了致歉信，积极承担责任并快速登出整改措施，赢得了大量网友的好评。

- **广告宣传：** 微博是很多个人账号和企业账号的主要营销阵地，其广告宣传的效果非常明显，但微博营销的广告发布方式不同于传统媒体，可多使用创意性的软文植入广告。"杜蕾斯"就是微博广告宣传的典范，它的每一条微博都是广告，几乎每一条广告都深受用户喜爱。

7.2.2　微博营销内容策划

微博拥有几亿用户，每天产生的信息数量非常庞大，每一位用户几乎都只会关注自己感兴趣的信息。对于微博营销来说，必须提前定位营销的目标人群，然后策划具有吸引力的内容来吸引用户浏览、转发、评论。

策划微博营销内容首先要收集微博素材。一般来说，与自身微博定位相符的专业领域的知识是吸引粉丝的主要内容，如科普微博的科普信息、企业微博的产品信息等。另外，热点话题由于具有很强的传播力和影响力，也可作为企业电商营销的素材加以利用，但要注意勤于关注网络上的各种事件，关注热点新闻，并将有价值的热点素材收集起来，结合自己的微博定位设计合适的微博内容。

1. 短微博内容

微博营销的内容没有严格的内容和形式要求，但是要想使微博信息得到关注和传播，还需要有针对性地进行设计。从原则上来说，有价值的、发人深省的、容易让人产生认同感的、有趣的、有名的、有创意的、真实的内容更受用户的欢迎，也更容易获得评论和转发。图7-8所示的微博容易引起粉丝的讨论互动，图7-9所示的微博容易引起粉丝的共鸣而转发。

图7-8　易引起粉丝讨论的微博内容

图7-9　易引起粉丝转发的微博内容

除此之外，为了提升微博的阅读性，还可以为微博搭配合适的图片。微博配图可以是对微博内容的补充，也可以是对微博文案的强调和说明。微博配图与微博内容最好能够匹配，让读者可以通过微博内容和微博图片品出深意，给读者带来惊喜，这样更容易促进微博内容的转发和讨论。图7-10所示的微博搭配了一张没有实际意义但十分有趣的图片，图7-11所示的微博中的图片则是对微博内容的补充说明。

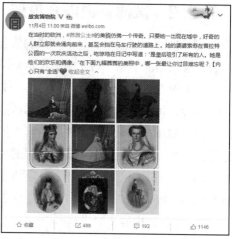

图7-10　有趣的配图　　　　　图7-11　补充说明的微博配图

当然，微博图片并非只为微博文案服务，很多时候图片才是微博的主体。很多微博博主都主要依靠有趣、好看的图片来吸引粉丝。与文字相比，图片的表现能力更强，可以带给粉丝更好的视觉体验。同时文案类图片大多数只包含关键文案，句子简短精练，或富有创意，或轻松诙谐，非常方便粉丝快速阅读，比起全用文字来讲更容易引起广泛的传播。

🎓 **专家指导**

> 除了使用自己创作的内容进行营销外，转发也是常见的微博信息的发布方式。可以转发一些有用的微博信息，保持微博的活跃度和在粉丝微博主页的持续曝光度。转发时，必须慎重选择信息，有争议、有广告嫌疑、未证实、矛盾激烈的微博信息要仔细辨别确认，谨慎转发；而宣传对立情绪、色情或反动等的信息则不能转发。

2．长微博内容

当需要表达的内容无法通过简短的语言、精练的图片表述清楚时，可使用长微博进行表达。长微博不同于短文字或图片，长微博通常需要读者花费更多的时间和精力去阅读，而支持读者坚持阅读下去的动力，就是长微博的内容价值。因此，在写长微博内容前需要针对目标人群的特点和喜好进行选题策划，然后进行内容的策划与写作，如自己所在领域或行业的相关知识；对时下热点、话题等进行的评价；一篇有阅读价值的软文等。需要注意的是，长微博由于篇幅较长，所以包含的元素较多，文章标题、正文内容、表达方式、排版设计等因素都会直接影响长微博的阅读量。

- **标题和摘要：** 长微博在微博中直接显示的主要信息就是标题和摘要，只有读者对标题和摘要感兴趣并点开长微博后，才会继续阅读正文内容，所以一个好的标题和精妙的摘要非常重要。长微博的标题设计通常比较简练，标题最好能够快速勾起读者的好奇心和阅读欲望，将能够提供给读者的价值直截了当地通过标题和摘要表达出来，让读者可以快速确定自己对这篇长微博的内容是否感兴趣。

- **正文内容：** 正文内容应该与标题相匹配，也就是说，正文内容必须有价值，保证被标题吸引进来的读者不会产生被标题"欺骗"的感觉。
- **表达风格：** 表达风格通常与微博博主的个人写作风格有关，可以是严谨的、精准的，也可以是幽默的、有趣的。当然，文章风格也应考虑读者的特点，根据目标用户喜欢的风格来调整自己的表达方式，才可以获得更大的阅读量。
- **排版设计：** 排版质量直接关系着读者的阅读体验，一般来说字号选择应该适中，标题、重要句子和词语可以加粗显示，最好让文章的字体和字号产生对比；也可以添加一些图片、表情等元素，增加排版的美观性，提升读者的阅读兴趣，图7-12所示为长微博不同的表达风格和排版方式。

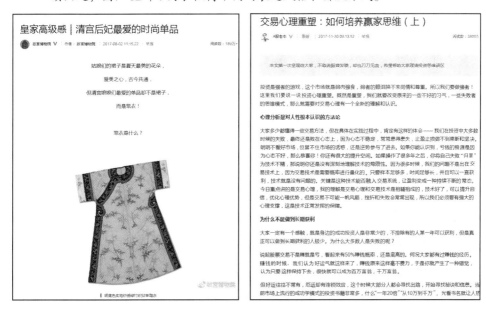

图7-12　长微博不同的表达风格和排版方式

7.2.3　微博粉丝积累和维护

微博营销实际上就是粉丝营销，只有拥有粉丝，所发布的微博信息才能被更多人看到，才能引导更多人进行互动，扩大影响，才会取得实际的营销效果。下面对微博粉丝的累积和维护方法进行详细介绍。

怡朵珠宝粉丝
积累案例

1. 粉丝的积累

粉丝的积累是一个比较长期的过程，特别是积累有质量的粉丝，通常需要微博博主进行持续长久的运营。下面介绍常用的积累粉丝的方法。

- **与同类人群互粉**：微博上有很多关注同一个领域、有共同或相似爱好的群体，这些群体中的人有共同话题，交流方便，很容易形成互粉，也就是互相关注。因此在创建微博前期，可以试着加入这类圈子，与圈子中的人进行互动，吸引关注，再慢慢扩大微博的影响力，形成粉丝的自然增长。

- **外部引流**：外部引流是指将其他平台上已有的粉丝引入微博中，如博客、豆瓣、视频、直播、问答、微信、QQ、媒体网站等平台，甚至可以在出版物上注明个人微博，引导读者的关注。外部引流是非常直接且快速积累粉丝的一种方式，该方式积累的粉丝质量普遍比较高，营销人员一定要学会并利用各种平台资源，形成一个完整的传播矩阵，积累更多的粉丝。

- **活动增粉**：通过活动增粉是一种非常常见的方式，特别是一些新鲜、有趣、有奖励的活动，更容易吸引用户的关注，使其广泛传播。微博博主可以通过关注转发抽奖、关注参与话题讨论等形式，引导粉丝转发微博，吸引非粉丝用户的关注。图7-13所示为微博上常见的关注+转发抽奖活动。

 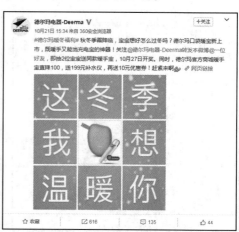

图7-13 关注+转发抽奖

- **与其他微博合作增粉**：微博活动通常粉丝数量越多，影响力才会越大。有时候单个微博的影响力有限，可以与其他微博进行合作，利用双方或多方的影响力，扩大宣传范围。一般来说，应该尽可能选择有影响力的微博，或邀请网络大V进行互动，这种方式可以为活动双方带来利益。图7-14所示就是微博之间通过合作的形式来开展活动的。

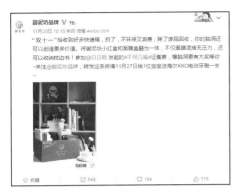

图7-14　与其他微博合作

- **依靠微博内容增粉**：依靠微博内容增粉是指通过发布有价值的"干货"来吸引粉丝，靠内容增粉实际上就是一种内容营销。这种方式对微博运营者的创作能力、表达能力和专业知识要求较高。此外，也可以借助热点事件进行增粉，当微博或新闻上出现了引起用户广泛关注和讨论的热门事件时，可以利用热门事件的热度来为自己的微博增粉。这种方式要求有创意、有趣，能从其他借势微博中脱颖而出，才能吸引用户的关注。图7-15所示为借助"维多利亚的秘密"这个热门话题进行营销的微博。

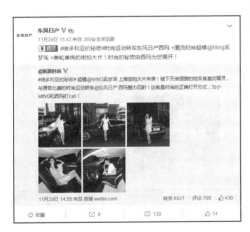

图7-15　借势微博

 专家指导

在发展微博第一批基础粉丝时，如果无法通过以上途径获取到粉丝，也可以与有共同需求的微博进行互粉，例如加入互粉群通过互粉增加粉丝。

2.粉丝的维护

维护微博粉丝的目的是提高微博的活跃度，通过增加粉丝黏性，让微博真正具有强大的传播力。

（1）粉丝互动

粉丝是微博营销的关键，与粉丝保持良好的互动沟通，可以加深微博博主与粉丝的联系，培养粉丝的忠诚度，扩大微博的影响力。在微博上与粉丝保持互动的方式主要有4种，分别是评论、转发、私信和提醒。评论是指直接在原微博下方进行回复，评论内容可以供所有人查看；转发是指将他人的微博转发至自己的微博上；私信是一种一对一的交流方式，讨论内容仅讨论双方可以查看；提醒是指通过@微博昵称的方式，提醒用户关注某信息。

这4种方式都是粉丝比较常用的互动方式，如果转发微博中有比较优质、有趣的内容，微博博主也应该及时转发出来，增加与粉丝的互动，图7-16所示即为微博博主转发的效果。当然，对于微博下精彩的评论，微博博主也可以进行回复和点赞，提高粉丝的讨论度。如果收到粉丝的@提醒，也可以及时转发，并解决粉丝的问题。不方便直接转发或评论解决的，可以给粉丝发私信。图7-17所示为微博博主对@信息的转发回复。

图7-16　转发粉丝转发的微博

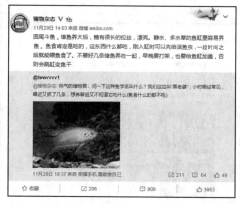

图7-17　转发粉丝@的微博

 专家指导

除此之外，提出问题引导粉丝之间的互动，让粉丝通过转发和评论的方式进行交流，可以增加整个粉丝群的活跃度。但需要注意，不同的粉丝对事物的看法各不相同，容易出现争执，影响微博的整体氛围，因此要谨慎选择问题。

（2）利用话题

利用话题不仅是利用微博的话题功能，同时也指利用有热度、有讨论度、容易激起粉丝表达欲望的信息，例如"说说你遇到过哪些又尴尬又好笑的事情#尬笑#""你用过哪些又经济又好用的东西#实用种草#""你认为哪些Office技能特别实用#Office加油站#"等。图7-18所示即为容易引起粉丝讨论的微博话题。

在设置话题促进粉丝互动时，通常需要遵循3个基本原则：首先，话题必须有话题性，最好与用户的生活相关，能够引起用户的兴趣；其次，话题最好比较简单，便于用户快速回答；最后，话题不要与已有话题产生重复。

图7-18　微博话题

专家指导

　　粉丝的发展和维护并不是一件轻松简单的事情，为了保持粉丝长久的关注度和持续的忠诚度，微博博主一定不能给粉丝留下不好的阅读体验，微博刷屏、内容没营养、广告太生硬、与粉丝立场相悖等都可能导致"掉粉"。

7.2.4　微博数据分析

微博是一个社交媒体平台，通过微博营销并不能像电子商务一样直接看到具体的销售数据，而需要通过粉丝数、阅读量、互动情况等来判断微博的营销影响力。

- **粉丝数量和粉丝增长速度：** 粉丝是微博营销的基础，不管是粉丝数量还是粉丝的增长速度，都是微博营销人员必须关注的问题。一个健康的、有潜力的微博应该具有一定的粉丝数量，且能保证微博粉丝在一定程度内的持续增长。
- **粉丝活跃比：** 在新浪微博中，大部分拥有一定粉丝基础的微博账号，也同时拥有很多不活跃的粉丝，也就是俗称的"僵尸粉"。不活跃的粉丝对微博营销并不会起到实际作用，因此在分析微博粉丝时，应该关注实际的活跃粉丝，也就是关注会不同程度使用微博查看、转发、评论微博信息的粉丝。
- **阅读量：** 发布微博后，在自己所发布的微博界面可以查看到该微博截至目前的阅读量。阅读量相当于被新浪微博用户看到的次数，不仅限于微博粉丝。阅读量越大，说明该微博信息被阅读的次数越多，因此阅读量越大的微博，传播能力才会越大。

- **互动情况：** 互动是微博非常重要的一项功能和特点，微博用户的转发、评论、点赞都是对微博的互动。互动情况可以直接反映微博博主和微博内容的受欢迎程度，也代表着微博粉丝对微博的参与度。通常互动情况越好的微博，粉丝对微博博主的接受度也会越高，宣传和推广效果也会越好。

7.2.5　企业官方微博账号的打造

微博具有很强的互动性和传播属性，这个特点使其成为诸多企业用以维护用户关系、进行品牌推广的重要工具。企业微博营销要先进行企业微博账号的设置，包括微博名称设置、企业微博装修、微博矩阵创建等内容，其中每一项设置都基于企业的营销策略，目的是实现品牌建设价值的最大化。

- **微博名称设置：** 企业微博的名称通常与企业名称保持一致。根据微博性质、特色、功能和服务等也可以添加一些修饰，如"海尔""海尔好空气""宝洁中国""宝洁招聘"等。此外，与个人微博名称一样，企业微博名称应该尽量避免与其他微博名称的高重合度，因此企业必须具有名称保护意识。
- **企业微博装修：** 企业简介、行业类别、个性域名、微博头像、微博背景、微博认证、轮播图片等都是企业微博需要进行装修的内容，应该在企业定位的基础上，尽量体现企业品牌和文化。
- **微博矩阵创建：** 微博矩阵是指根据企业需求建立多个微博账号，形成一个完整的微博营销矩形，实现多账号的联合运营，从而达到最佳的营销效果。如小米的微博营销体系包括了公司CEO、高层管理人员、职能部门员工、公司品牌、产品品牌等在内的多个微博，同时对公司品牌和个人品牌进行营销打造，每个微博交叉关注，形成一个多维度的矩阵结构。图7-19所示为小米个人品牌和公司品牌的相关微博账户。

图7-19　小米微博的营销矩阵

完成企业官方微博账号的创建后即可开始进行粉丝的运营。与个人微博账号不同的是，企业微博账号创建之初主要通过内部人员、老顾客等资源形成第一批粉丝，再通过累积起来的影响力吸引新粉丝。而企业官方微博的内容大多数都是与品牌或产品相关的内容。要让内容吸引粉丝，要注意内容的创作，可以自己创作有创意、有价值的内容，也可以利用其他红人、明星的微博来借势营销。当然，还可以通过发布活动来增强与粉丝之间的互动，提高粉丝的积极性与忠诚度。

🎓 **专家指导**

> 企业微博的运营要详细考虑品牌宣传和营销等问题，除了发布信息、活动与粉丝互动之外，还可以设计比较有特色的栏目，通过话题的形式打造微博的个性化栏目，例如针对不同类型用户的栏目、定时发布的栏目等，以培养微博粉丝的阅读习惯，引导粉丝定时参与栏目互动，从而扩大传播效果和范围。

7.2.6 任务实训及考核

根据介绍的相关知识，完成表7-3所示的实训任务。

表7-3 实训任务

序号	任务描述	任务要求
1	开通个人微博账号，并发布营销内容	要求掌握微博设置与内容策划方法
2	建立企业官方微博账号并与粉丝互动	要求掌握企业官方微博账号的设置，并添加粉丝，发布互动活动

填写表7-4的内容并上交，考查对本节知识的掌握程度。

表7-4 任务考核

序号	考核内容	分值（100分）	说明
1	什么是微博营销？微博营销有什么作用？		
2	怎么进行个人微博和企业微博营销？		

7.3 微信营销

微信基于智能移动设备而产生，其简洁的界面、便捷的操作等特点，使其成为一款渗透率高、覆盖率广的主流即时通信软件，积累了大量的活跃用户，并渗透到人们生活和工作的方方面面。微信营销正是建立在微信大量活跃用户的基础上的，

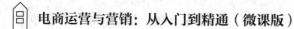

其特殊的点对点营销模式、灵活多样的营销形式和较强的用户黏性，更是为企业或个人营销提供了更多可能。

针对下列问题展开讨论：
（1）什么是微信营销？微信营销有什么作用？
（2）微信朋友圈与公众号怎么进行营销？

微信的出现，逐渐改变了人们的生活方式和习惯。作为现在主流的新媒体之一，它在各种营销活动中出现的频率非常高。一名营销人员如果想熟练运用微信进行营销，需要掌握微信营销的概念、微信个人账号和公众账号的营销方法。本节将详细介绍微信营销的相关知识，帮助营销人员扩大营销效果。

7.3.1　微信营销的概念

微信营销主要建立在智能手机、平板电脑等移动终端上，是网络经济时代企业或个人常用的一种营销模式。微信营销随微信的通用而兴起，不受营销距离的限制，微信个人用户可以通过微信订阅自己所需的信息，商家可以通过提供用户需要的信息来推广产品，从而实现点对点营销。

微信营销主要有两种类型，微信个人营销和微信企业营销，下面分别进行介绍。

- **微信个人营销**：微信个人营销是基于个人微信号进行的营销，它可以与手机通信录绑定，邀请手机联系人、微信好友进行交流，可以通过朋友圈发布状态，与微信好友进行互动。微信个人营销是一种点对点的营销，可以为目标人群提供更持续、更精准的服务，并在服务基础上进行一定程度的口碑传播。不管是建立个人品牌、促进产品销售还是维护客户关系，微信个人营销都具有非常良好的效果和价值。

- **微信企业营销**：企业微信是一款用于办公沟通的即时通信产品，适用于各种类型的企业和机构用户，提供了丰富的办公应用和强大的管理能力。员工扫码关注后，即可在微信中接收企业通知和使用办公应用。微信企业运营区别于个人运营主要表现在：更多地偏向于企业公众号、企业微信群的运营，或者培养业务人员在自己的个人微信号上进行推广。

不管是个人或企业，都可以通过微信公众平台打造微信公众号。个人通过微信公众平台建立公众号，可以发布文章，推送信息。企业通过微信公众平台建立公众号，可以打造具有自己特色的企业文化，与特定群体进行全方位的沟通和互动。同时微信公众平台提供了智能回复、图文回复等功能，不仅可以传送更丰富的信息，还可以方便运营者实现一对多互动交流。通过推广公众号，能够吸引粉丝的关注；粉丝越多，推广面就越大。

7.3.2　微信朋友圈内容营销

微信个人营销是微信营销中非常重要的部分，甚至很多企业都是以公众号+个人微信号的形式进行运营的。微信个人营销可以看作是微信朋友圈营销，其营销的对象是关注了自己的好友，因此，在进行营销前需要先发展并获得足够的好友。微信好友的添加方法很多，可以通过手机通信录、扫描二维码、微信发现、社群或其他社交平台中留下的用户信息进行添加；也可以基于自身实力，通过口碑与软文营销为自己赢得粉丝，使其主动添加你为好友。

获得好友后还要进行维护，经常与好友进行互动，可以增加自己的曝光率，加强与好友之间的联系，但注意保持礼貌和适当的频率，也不要发布虚假广告和无意义的信息。同时要保护微信好友的个人信息，不要私自泄露给他人；有问题需要咨询或讨论时，尽量提前组织好语言，做好准备；需要发送语音之前，提前询问对方是否方便；最后，表达谢意。节日问候、话题讨论等都是比较常用的互动方式。

课堂讨论

下面哪些行为不容易引起微信好友的反感？
（1）发微信信息，邀请微信好友为自己点赞或投票。
（2）群发一条节日祝福短信。
（3）为微信好友的朋友圈点赞，并进行友好评论。
（4）邀请微信好友进群，并在群里发红包，感谢大家平时的帮助和支持。

有了良好的好友关系后再开展朋友圈内容营销，就可以快速获得好友的支持，使他们主动配合营销，并扩大营销的效果。但前提是营销的内容要有价值，不能生硬冗长、毫无意义。朋友圈营销的内容通常可以通过以下3种途径进行设计。

- **适度的软广告**：软广告是一种委婉、真实、润物无声的广告，可用产品故事、人物生活等进行包装，例如某微信号在朋友圈发布"看到这张图，你想对我说什么？"，然后搭配一张能引起话题的产品图片，就属于软广告。适度包含频率、长度、数量等，频率适度是指不要在间隔较短的时间内频繁发布广告；长度适度是指

朋友圈故事分享

广告内容不宜多长，尽量在简短的内容中保证文字轻松有趣；数量适度是指不要在一条状态中添加太多产品信息，否则，不仅需要花费用户更多精力进行阅读，不方便用户快速做出购买决策，还容易使他们因为选项太多而放弃决策。

- **"对症下药"发布**：高成交率来源于更精准的定位，对于朋友圈广告而言，"对症下药"也非常重要，将广告推广给合适的人更有利于产品宣传。这里的"对症下药"主要表现在两个方面：一是根据用户的风格类型"对症下药"，二是根据用户的关系"对症下药"。前者主要表现为根据用户的类型进行推广，例如某一条广告比较幽默诙谐，包含了很多网络现象和词汇，可以设置给指定分组的年轻人群进行查看。后者主要表现为根据用户的关系深浅程度进行推广，例如对刚结识不久的客户，可以推广一些客单价不高的产品；有了信任基础或交易记录的客户，可以进一步推广客单价更高的产品等。此外，为了保证推广效果，还可以分析一下目标客户在朋友圈的活跃时间，在其查看朋友圈的高峰期进行推广。

- **巧用热度**：互联网经济时代，热点新闻、热传段子的传播速度非常快，一个合格的运营者必须懂得利用这些热点，打造自己的产品热度。例如freestyle火遍全网的时候，麦当劳借"freestyle"的热度发布了朋友圈广告，快速获得了用户的认同感。在借助热点发布朋友圈广告时，还可以根据需要与用户保持互动，并且热点事件也更容易吸引用户进行互动。

专家指导

为微信好友添加分组和备注，可以快速分辨并识别好友，实现精准化的营销。备注的方法为：打开需备注好友的个人资料页面，点击右上角的"…"按钮，在打开的页面中选择"设置备注及标签"选项，在打开的页面中输入备注信息即可。

除了直接发布与营销相关的内容外，还可设计互动活动邀请好友参加，如转发、点赞、试用、互动等。其中转发和点赞比较常见，多表现为转发、点赞微信或图片，获得奖品、优惠券、现金等福利等，如"转发图片至朋友圈参与活动，即有机会免费获得价值××元的丰厚礼品""转发并集齐××个点赞，即可获得××现金红包，截图有效哦！"等，图7-20所示即为朋友圈转发集赞活动。试用是指免费试用产品，提交试用报告即可返还邮费和产品费用等。互动也是一种比较常用的推广形式，一般表现为游戏互动，如"第××个点赞的人可以获得××""这条微信如果点赞达到××，就抽取两名朋友免费赠送××，截止时间××，截图为证"等。如果技术允许，还可以在朋友圈发布一些有意思的小游戏，吸引用户参与和转发。在设计朋友圈活动时，可通过配图的形式来说明活动的相关信息，如活动时间、参与条件、参加流程等。

图7-20　转发集赞

7.3.3　开通微信公众号

微信公众号是在微信公众平台上申请的应用账号，通过微信公众平台，个人和企业都可以打造专属自己的特色公众号。在公众号上可以通过文字、图片、语音、视频等形式，与特定群体进行全方位的沟通和互动；也可以提供公众号关注、移动应用下载、卡券分发、品牌活动广告等多种官方推广形式，实现品牌传播、宣传推广等营销目的。

微信公众号主要包括服务号、订阅号、小程序和企业微信4种类型，如图7-21所示。每一种类型的使用方式、功能、特点均不相同，用于营销的公众号一定要选择最适合自己的公众号类型，才能达到预期的营销推广效果。

图7-21　公众号类型

- **订阅号：** 订阅号具有信息发布和传播的能力，可以展示自己的个性、特色和理念，树立自己的品牌文化。订阅号主要偏向于为用户传达资讯（类似报纸杂志），认证后每天可以群发一条消息，具有较大的传播空间；如果想简单地发送消息，达到宣传效果，建议选择订阅号。

- **服务号：** 服务号具有用户管理和提供业务服务的能力，服务效率比较高，主要偏向于服务交互，如银行、114等提供服务查询的类型适合选择服务号，客户服务需求高的企业也可开通服务号。服务号认证后每个月可群发4条消息，还可开通微信支付功能。

- **企业微信：** 企业微信主要用于公司内部通信使用，具有实现企业内部沟通与内部协同管理的功能，在申请时需要先验证身份才可以关注企业号。

- **小程序：** 小程序是一种开放功能，具有出色的体验感，可以被便捷地获取与传播，适合有服务内容的企业和组织。

对于用于营销的公众号来说，目前服务号和订阅号的使用率较高。订阅号通过微信认证资质审核后有一次升级为服务号的机会，升级成功后类型不可再变；服务号不可变更成订阅号。确定需要的公众号类型后即可申请并开通微信公众号，然后对公众号的基本信息进行设置，包括名称、头像、二维码、功能介绍等。需要注意的是微信公众号的名称要与商家在其他媒体平台上的名称相一致，并且简洁易记，方便其他用户搜索。

公众号设置要点

7.3.4　微信公众号的内容策划

公众号的内容策划，应该建立在分析和了解目标用户群体的基础上。要让用户长时间保持对公众号的关注，内容、活动、服务等多个方面的策划就要持续满足他们的需求。一般来说，公众号推广主要以文章推送为主，文章有原创和转载两种模式，其中原创难度大，但粉丝的忠诚度也会相对较高。在写作文章内容时要从文章标题、封面图设计、正文内容3个方面来进行策划，下面分别进行介绍。

1. 文章标题

文章标题可以根据写作内容来进行提炼，先确定要表达的中心内容，再使用一定的手法进行渲染，让用户在看到文章标题时可以快速分辨出这是哪一个公众号，分享的是什么内容，从而进一步加强用户对公众号的印象。如图7-22所示的公众号，标题前用"|"隔开的"好物""探店"即是公众号中不同的系列，分享的也是不同的内容。

微信文章的标题写作要有一定的技巧，在标题中添加数字、标点和运算符号等符号可以非常形象地表达出文章的主题思想；也可以借助最新的热门事件、新闻，以此为文案标题创作源头，通过大众对社会热点的关注，来引导读者对文章的关注，提高文章的点击率和转载率；还可以通过疑问、对比、夸张等手法来营造标题的特殊氛围，以快速吸引读者的注意。

图7-22 文章标题

2．封面图设计

封面图是对文章内容的一个简要说明，可以选择与推送内容相关的图片，或与产品相关的图片；如果推送内容分为不同系列，还可以为每个系列设计对应风格的图片。图7-23所示的美食公众号的封面图片就是与推送内容相关的图片，图7-24所示的读书公众号的封面则根据文章系列设计了不同的封面。

为了表达个性化，封面图也可以使用一些趣味性、带有独特标志的图片，如个人独特的形象图或带有公众号特有Logo、标签的图。

图7-23 与推送内容相关的封面

图7-24 不同系列的封面

　　根据需要，也可给微信文章添加文章摘要。摘要是对文章的引导，是对文章主要内容的精确提炼，可以方便移动用户在小屏范围内快速了解文章的主要内容；或提出有吸引力的问题，以吸引用户点击文章，增加点击量和阅读量。

3. 正文内容

　　正文内容要根据推广的目的来进行写作，可以是知识分享、活动说明、趣味游戏等，但基于手机屏幕的大小，微信正文的内容建议不要超过3屏，避免使读者产生阅读疲劳；可以从正文与标题的搭配、段落的设置、图片的搭配出发，让文章看起来更加舒适。

- **正文与标题的搭配**：当微信文章需要表达的内容较多时，经常会采用小标题的形式来概括内容的重点，以明确文章各部分的内容。此时，小标题的字体要尽量区别于文章的正文，且要比正文更加醒目，因此可对小标题的字体进行加粗、更改颜色等设置，使其突出显示。文章正文的文字默认大小为16px，小标题的字号大小可为18px～20px，根据实际需要可进行适当调整。当出现多级标题时，一级标题可以用"一、二、三"的形式加粗显示，下一级标题可以使用"1、2、3"的形式并加粗显示，切忌为了区别不同的标题，将标题字体设置得太花哨。
- **段落的设置**：进行微信文案的正文设置时，要注意行与行之间、段落与段落之间的间距，行标题与段落之间也要保证有明显的差异，能够让用户明显地区分出段落与段落、标题与段落，让读者阅读起来更加容易。
- **图片的搭配**：如果图片比较重要，用以引导读者，表述下文要讲述的内容，可以将图片放在段落上方，起到启下的作用。如果图片只是作为辅助文字的插图，可以放在最后，或根据需要调整位置，它们之间的位置关系要以读者的阅读感受是否舒服来衡量。

　　微信文案是一种移动端营销文案，用户主要通过手机、平板电脑等移动设备进行阅读，这些设备的屏幕尺寸大小不一，如果在段首空两格容易导致整段文字比例失调。因此，我们可以看到，微信文案的段首都是顶格的，但如果在纸质媒体、PC端等设备上阅读，则要加上空格，这样可以让段落更加明显。

　　图7-25所示为公众号"秋叶PPT"推广的一篇名为"教你一招，快速建立PPT灵感库"的文章内容。

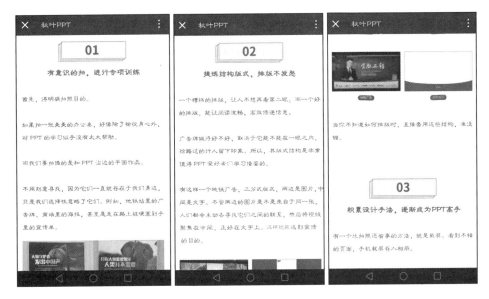

图7-25　微信正文内容

7.3.5　微信公众号的维护

微信公众号与个人微信一样，都需要进行粉丝的维护。公众号粉丝可以通过邀请老客户关注、线下客户关注和其他平台引流关注等途径获取，然后，商家还要对粉丝进行维护，不断提升粉丝数量，提高公众号的影响力。对于公众号粉丝而言，关键词回复、问题搜集和反馈、评论互动都是比较有效的维护方式。

- **关键词回复**：在推送文章中提醒用户输入关键字进行回复，引导用户通过回复关键字主动了解内容，增加公众号的使用率；同时还可以在自动回复中加入一些惊喜，提高用户黏性。除了维护原有粉丝之外，关键词回复也是吸引新粉丝的有效手段。当老用户对文章进行分享，新用户阅读了文章内容之后，想要了解关键词的相关信息，就必须关注公众号。
- **问题搜集与反馈**：在公众号中可以设计一些用户感兴趣的问题和活动，增加用户的参与度；或者对用户反馈的问题进行解答，对产品的使用情况进行反馈，让用户与用户、用户与公众号之间产生互动。
- **评论互动**：开通了留言功能的公众号，评论区就是与用户互动的有效途径。很多用户在阅读推送内容时，还会阅读评论区的内容，公众号可以在评论区与他们进行互动，或者可以在评论区自评，鼓励用户进行转发分享。

总的来说，保持并提高公众号粉丝数量最基本的要求就是推送内容要有价值。只有推送内容能够满足用户的需求，才能保证用户的持续关注，进一步提高粉丝数量。

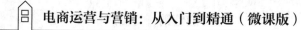
7.3.6 任务实训及考核

根据介绍的相关知识，完成表7-5所示的实训任务。

表7-5 实训任务

序号	任务描述	任务要求
1	添加好友并与好友交流，然后在朋友圈中发布推广信息	要求掌握好友的添加与交流方法，并学会朋友圈营销
2	开通微信公众号并发布一篇推广文章	要求根据实际情况选择创建的公众号类型，并掌握微信推广文章的写作方法

填写表7-6的内容并上交，考查对本节知识的掌握程度。

表7-6 任务考核

序号	考核内容	分值（100分）	说明
1	什么是微信营销？		
2	怎样进行微信朋友圈营销？		
3	微信公众号有哪些类型？怎样进行公众号内容营销？		

拓展延伸

渠道营销主要是通过选择不同的营销平台来进行有针对性的营销，直播、微信、微博是当前主流的新媒体营销途径，掌握它们的营销方法可以帮助电商运营者更好地进行运营与营销，扩大企业的知名度与销售额。下面介绍一些直播平台及渠道营销过程中可能出现的问题，帮助读者更好地掌握其操作方法。

一、有哪些主流的直播平台？

除了各大电商平台提供的直播入口外，还有很多直播平台软件，主流的直播平台有虎牙直播、一直播、斗鱼直播、花椒直播、映客直播、美拍直播、熊猫直播、百度视频、优酷直播、今日头条等。下面简单介绍常用的直播平台。

- **虎牙直播：** 虎牙直播是中国领先的互动直播平台，可提供同时1 000万人在线高清观看直播，其直播内容主要包括游戏、美食、秀场、电视、演唱会、发布会、体育等。

- **一直播：** 2016年5月13日，新浪微博与秒拍宣布共同推出移动直播应用"一直播"，承担起了微博直播的职能。微博用户可以通过一直播在微博内直接发起直播，也可以通过微博直接实现观看、互动和送礼。
- **斗鱼直播：** 斗鱼直播的前身为生放送直播，后者于2014年1月1日起正式更名为斗鱼直播。目前，斗鱼直播以游戏直播为主，涵盖了体育、综艺、娱乐等多种直播内容。
- **花椒直播：** 花椒直播定位为手机直播社交平台，于2015年6月4日正式上线，主要直播花边新闻、明星发布会、生活趣闻等内容。
- **映客直播：** 映客直播于2015年5月上线，定位为全民生活视频移动直播平台。
- **美拍直播：** 美拍直播是美图公司2016年推出的移动直播类平台，主要以生活类直播为主，直播时长限制在30分钟以内。

二、微博发布的时间有什么技巧？

发布微博并没有固定的时间段，需要根据实际反馈和微博数据进行动态调整，例如在不同时间段发布微博，测试出活跃度最高、转发评论最多的时间段，将重要微博安排在该时间段发布；也可以根据微博定位的目标人群使用网络的习惯进行发布，例如针对上班族可以选择上下班途中、午休时间进行发布，针对学生族则在晚上发布也能收获不错的效果。

此外，根据微博类型不同，也可以选择不同的发布时间，例如节日微博，通常在节日之前就要开始预热，特别是需要开展活动的节日微博；热点事件根据传播程度可以在网络用户活跃时间段内的任意时间抢先发布，还可以间隔发布多条微博，与粉丝保持互动，扩大影响力。

三、微信朋友圈互动活动设计需要做什么准备工作？

在活动开始之前，可以提前在微信朋友圈进行预告和预热，提醒微信好友准时参加；也可以适当保持一定神秘感，引起用户的兴趣。在设计活动内容时，需要遵循5大基本原则：主题鲜明、内容简洁、操作便捷、流程简单和时机恰当。鲜明的主题和简洁的内容可以方便用户快速阅读、快速了解活动，可以将活动名称放在最前面，例如"【集赞换××护肤套装】热爱自己才能热爱生活，亲爱的仙女们，来为自己奋斗一套××吧，变白变润变漂亮，看我72变！"。便捷的操作和简单的流程主要是为了方便用户参与，移动端的营销基本都是在利用用户的闲散时间，如果用户需要花费太多精力去参与活动，会大大降低参与的积极性。恰当的时机是指活动发布时间要正确，通常可以在在线人数多的时候发布，例如中午午休时间，下午下班时间等。

在活动过程中要注意对活动数据进行监控，关注用户的参与情况、互动情况和反馈意见，及时调整活动中的不合理之处。另外，活动结束后，需要对活动效果进

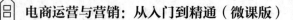

行总结，以便下一次活动的改进。

📈 实战与提升 ● ● ● ● ●

通过本章知识的学习，对下列问题展开讨论与练习，在巩固所学知识的同时，拓展视野，进一步提高自己的能力。

（1）加入一个直播平台，通过微博、微信等发布直播信息，为直播造势。到达约定时间后开始直播，并在直播过程中与观众互动。直播结束后分析直播的效果。

提示：直播前造势是非常重要的宣传直播信息的方法，可通过微博、微信、QQ等途径通知。直播结束后还要对直播的效果进行分析，判断本次直播活动是否达到了预期效果。一般来说可以通过观众口碑、观众人数、互动情况、问答比例、加群人数、销量变化等进行分析。最后还要对主播、嘉宾和策划团队在台词、道具和协作等方面进行总结。

（2）查看在微博上影响较大的企业微博，分别观察这些微博的内容特点。

提示：可以以海尔、小米、杜蕾斯等企业为代表，观察这些官方微博的内容、特色栏目、互动方式等。

（3）微信公众号主要有订阅号、服务号和小程序几种模式，其中小程序是一种开放性的功能，与订阅号、服务号的对外推送信息和流量变现等功能相比，小程序的核心是服务，可以提供一些原本需要安装外部App才可以实现的功能，是微信营销中跨越线上线下边界的重要工具。根据小程序的特点，试着思考一下我们可以从哪些方面去挖掘小程序在营销中的价值。

提示：可以从摩拜单车、京东购物等小程序在线下生活中的应用场景进行分析。

第 8 章

数据分析，诊断运营情况

　　数据是直观反映网店经营现状的指标，如流量数据、商品数据、交易数据等。通过对这些数据进行统计分析，可以快速掌握运营和营销策略对网店的影响，有助于帮助并改善营销策略，优化产品结构，并进一步提高店铺销量。下面将详细介绍网店数据分析的方法，为运营人员制订更合理的营销策略提供帮助。

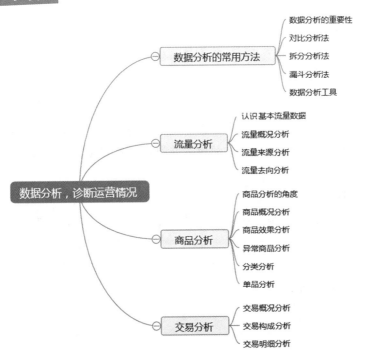

案例导入

对于淘宝卖家而言，经营店铺就是经营数据，不能实时了解和掌握数据，网店很难取得成功。李云玲刚加入淘宝的时候，完全凭借"直觉"经营店铺，后台数据想起了就去看看，看过了也就看过了，她从来不对数据进行分析。李云玲的店铺主要出售果园现摘的特色时令水果，主打原生态品质，比较迎合消费者的喜好，也还是有一些流量。

但是好景不长，店铺一段时间内的流量忽然掉了一半。李云玲很奇怪，自己既没有改过主图和标题，也没有编辑过页面，好端端的怎么流量忽然就掉了这么多？没有流量就没有销量，果园里的果子马上就要成熟了，正是销售的最好时节，这个时候没有流量，对店铺的打击是非常大的。

不得已之下，李云玲开始仔细查看店铺的经营数据。这一分析才发现，店铺的付费流量和自然流量都下滑得非常厉害，并且一两个星期前就有了这种趋势。付费流量点击较少，可能是宝贝主图、宝贝价格、宝贝销量、宝贝选款或宝贝关键词出了问题。自然搜索流量下滑，可能是行情有变，关键词有问题，也可能是某个引流商品的流量出了问题。李云玲依次对每个可能的因素进行分析排除，查询了当前行业的热搜词，查看了同类目店铺的销售情况，发现原来换季之后，买家纷纷开始搜索应季鲜果，之前店铺的主打水果成了换季的"淘汰品"，搜索人数瞬间下降了一大截。市场行情变了，但自己店铺的主推品依然是上个季节的水果，这样不仅使主推品的流量损失了很多，还影响了店铺的整体排名。

找出问题之后，李云玲立刻着手整改店铺，重新优化当季鲜果的商品标题、主图、详情页和价格等，又设置好橱窗推荐和商品上下架时间，通过数据分析工具密切关注优化后的流量动向，并慢慢进行调整，总算扭转了店铺流量的劣势。

电商市场竞争激烈，一个合格的网店经营者必须养成时刻关注店铺数据的习惯，才能及时发现店铺问题并有针对性地进行优化，不断提高自己店铺的竞争优势，这样才能长久生存下去。同时，网店经营者要知道，引起一个问题的原因可能是多方面的，经营者必须学会分析问题，逐步排除错误选项，找到真正影响结果的问题所在。

【思考】

（1）什么是数据分析？它有什么作用？

（2）数据分析的方法有哪些？

（3）怎么对网店中的重点数据，如流量数据、商品数据和交易数据等进行分析？

 # 8.1 数据分析的常用方法

电子商务市场是以数据说话的地方，店铺排名、店铺流量、买家行为、仓库动销率等情况都可以通过数据清晰地体现出来。店铺经营情况的好坏，查看经营数据就能知道。网店数据既反映了网店的经营状况，也指示了网店的经营方向。通过网店数据，网店经营者可以及时发现运营过程中的问题和商机，并快速做出正确决策。因此全面了解和分析店铺数据，是网店经营必须掌握的技能。

针对下列问题展开讨论：

（1）为什么要进行数据分析？

（2）数据分析有哪些方法？

对于运营者来说，要想产品受到消费者欢迎，增加网店收益，就必须以相关数据为依据，在数据分析的基础上进行营销策略的制订与改进。本节将对数据分析的基础知识进行介绍，包括数据分析的重要性，数据分析的3种基础方法等，帮助网店运营者做好数据分析的准备工作。

8.1.1　数据分析的重要性

数据分析是指有针对性地收集、加工、整理数据，并采用适当的统计分析方法对数据进行分析，提取其中的有用信息并形成结论。它是一个对数据进行详细研究和概括总结的过程。

在互联网技术发展的大环境下，数据分析已经成为网店经营必不可少的环节，它伴随着企业和产品的整个生命周期，通过分析各项数据综合得出具有参考价值和执行力的分析报告，从而对网站的运营进行科学的指导，图8-1所示为数据分析的过程。

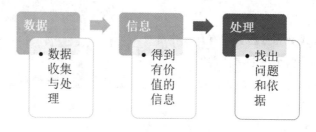

图8-1　数据分析的过程

　　总的来说，数据分析通过大量的统计和分析数据，能够全面、准确地掌握和了解企业和产品的运行状态和发展变化情况，能够更好地找到并发现问题，从而有针对性地解决问题，为企业和产品的运营提供决策性意见。

8.1.2　对比分析法

　　数据分析的结果是企业经营现状的体现，越是精准的数据，越能反映当前的业务发展情况。在进行数据分析时，单一的数据分析只能体现单一的变量，如某一天的流量、销量，如果将某段时间内不同时期的流量、销量进行对比，就可以得到更多的信息，如流量增加或降低、销量提高或减少等。通过与某个相同的因素作比较，对其他的数据进行对比分析，可以得到企业经营过程中的各种数据变化情况，更好地发现并解决问题。图8-2所示为某网店第四季度的产品销售额对比情况，从中可以看出11月的销售额最高，12月销售额最低。那么就要对销售额增加与降低的原因进行分析，是因为"双十一"活动的原因导致销售额激增，是市场行情、引流、竞争对手导致销售额降低？降低的幅度是否正常？分析出原因后再有针对性地进行解决。

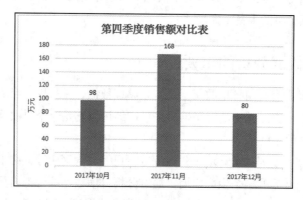

图8-2　某网店第四季度的销售额对比情况

8.1.3 拆分分析法

拆分分析法是指将一个大的问题无限地进行拆分，将其细分为一个一个的小问题，从小问题中进行分析，进而快速找到问题的原因。这种方法适合对有直接联系和关系的问题进行分析，如营业额是由流量、转化率和客单价来决定的，因此，如果发现网店的营业额降低，可将营业额分为流量、转化率和客单价三个分支，再分别对每一个分支进行细分，以此类推，如图8-3所示。图中列出了导致营业额发生变化的所有因素，通过对拆分后的数据进行分析，可以找到问题的根源并提出相应的解决方案。

8.1.4 漏斗分析法

漏斗图通过对运营各个环节的流程进行对比分析，能够直观地发现并说明问题，适合对电商网店的转化率数据、营销推广各个环节的转化（从展现、点击、访问、咨询、订单生成的角度进行分析）和客户各阶段的转化比较等进行分析，如图8-4所示。漏斗分析的各项因素的数据是逐步减小的，要想达到更好的效果，可以不断扩展漏斗的开口。

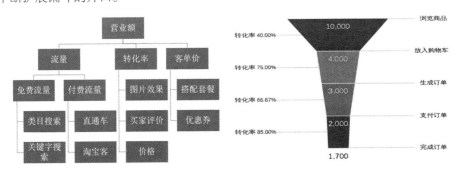

图8-3 营业额拆分分析法　　　　图8-4 漏斗分析法

8.1.5 数据分析工具

用于数据分析的工具很多，简单的数据可以直接通过Excel来进行分析，或通过专业的数据分析工具，如Tableau、BDP等进行分析。

各大电商网站为了方便经营者进行数据的统计与分析，还提供了对应的数据分析工具，如淘宝的生意参谋、京东的数据罗盘等。

一些专门进行电商数据分析的网站也可进行数据分析，如店侦探、电商宝、知数宝等。经营者可以根据自己的实际需要选择对应的工具进行分析。

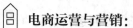 
8.1.6　任务实训及考核

根据介绍的相关知识，完成表8-1所示的实训任务。

表8-1　实训任务

序号	任务描述	任务要求
1	以Excel为数据分析工具，录入一个星期内的访客数、订单数、销售额等数据，并进行对比分析	要求掌握对比分析的方法，并判断数据是否存在异常
2	通过店侦探查看店铺数据	要求掌握电商数据分析工具的使用方法

填写表8-2的内容并上交，考查对本节知识的掌握程度。

表8-2　任务考核

序号	考核内容	分值（100分）	说明
1	什么是数据分析？它有什么作用？		
2	数据分析的方法和工具有哪些？		

8.2 流量分析

　　流量是店铺的立身之本，只有有了流量，有买家进入店铺，才可能有后续的转化和成交，所以流量是提高网店业绩的第一步，也是最关键的一步。流量分析需要先了解基本的流量数据，然后掌握网店的整体流量概况并进行分析。

针对下列问题展开讨论：
（1）流量分析需要分析哪些数据？
（2）怎样查看网店的流量数据并对其进行分析？

　　网店的流量数据很多，其中最具代表性的有浏览量、访客数、用户来源等。对这些数据进行分析，可以了解网店的经营现状。本节将以淘宝网中的生意参谋为例介绍分析这些流量数据的方法，帮助网店经营者梳理流量数据，掌握流量分析方法。

8.2.1　认识基本流量数据

电子商务网站的基本流量数据大致相同，主要包括UV统计、PV统计、用户来源、关键词分析、用户地区分析、浏览路径、着陆页分析和不同时段流量统计等。各数据的含义介绍如下。

- **UV统计：** UV即网站的独立访客数，只对唯一IP访问数量进行统计。一天内同一访客多次访问网站只计算为1个访客，UV统计等同于访问网站的用户数量。

- **PV统计：** PV即页面浏览量。用户每打开网站上的一个页面就会被统计工具记录1次PV。用户多次打开同一页面，则对页面浏览量的值进行累计；若是刷新页面，该页面的页面浏览量也会增加1次。

- **用户来源：** 用户来源是指用户进入网站的路径，如来自百度、搜狐等搜索引擎，来自其他网站或直接访问等。

- **关键词分析：** 关键词分析是指对用户访问关键词进行的统计，即用户是通过哪些关键词进入网站的。

- **用户地区分析：** 用户地区分析主要统计用户所在地区、不同地区的用户数量及不同地区的用户比例等。

- **浏览路径：** 浏览路径是指用户在网站上的浏览路径，如浏览了什么网页、在某网页停留的时间有多长以及从什么网页离开等。

- **着陆页分析：** 着陆页分析记录用户进入网站的第一个页面，在其中可统计出用户的进入数量和比例。

- **不同时段流量统计：** 不同时段流量统计是指在日、周等时间范围内分析不同时段的网站流量变化。

8.2.2　流量概况分析

通过查看流量概况，可以了解流店铺流量的基本情况，包括店铺访客数、商品访客数、支付买家数、访客数、浏览量、关注店铺人数等数据。在生意参谋工具首页的"流量看板"栏中可对流量概况进行查看，或在生意参谋首页的导航栏中单击"流量"选项，在打开的页面中即可查看流量概况，图8-5所示为某店铺的流量概况分析，可看出店铺访问与商品访问数据都较低，且较前日同时段下降34%左右；成交转化较低，仅有10；店铺关注人数少，浏览量整体呈下架趋势。因此，该店铺现阶段应该注重引流，增加店铺的人气与粉丝；同时，应做好详情页的优化，以增加转化率，促进成交。引流的方法有很多种，可以根据需要开展活动引流或利用工具引流，其前提是控制在成本预算内。

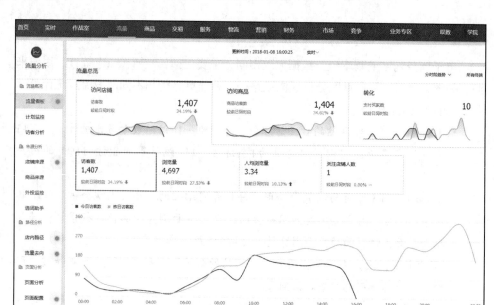

图8-5　流量概况分析

8.2.3　流量来源分析

通过对流量来源进行分析，可以更加清楚地知道店内流量的来源途径，对流量进行更加细致的控制，对重点来源途径进行重点关注。在流量分析页面中选择"店铺来源"选项，在打开的页面中即可查看店铺流量的来源构成情况，如图8-6所示。

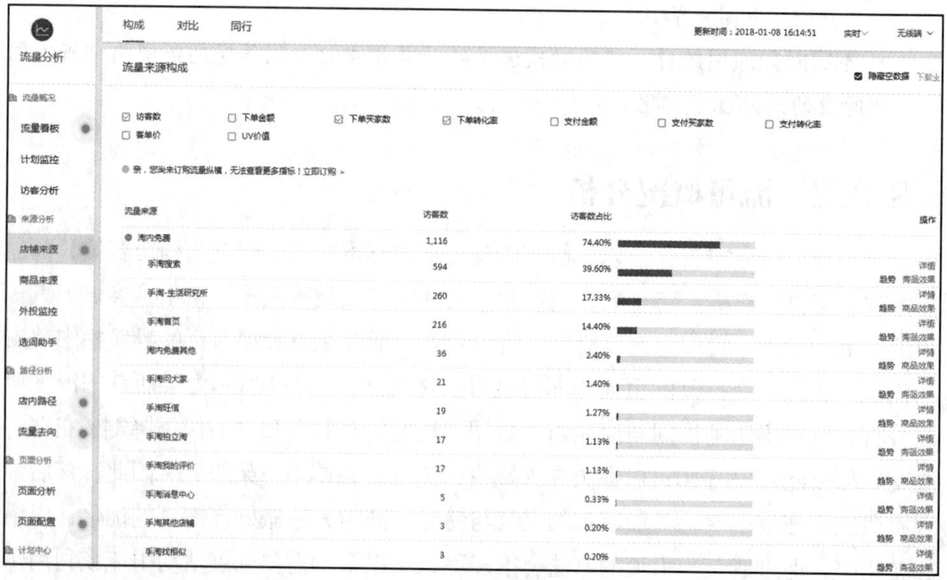

图8-6　流量来源构成

 **专家指导**

在"流量来源构成"栏中列出了各项数据指标，单击选中数据指标前的复选框，可查看对应的数据。默认情况下，只对访客数、下单买家数和下单转化率3个数据指标的流量来源进行分析。若要查看更多的数据，需要订购生意参谋的"流量纵横"功能。

单击"店铺来源"页面上方的"对比"选项，打开"流量来源对比"页面，单击"添加"按钮＋，在打开的下拉列表中可选择"我的淘宝""直接访问""购物车""淘宝客""直通车"共5个选项进行对比。图8-7所示为某店铺的"访客数""下单买家数"流量来源对比图，将鼠标放在图表中的某个时间点上，可查看该时间点的数据指标情况。

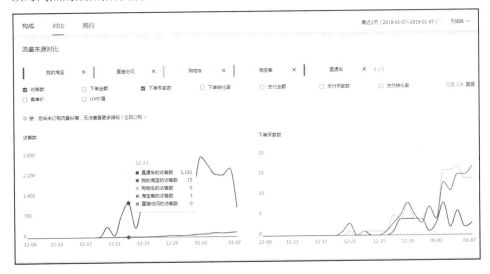

图8-7　流量来源对比

单击"同行"选项，打开"同行流量来源"页面，可在该页面中查看同行的流量来源，通过对比分析发现自身优势，对不足的地方进行改进。图8-8所示为某店铺的同行流量来源，从图中可发现，与同行相比，该店铺的访客数呈上升趋势，在"手淘腔调""买遍全球"等渠道中获得的流量较多；下单买家数与同行持平，但通过"手淘腔调"产生流量的客户并没有产生转化；下单转化率在某些渠道中呈上升趋势，但整体呈下降趋势。总的来说，该店铺的流量没有与同行产生较大的差异，转化率不佳，但在"手淘中国质造""买遍全球""手淘试用"等频道产生的流量有较高的转化率。针对该情况，可加大这几个频道的营销力度，对其他产生了流量但没有转化的渠道进行调整优化。

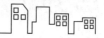

图8-8　同行流量来源

8.2.4　流量去向分析

在流量分析页面中选择"流量去向"选项，在打开的页面中即可查看店铺流量的去向情况，如图8-9所示。同时，在其下方还能查看离开页面去向排行的数据。

流量去向					PC　无线
离开页面排行				日期 ∨ 　2017-12-10~2017-12-10	⬇下载
店铺首页 访客数 1 占比 100.00%	商品详情页 访客数 0 占比 0.00%	搜索结果页 访客数 0 占比 0.00%	店铺自定义页 访客数 0 占比 0.00%	商品分类页 访客数 0 占比 0.00%	店铺其他页 访客数 0 占比 0.00%

排名	访问页面	离开访客数	离开浏览量	离开浏览量占比
1	http://shop59669294.taobao.com/	1	1	100.00%

1 共1页

| **离开页面去向排行** | | 日期 ∨ 　2017-12-04~2017-12-10 | ⬇下载 |

图8-9　流量去向

通过对流量去向进行分析，可以对引入店铺内的有效流量进行监控，分析流量的转化效果是否合理。若转化率较低，则要对商品详情页、价格、店铺装修、商品展示技巧、商品形象包装、促销活动搭配等因素进行分析，找到转化率不高的原因。

8.2.5 任务实训及考核

根据介绍的相关知识，完成表8-3所示的实训任务。

表8-3 实训任务

序号	任务描述	任务要求
1	查看网店流量数据	要求查看店铺的实时流量数据，并掌握各项数据的含义
2	分析店铺流量的来源与去向	通过对流量的来源和去向进行分析，掌握店铺流量的基本情况，并找出流量优化的方向

填写表8-4的内容并上交，考查对本节知识的掌握程度。

表8-4 任务考核

序号	考核内容	分值（100分）	说明
1	流量分析需要分析哪些数据？		
2	怎么进行同行流量来源的对比？		

 # 8.3 商品分析

从不同的角度对商品情况进行分析，可以查看商品营销效果是否正常，是否存在不合适的商品，并针对这些情况制订商品调整策略，保证网店的正常运营。

针对下列问题展开讨论：
（1）网店经营者应从哪些角度进行商品分析？
（2）网店经营者应怎样分析异常商品？

商品变化直接影响网店销售情况，对商品进行分析是相当有必要的。对商品情况产生影响的因素非常多，下面将从不同角度进行分析，并利用生意参谋对商品概况、商品效果、异常商品等进行分析，帮助卖家掌握商品分析的方法。

8.3.1　商品分析的角度

在进行商品分析时，经营者除了可通过基本营销数据对商品情况进行分析外，还可从商品销量和商品关联性等角度对商品进行分析。

1．商品销量分析

商品销售是一个需要不断完善和优化的过程，商品在不同时期、不同位置、不同价格阶段，其销售量都会有所不同，经营者需要根据不同情况进行实时调整。

一般来说，网店商品销量主要与拍下件数、拍下笔数、拍下金额、成交件数、成交笔数、成交金额、成交用户数、客单价、客单价均值、回头率、支付率、成交转化率等因素有关，经营者和客服人员需要针对不同的数据采取相应的对策。如拍下件数高，但支付率低，说明顾客可能对商品存在质疑，需要客服人员与顾客进行沟通以提高支付率；回头率低，则需要进行一些必要的客户关系管理，做好老客户营销。作为网店经营者，需要对每个商品的销售情况进行了解和跟踪，这样不仅可以持续完善销售计划，促进销量的增长，还可以优化库存和供应链体系，提高供应周转效率，降低成本。

2．商品关联分析

商品的关联销售多体现为搭配销售，即让顾客从只购买一件商品发展为购买多件商品，如通过促销组合、满减、清仓、买赠和满赠等活动刺激顾客消费，从而提高其消费金额，最大限度地实现销售增长。特别是在参加淘宝活动时，适当的关联营销不仅可以对店铺进行导流和分流，还可以提高客单价，充分利用有限的流量资源，实现流量利用的最大化，降低推广成本，如图8-10所示。

图8-10　商品关联

在监测商品销售情况的基础上对商品进行组合和关联，可以有效提高网店的整体销售额。商品的关联分析一般需要建立在一定的数据基础上，数据量越大，分析的准确率就越高，做出的决策也越有利。下面分别对商品关联分析的注意事项进行介绍。

（1）进行商品梳理，区分商品等级和层次

商品关联并不是盲目和随意的，必须选择合适的产品梳理规范，以提高关联分析结果的精准程度。产品梳理一般包括名称、品牌、价格、规格、档次、等级、属性等内容。一般来说，关联推荐主要应用于重购、升级和交叉销售3个方面，重购是指继续购买原来的商品，升级是指购买规格和档次更高的商品，交叉销售是指购买相关商品。应用于不同方面的关联推荐，应该有不同的推荐方式，如推荐同类型商品交叉购买时，建议推荐规格、价格等相似的商品；否则若是为顾客推荐了低档次的商品，将会降低销售额。

（2）合理搭配商品

产品的搭配和位置对产品关联销售会产生很大的影响，关联分析可以为买家推荐合适的搭配商品，方便买家快速找到所需产品，并使其购买更多关联产品。需要注意的是，对关联性比较大和关联性比较好的商品进行关联，才有不错的效果。在进行关联分析时，还应该学会发现和寻找更多的关联销售机会，搭配出新颖且更受买家欢迎的产品。

8.3.2 商品概况分析

商品概况包括商品信息总况、商品销售趋势、商品排行概览等信息。在生意参谋首页的导航栏中单击"商品"选项，在打开的页面左侧的导航栏中选择"商品概况"选项，在打开的页面中即可查看商品概况。图8-11所示为某店铺1天内的商品概况数据。

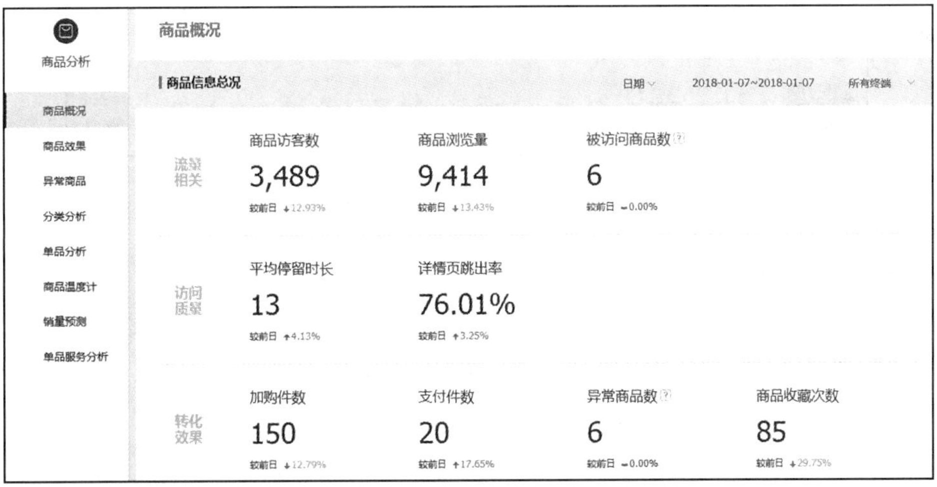

图8-11 商品概况分析

根据图中数据可知，店铺流量最近呈下降趋势，详情页跳出率比前一日高，但平均停留时间高于前一日；同时，加购件数与商品收藏次数较前一日均有所降低，有待提高，可通过一些促销手段来提高转化效果。

8.3.3 商品效果分析

在生意参谋"商品"页面左侧的导航栏中选择"商品效果"选项，在打开的页面中可以查看商品效果明细的相关数据，包括商品访客数、商品浏览量、下单件数、支付金额、加购件数、收藏人数、平均停留时长等数据，网店运营人员可根据需要选择需要查看的数据指标前的复选框，系统支持同时显示5个指标的数据。图8-12所示为某店铺最近7天的商品效果明细数据。

图8-12　商品效果分析

8.3.4 异常商品分析

生意参谋会针对商品的异常情况给卖家提出大致的建议，帮助卖家优化商品。在生意参谋"商品"页面左侧的导航栏中选择"异常商品"选项，在打开的页面中可以查看当前表现异常的商品，包括流量异常、支付转化率异常、跳出率异常、支付异常、库存异常等，如图8-13所示。

单击异常商品后的"商品温度计"超链接，在打开的页面中可以查看当前商品的转化情况。同时，在该页面下方的"影响商品转化因素检测"栏中可以对影响商品转化情况的因素进行检测，包括页面性能、标题、价格、属性、促销导购、描述、评价等，如图8-14所示，并给出对应的经营策略供运营人员参考。

图8-13　异常商品

图8-14　商品温度计

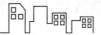

8.3.5 分类分析

分类分析可以帮助卖家更快速地分析出同类型商品的销售情况，更精准地找出同类商品的共同问题，从而进行统一管理。在生意参谋"商品"页面左侧的导航栏中选择"分类分析"选项，在右侧可以按照分类查看商品销售情况，如图8-15所示。

图8-15 分类分析

8.3.6 单品分析

单品分析对营销策划活动有非常重要的作用，通过大量的数据信息可以获取更精准的单品引流效果，打造出更加适合市场的爆款。在"商品效果"页面中单击商品后的"单品分析"超链接，或直接在"商品"页面左侧的导航栏中选择"单品分析"选项，输入需要分析的商品关键词、商品ID或粘贴商品URL，并在提示列表中选择目标商品即可对选择的商品进行分析，如图8-16所示。

图8-16 单品分析

单品分析包括来源去向、销售分析、访客分析和促销分析4个内容，下面分别进行介绍。

- **来源去向**：通过来源去向可以分析引流来源的访客质量、关键词的转化效果、来源商品贡献等，让经营者清楚看到引流的来源效果，图8-17所示为某单品的关键词效果分析。

关键词	搜索曝光				引流效果				转化效果				
	搜索排名	曝光量	点击量	点击率	浏览量	访客数	人均浏览量	跳出率	支付买家数	支付件数	支付金额	支付转化率
冬装宽松收腰超	4	1	1	100.00%	1	1	1.00	0.00%	0	0	0	0.00%
韩国东大门2017	3	1	1	100.00%	1	1	1.00	100.00%	0	0	0	0.00%
韩国东大门大毛	10	2	1	50.00%	1	1	1.00	100.00%	0	0	0	0.00%

关键词效果分析　日期∨　2018-01-07~2018-01-07　↓下载

淘宝搜索∨

1 共1页

图8-17　单品关键词效果分析

- **销售分析：**通过销售分析可以查看商品的销售趋势和SKU的销售详情，清楚商品销售的变化，从而掌握规律、迎合变化，提高店铺转化率，如图8-18所示。

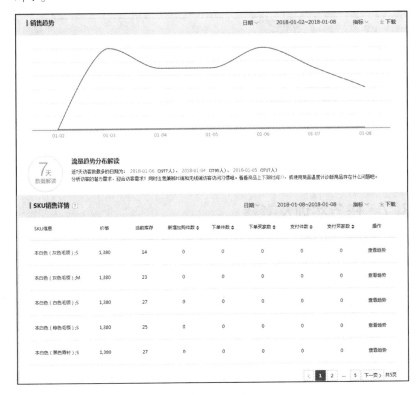

图8-18　销售分析

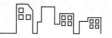

- **访客分析：**通过分析访客特征，可以了解商品访客的潜在需求，从而迎合买家的需求，达到提高销售额的目的，如图8-19所示。

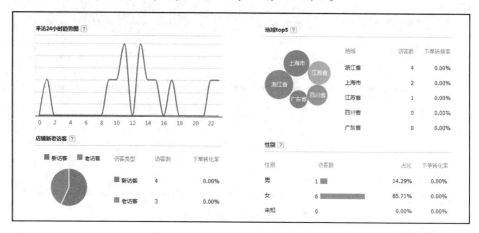

图8-19　访客分析

- **促销分析：**通过促销分析可以量化搭配商品效果，开发和激活店铺流量，增加销售量，提高单价，如图8-20所示。

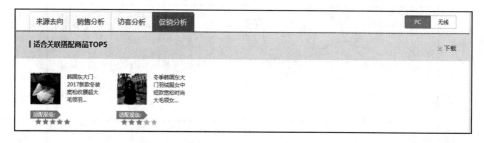

图8-20　促销分析

8.3.7　任务实训及考核

根据介绍的相关知识，完成表8-5所示的实训任务。

表8-5　实训任务

序号	任务描述	任务要求
1	分析商品效果	要求分析不同时期的商品访客数、商品浏览量、下单件数、支付金额、加购件数、收藏人数等数据
2	分析爆款商品	要求对爆款商品的来源去向、销售分析、访客分析和促销分析等数据进行分析

填写表8-6的内容并上交，考查对本节知识的掌握程度。

表8-6　任务考核

序号	考核内容	分值（100分）	说明
1	商品分析的角度有哪些？		
2	怎样对商品分类进行分析？		

 ## 8.4 交易分析

交易分析是对网店经营过程中的交易数据进行分析，如下单金额、支付金额、支付买家数、支付转化率、资金回流构成等数据。通过对这些数据进行分析，可以帮助运营者掌握网店的交易情况，从而更好地制订营销策略。

针对下列问题展开讨论：
（1）交易分析主要包括哪些内容？
（2）怎样对交易明细进行分析？

为了帮助卖家对店铺的交易情况进行掌握和监控，卖家可以使用生意参谋对交易的相关数据进行分析，如分析交易概况、交易构成、交易明细。本节将详细介绍交易分析的方法，帮助运营人员掌握使用生意参谋进行各种交易数据分析的方法。

8.4.1　交易概况分析

通过交易总览，经营者可以了解任意天数的访问量、下单买家数、客单价、转化率等数据，还可在"交易趋势"栏中查看与同行的对比。在生意参谋"交易"页面左侧的导航栏中选择"交易概况"选项，在打开的页面中可以对交易总览和交易趋势的数据进行查看和分析，如图8-21所示。

图8-21 交易概况分析

8.4.2 交易构成分析

生意参谋主要从终端构成、类目构成、品牌构成、价格带构成、资金回流构成 5个方面对交易构成数据进行了分析，可以帮助经营者了解终端、类目、品牌等各方面的交易数据，以便有针对性地进行完善和优化。在生意参谋"交易"页面左侧的导航栏中选择"交易构成"选项，在打开的页面中即可查看交易构成数据。图8-22 所示为某网店最近30天的交易构成。

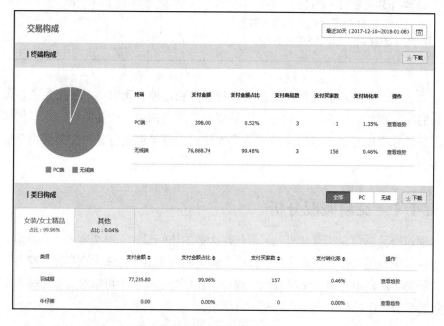

图8-22 交易构成分析

8.4.3 交易明细分析

交易明细可以帮助经营者全面掌控店铺财务数据，了解店铺财务健康指数和资金流动情况。在生意参谋"交易"页面左侧的导航栏中选择"交易明细"选项，在打开的页面中可以查询不同日期的订单情况，卖家可以根据需要单击"配置"超链接，对商品的成本、运费等进行配置，如图8-23所示。单击订单后的"详情"超链接可以分析商品的财务状况，包括店铺的营业利润、资产负债、资金流动等数据。

图8-23 交易明细分析

8.4.4 任务实训及考核

根据介绍的相关知识，完成表8-7所示的实训任务。

表8-7 实训任务

序号	任务描述	任务要求
1	查看网店交易概况并进行同行对比	要求掌握交易概况的分析方法
2	查看交易明细并进行配置	要求掌握交易明细的分析和配置方法

填写表8-8的内容并上交，考查对本节知识的掌握程度。

表8-8 任务考核

序号	考核内容	分值（100分）	说明
1	交易构成包括哪些部分？每部分包含哪些内容？		
2	怎样查看订单交易明细？		

 专家指导

> 生意参谋的功能十分强大，除了流量、商品和交易分析外，还可进行服务、物流、营销、财务等数据分析。单击对应的选项即可打开页面进行查看并分析数据。

拓展延伸

数据分析是网店经营过程中必不可少的过程，下面将对数据分析中的常见问题进行讲解，为读者解答数据分析中的疑问。

一、网店流量主要来自于哪些渠道？

对流量进行分析，首先要熟知网店店铺的流量来源。网店的流量一般来说可以分为站内流量和站外流量。

1．站内流量

站内流量是指由网站本身带来的流量，是网店的主要流量渠道。以淘宝网为例，可以将其站内流量按照类型划分为类目流量、自然搜索流量和活动流量等。

- **类目流量：** 是指通过类目路径寻找商品时产生的流量。以女装类目为例，当买家想购买连衣裙时，通过在淘宝网首页的女装类目下单击"连衣裙"超链接，进入连衣裙商品页面并选择商品后，产生的流量就是类目流量。类目流量的获取与宝贝类目属性的设置、类目属性的完整性、类目属性的优化有关。此外，消保、7天无理由退换货、上下架时间、店铺综合评分等也会对类目排名产生影响。同时，产品的市场需求也是类目流量的重要影响因素，如果宝贝是当季的热销产品，将更容易获得类目流量。如某段时间蕾丝连衣裙在淘宝全站的搜索量比较大，那么蕾丝连衣裙更容易获得类目流量排名。

- **自然搜索流量：** 是指买家通过淘宝搜索引擎搜索宝贝时产生的流量。如买家想购买连衣裙，然后在淘宝首页的搜索框中输入"连衣裙"，并在打开的搜索页面中选择商品时产生的流量，就是自然搜索流量。自然搜索流量是淘宝站内免费流量的主要组成部分，流量的获取依然需要依靠宝贝排名。卖家在发布宝贝后，系统将对宝贝的相关信息进行诊断，然后结合若干影响因素对宝贝进行排名。自然搜索流量的排名优化主要是指淘宝SEO优化，通过精准性、相关性等各种优化方式，让宝贝与买家搜索的关键词更匹配，从而提高宝贝排名，并获得流量。

- **活动流量：** 是指卖家参与淘宝活动时获得的流量，如直通车、智钻、聚划算、天天特价、淘宝客等产生的流量都属于活动流量，分为免费流量和付费流量。免费流量通常对店铺资质有一定要求，只有达到活动要求才可以申请。付费流量需要卖家支付一定的活动推广费用，活动不同，收费形式也不相同，例如有按点击或展示收费的活动，也有对竞拍坑位进行付费的活动。淘宝活动的流量非常巨大，并且定位十分精准，一两天内就可以带来爆炸式的流量和成交。当然，获得淘宝活动的参与资格后，卖家还必须做好活动选品准备，选择最适合的产品，才能使活动收益最大化。

2．站外流量

站外流量是指从淘宝站外的其他途径获得的流量，在淘宝网以外的网站，如论坛、微博、微信等都是常见的站外流量平台。此外，淘宝网也提供了很多站外平台的流量获取途径，淘宝网以合作的形式将广告投放到综合门户、地方门户、社交媒体等网站上，卖家通过淘宝推广工具即可将产品推广到这些网站上。

二、怎样分析网店页面的数据？

网店由多个页面组成，买家在不同的页面留下的不同痕迹，对店铺具有不同的意义。一般来说主要包括首页、宝贝页和分类页等页面，每个页面的分析标准是不同的，下面分别进行介绍。

- 宝贝页是店铺的主要流量入口，所以宝贝页中的浏览量、跳失率和收藏率都是关键数据。如果宝贝页的流量低，说明宝贝页点击率低，需要优化宝贝排名和主图。如果宝贝的流量不低，但是跳失率高，说明宝贝页中的图片、描述、价格、评价、销量等有问题，需要优化宝贝详情页。如果宝贝页中的收藏率高，说明宝贝比较受买家欢迎，此时卖家就需要分析宝贝受欢迎却没有形成转化的原因。

- 首页的流量一般低于宝贝页的流量，主要应分析跳失率的问题。如果首页跳失率比较高，买家没有被引导至具体的宝贝页面，则卖家需要考虑首页的装修、首页的分类搜索等。专业精美的装修搭配，方便快捷的分类搜索，可以大大降低首页的跳失率。

- 分类页是店铺对宝贝进行分类的页面，一般同类型宝贝可以归类到同一页面。通过该页面，买家也可以选择并跳转到相应的宝贝页。

三、买家支付率低主要有哪些原因？

支付率是指付款的买家数量与下单的买家数量之间的比例，如果有买家下单之后未支付订单，即会降低店铺或宝贝的支付率。对于网店而言，订单列表中出现未支付订单是十分常见的现象。从买家的角度进行分析，如果买家对支付页面仍旧心存顾虑，就不会进行支付。因此面对此类未支付买家时，应打消其顾虑，并分析宝贝详情页是否合理详细、宝贝安全认证是否展示、各种服务承诺和购物条款是否完备、价格是否合理等。这类未支付买家通常会在宝贝页面和支付页面停留较长时间，商家可以让客服介入沟通，了解买家未支付的原因，打消买家的顾虑。如果买家放弃支付是因为选择了其他店铺的产品，客服介入后也可以适当做一些挽留，如邀请买家关注店铺、收藏宝贝等，或者推荐其他关联商品。

如果买家选错了宝贝SKU，或者地址、联系方式等填写错误，可能放弃支付。出现这种情况时，大部分买家会重新下单拍下宝贝。

四、怎样分析客户数据？

客户是网店销售额的来源，客户数据也是销售数据的一种直接体现。利用淘宝客户运营平台的"客户分析"功能，可查看店铺的客户运营指数，如图8-24所示。同时还可从访客、粉丝、会员、成交客户等角度分别分析网店客户数据，以帮助卖家根据分析结果制订不同的营销策略，图8-25所示为成交客户的占比分析。

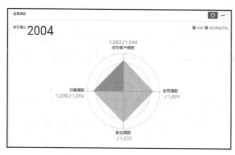

图8-24　客户运营指数

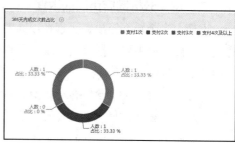

图8-25　客户占比分析

📈 实战与提升 ••••••

通过本章知识的学习，对下列问题展开讨论与练习，在巩固所学知识的同时，拓展视野，进一步提高自己的能力。

（1）进入生意参谋首页，通过"商品概况"查看店铺转化情况，并结合各项转化数据分析下单转化率低的原因。

提示：转化率指在一个统计周期内，完成转化行为的次数占推广信息总点击次数的比例。转化率越高，说明店的吸引力越大。影响转化率的因素有很多，详情页的视觉效果、价格、买家评价、售后服务、产品属性、产品质量、产品图片、客服销售技巧和专业程度等因素都是引起转化率发生变化的因素，可采取拆分分析法进行分析。

（2）对比分析店铺中相同时期上架的两款产品。

提示：可通过生意参谋的"单品分析"先查看商品的对应数据，然后下载数据。将两组数据导入同一个表格中进行对比，并制作对比分析图。

第9章 店铺优化，提高转化率与销量

学习目标

　　店铺数据分析的结果落到实际行动上，就是店铺优化。通过数据分析的结果来对店铺各方面的内容进行优化，保证店铺有良好的点击率、转化率和成交量，使店铺获得持续发展的力量，从而加强店铺在同行中的竞争力和生存能力。本章就将详细介绍店铺优化的相关内容，包括淘宝SEO优化、标题优化、宝贝主图优化和宝贝详情页优化等。

学习导图

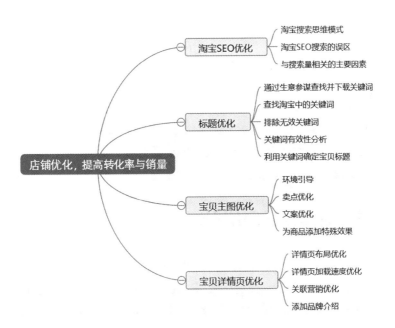

案例导入

王月在淘宝上开店已经两年了，从一个什么也不懂的电商小白到如今的热门电商达人，王月以自己店铺的实际成绩来展现了她的实力。其实，王月的方法很简单，就是根据店铺的数据分析来进行优化，解决存在的问题并提高店铺的流量和转化率。

经过总结王月发现，店铺优化无外乎几种，即淘宝搜索引擎优化、标题优化、主图优化和详情页优化。做好这些内容的优化就可以大大提高店铺的流量，吸引更多买家进店并产生购物行为。首先，王月花了一个月的时间来研究淘宝搜索引擎，彻底明白了搜索引擎的搜索机制，并根据其原理选择与消费者需求相符的关键词，增加宝贝被淘宝搜索引擎搜索到的机会，提高在消费者眼前展示的概率。同时，王月还优化了宝贝的标题，提高了标题的点击率。

王月知道，与标题同等重要的影响消费者点击的因素还有宝贝主图。醒目、清晰、美观的宝贝主图可以在竞争中脱颖而出，吸引消费者点击，增加宝贝的点击率，王月对宝贝主图进行了大量的优化工作。同时，王月还对详情页中展示的内容进行优化与合理规划，以打消消费者的顾虑，促使消费者产生购物行为，提高宝贝的成交量。

经过坚持不懈的店铺优化，王月的店铺结构更加合理，吸引了非常多消费者进店消费，提高了店铺的转化率与销量。

作为网店经营者，要考虑从哪些方面进行优化可以提高店铺的竞争力，怎样让消费者更愿意在你的店铺中进行消费。

【思考】

（1）什么是淘宝SEO优化？搜索关键词与标题是什么关系？

（2）怎么进行主图优化？主图优化有哪些要点？

（3）怎么进行详情页优化？

9.1 淘宝SEO优化

淘宝SEO优化与百度搜索引擎优化、雅虎搜索引擎优化等常见的搜索引擎优化的原理类似，都是通过关键词来进行索引，建立索引数据库。用户通过关键词进行搜索，系统将与该关键词匹配的结果全部显示到页面中，并按照一定的排序方式进行先后展现。因此，网店要获得足够的流量，必须进行SEO优化，提高自己宝贝在搜索结果页面中的排名，让更多的买家看到并点击自己的商品。

课堂讨论

针对下列问题展开讨论：

（1）在淘宝SEO中搜索"牛仔裤"，分析排在前10名的搜索结果的异同。

（2）在淘宝中，是不是价格和成交量越高，搜索排名越靠前？

与其他搜索引擎不同的是，淘宝SEO是专门针对淘宝电商的搜索引擎进行优化，包含十分全面和丰富的内容。影响搜索结果排序的因素具有一定的特殊性，因此，网店运营者要想玩转淘宝SEO，首先应该熟悉淘宝搜索思维模式、淘宝SEO搜索的误区与搜索量和有关的主要因素，再进行淘宝SEO的优化。

9.1.1　淘宝搜索思维模式

大部分买家在淘宝上搜索商品时，都有一个既定的流程，首先输入关键词进行搜索，接着在搜索结果中查看商品，然后根据商品主图、配色、文案等，选择感兴趣的商品，最后点击该商品，该商品因此而产生流量。

所以淘宝搜索思维模式主要包括搜索—展现—点击—流量4个步骤，如图9-1所示。

买家搜索关键词的过程，就是淘宝搜索的过程，店铺或商品的大部分自然流量都产生于这个过程。由于淘宝网中卖家众多，买家在搜索商品时有成千上万种选择，他们不可能浏览所有的商品，通常只关注淘宝搜索前几页中的宝贝。所以卖家要想获得更多流量，就必须让自己的商品跻身前列，这也是淘宝SEO优化的主要原因。

图9-1　淘宝搜索思维模式

9.1.2　淘宝SEO搜索的误区

随着电子商务的不断发展和商家的不断增多，过去的一些经营思维已不再适用于当今的淘宝需求。下面对淘宝SEO搜索中常见的误区进行介绍。

1．价格越低，买家越容易找到自己的产品

随着生活水平的提高，注重品质的人越来越多，人们购物不再仅仅考虑商品价格低廉，而是追求方便快捷，以及享受卖家的售后服务与质保承诺，如7天无条件退货、货到付款等。因此，价格越便宜的产品未必销量越好，卖家需根据商品情况做出合理调整。如某个用户最近想买一条连衣裙，浏览的连衣裙价格一般都在300元左右，那么淘宝就会在直通车位置和自然搜索位置，尽可能多地展示价格区间差别不大的产品；若某商家的连衣裙售价为19.8元，那么它能得到展示的概率将非常小。

2．信誉越高，卖得越好

店铺信誉等级是很多新手卖家开店后的"第一大心事"，信誉越高，宝贝就越好卖。信誉度高的店铺往往积累的老客户较多，自然比信誉度低的店铺的销售要好。据统计，三钻到五黄冠之间的店铺占了淘宝的绝大部分，而金冠店铺数量较少，图9-2所示为淘宝卖家的信誉等级表。

3．销量越高，排名越靠前

不可否认，销量对于排名确实有非常大的影响。销量越高，说明这个产品越受欢迎，质量越经得住考验，淘宝给予高的排名权重无可厚非。随着淘宝规则的完善，淘宝更加注重付款人数，多人购买100件产品比一人购买100件产品的权重值高；而对应的转化率低、评分低和价格太低，权重则会下降。店铺流量分为很多路径，如自然搜索流量、直通车流量、淘宝客流量等。一般自然搜索流量销量的权重高于付费流量，付费流量销量的权重高于第三方U站流量。图9-3所示为输入关键词"女包"默认的搜索结果，可以看出，103人成交的宝贝排名比8 205人成交的宝贝排名还要靠前，因此销量或人气并不是唯一决定排名的因素。

图9-2　卖家信用等级　　　　图9-3　"女包"搜索结果

9.1.3　与搜索量相关的主要因素

淘宝店铺获取自然流量的前提是搜索量，卖家做淘宝SEO优化的目的也是搜索量。只有先拥有足够的搜索量、足够的展示机会，店铺和宝贝才有可能获得更多的免费流量，达到提高交易额的目的。

1. 淘宝搜索排名3大主要模式

自然流量不论是在转化率还是精准度上，都拥有非常高的质量。每一名淘宝卖家都希望提高宝贝排名，增加宝贝展示的机会，获得更多优质的自然搜索流量。在淘宝网中，宝贝的搜索排名有综合排序、人气排序、销量排序3种主要形式。

（1）综合排序

综合排序的顺序是由淘宝后台系统对同类型宝贝的各个权重进行计算后得出的，买家主要在搜索页面中进行商品的选择。怎样让自己的商品在综合排序页面中位列前茅，是运营人员需要重点关注并解决的问题。

在淘宝网中搜索商品后，默认以综合排序的方式显示，几乎90%的买家会参考该页面中的搜索结果来选择商品；而要让自己的商品显示在该页面中，就要从宝贝相关性、是否作弊、综合评分、下架时间等都方面进行关注。

- **宝贝相关性：** 主要包括类目、属性、标题3个要点，即店铺发布的宝贝必须与宝贝的标题、分类、属性等描述相符；如果信息涉嫌弄虚作假，宝贝将难以获得展示机会。

- **是否作弊：** 是指卖家是否存在投机取巧、欺骗消费者、刷单等行为；如果卖家违背了淘宝网络交易平台的公平性，淘宝将予以严厉打击。

- **综合评分：** 是指店铺动态评分，即DSR评分，其内容主要包括宝贝与描述是否相符、卖家服务态度以及卖家发货速度等方面。宝贝的DSR评分是买家评分的一种体现，也是衡量宝贝价值和质量的重要因素。

课堂讨论

图9-4所示为3家销售相同商品的店铺的动态评分，哪家店铺是你不会考虑的？

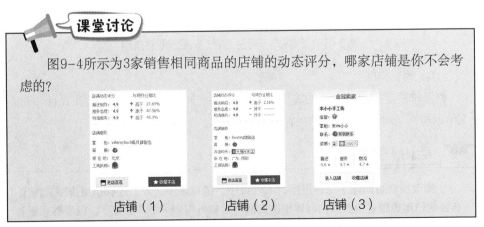

图9-4　店铺动态评分

- **下架时间：** 是指宝贝从上架到宝贝下架这个过程中的最后一段时间。淘宝网宝贝的上下架一般以一周为一个周期。越临近下架时间，宝贝所获得的排名将越靠前，合理设置上下架时间，可以让宝贝获得更多自然流量。

商品上下架技巧

（2）人气排序

人气排序是指按照宝贝的受欢迎程度进行排序，在淘宝搜索结果页中单击"人气排序"选项，即可查看人气排序结果。人气主要反映的是宝贝的受欢迎程度。不可否认，人气越高的商品肯定是越受买家欢迎的商品。如果你的商品不仅在综合排序中排名靠前，还一直在人气榜单中占据一席之地，买家选择你商品的概率将大大增加。同时，人气排名的高低也是影响宝贝综合排名的一个重要因素。如果你的宝贝长期在淘宝搜索人气排名中占据着较好的位置，将会增加宝贝的曝光率，吸引更多的流量。影响宝贝人气的主要因素有销量、收藏量、好评率、流量、点击率等。此外，转化率、店铺信誉、橱窗推荐、下架时间等因素也会对人气排序的结果产生影响。图9-5所示为"窗帘"产品按人气从高到低的排序，从中可以看出，排名第一的产品其销量并没有后面几个的高，这可能是因为收藏量、好评率和转化率比其他产品好。

图9-5 "窗帘"产品按人气从高到低的排序

（3）销量排序

销量排序是指按照宝贝的成交人数多少进行排序，在淘宝搜索结果页面中单击"销量排序"选项即可查看结果，如图9-6所示。

🎓 专家指导

淘宝搜索页面除了综合排序、人气排序、销量排序之外，还有信用排序。淘宝店铺的信用等级是由买家的好评率决定的。卖家每得到一个"好评"，就能够积累1分，中评不得分，差评扣1分；原则上信用等级越高，排名越靠前。

图9-6 销量排序

2. 关键词

淘宝宝贝的大部分自然流量都来自关键词搜索，在买家用关键词搜索商品时，关键词匹配度越高的宝贝标题，排名会越靠前，搜索量就越高。淘宝宝贝的标题由多个关键词组合而成，如果按关键词类型分类，可将淘宝宝贝的标题关键词分为主要关键词、意向关键词和长尾关键词。如果按照关键词的搜索量和竞争热度进行划分，还可以分为热词、温词和冷词。

（1）按照关键词类型分类

淘宝的主要关键词是指描述宝贝主要特质的词语，如连衣裙、衬衣等。意向关键词即次要关键词，是附加描述宝贝性质的词语，如新款、棉麻等。两个或两个以上的关键词组合，即形成组合关键词，如"棉麻衬衣""陶瓷杯子"等。而长尾关键词是指搜索量不大、竞争程度低、但转化较高的关键词。长尾关键词通常较长，多由2~3个词语或短语组成，如"碎花半身裙两件套"。

课堂讨论

若你要购买一款马克杯，按照不同的需求，你将怎样组织关键词进行搜索？
（1）想要和男朋友／女朋友使用相同款式的杯子。
（2）想要一个有自己头像的杯子。
（3）用来吃早餐、泡燕麦、喝茶等。

按照这些要求，可以分别拟定关键词"情侣马克杯""马克杯创意定制""早餐牛奶喝水大容量马克杯"等。卖家在拟定关键词标题时，要根据产品的特点和买家可能产生的需求来确定主要关键词和次要关键词，使其与买家搜索的关键词尽量匹配，增加自己产品被展示的概率。

（2）按照竞争热度和搜索量分类

为了使宝贝更容易被买家搜索到，卖家需要有技巧地设置宝贝标题中的关键

词。一般来说，热词是指买家经常搜索且竞争比较激烈的词语，也就是说大部分买家喜欢使用该词语搜索商品，同时大部分店铺也会将该词语放入自己的宝贝标题中，如"长裙""修身长裙"等。温词相对于热词而言，搜索人数更少，同时竞争力度也更小，如"学生长裙""品牌长裙"等。冷词的搜索量一般都非常低，竞争力度也非常小，如"草原长裙""莫奈尔长裙"等。

除了常规情形外，还有极少部分的词语搜索量比较高，但竞争力度很小，这样的词语就是精确度很高的词语。也就是说，会搜索这些词语的买家通常就是卖家所需要的目标人群，他们的搜索目标十分明确，由他们带来的自然流量的转化率将十分可观。

3. 点击率

提高宝贝搜索量的目的，实际上就是为了获得更高的点击率，点击率的高低直接决定着宝贝流量的多少。例如某宝贝展现1 000次，点击率为0.1%，表示点击商品的人数是1人。如果点击率为1%，表示点击商品的人数是10人。如果点击率为10%，则表示点击商品的人数是100人。

除此之外，宝贝点击率还会影响宝贝排名。淘宝宝贝的排名受多种因素的影响，其中店铺转化率也是主要影响因素之一。店铺转化率包括浏览转化率和下单付款转化率。浏览转化率即买家浏览宝贝后成功交易的概率；如果宝贝的点击率低，浏览转化率也会很低。当淘宝后台排序系统检测出宝贝的展示率高但点击率低时，就会降低宝贝的排名。

9.1.4　任务实训及考核

根据介绍的相关知识，完成表9-1所示的实训任务。

表9-1　实训任务

序号	任务描述	任务要求
1	在淘宝搜索结果中分别按照"综合排序""人气排序""销量排序"进行排序	列出排序结果第一页中相同的产品
2	设置价格最低价为"50"，按照价格从低到高进行排序	对相同价格的产品的销量、收藏量和店铺动态评分等进行分析，要求至少包含5个产品

填写表9-2的内容并上交，考查对本节知识的掌握程度。

表9-2　任务考核

序号	考核内容	分值（100分）	说明
1	淘宝SEO的搜索思维模式是怎样的？		
2	关键词类型有哪些？		

 ## 9.2 标题优化

宝贝标题优化的目的是为了提高宝贝排名，让宝贝获得更多展示机会，获得更多流量。为了符合买家的搜索习惯，增加宝贝被搜索到的概率，淘宝卖家一般都通过买家热搜词来组成宝贝标题。

开始任务前，思考并讨论下列问题：
（1）怎样知道买家的常用搜索关键词都有哪些？
（2）标题优化时，怎样确定有用的关键词，删除无效关键词？
（3）怎样组合关键词才能使宝贝标题更加符合买家的搜索习惯？

宝贝标题是对商品信息的简要描述，有字数限制。如何准确描述商品信息，使其与消费者的搜索习惯相匹配，是标题成功的关键。一般来说，标题可以拆分为多个关键词的组合，通过查找关键词，排除无效关键词，将有价值的关键词组合起来并对关键词的有效性进行分析，就是优化标题内容的方法。

9.2.1　通过生意参谋查找并下载关键词

优化宝贝标题前，要先找到买家常用的关键词，最直接的查找关键词的方法是通过生意参谋，然后下载这些关键词并对其进行分析，去掉无效的关键词，筛选出针对目标消费人群的有效关键词；再对这些关键词进行组合，使其从结果和内容上符合买家的搜索需求，提高店铺宝贝在搜索结果页中的展示排名。其具体操作如下。

STEP 01 ▷进入淘宝卖家中心，在"营销中心"栏中单击"生意参谋"超链接，打开"生意参谋"主页面，在顶部导航栏中单击"流量"选项，在打开的页面左侧单击"选词助手"选项。

STEP 02 单击“行业相关搜索词”选项，在搜索文本框中输入关键词“羽绒服短款女”，单击查看按钮，选词助手将根据搜索内容显示相关关键词的搜索情况，如图9-7所示。

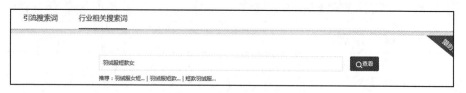

图9-7　输入搜索关键词

STEP 03 在搜索结果上方单击日期按钮，在打开的下拉列表中选择“最近7天”选项；单击指标按钮，在打开的下拉列表中单击选中相应的复选框，设置需要显示的指标，设置完成后单击确定按钮，如图9-8所示。

STEP 04 此时将根据设置的日期与指标来显示搜索结果，单击下载按钮，在打开的下拉列表中单击确定按钮，如图9-9所示。

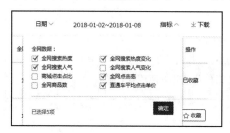

图9-8　设置日期与指标

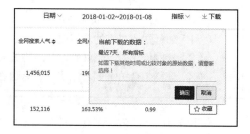

图9-9　下载数据

STEP 05 打开“新建下载任务”对话框，设置文件保存的名称和位置后单击下载按钮。下载完成后打开该Excel文件即可查看数据并进行数据分析，如图9-10所示。

数据说明：以下数据为您所选时间周期的相关指标，如需查看其他时间周期数据，请重新选择后下载

收藏网址：d.alibaba.com，让数据帮您生意参谋！点此进入>>

关键词：羽绒服短款女

统计日期	关键词	全网搜索热	搜索热度变化	全网搜索人	搜索人气变化	商城点击占比	全网点击率	全网商品数
2018-01-02 ~ 2018-01-08	羽绒服	8446530	5.66%	1456015	-194.85%	45.48%	190.20%	5499063
2018-01-02 ~ 2018-01-08	新款羽绒服女	1203024	3.56%	156098	-167.39%	45.48%	156.59%	1803653
2018-01-02 ~ 2018-01-08	黑色羽绒服女	1209320	6.71%	152116	-130.43%	26.11%	163.53%	1400469
2018-01-02 ~ 2018-01-08	白色羽绒服	709348	-4.12%	115339	-51.93%	29.85%	162.43%	376864
2018-01-02 ~ 2018-01-08	大毛领羽绒服女	1055433	8.01%	113320	-119.48%	27.44%	195.81%	425460
2018-01-02 ~ 2018-01-08	红色羽绒服女	957421	4.45%	111151	-139.22%	27.15%	157.65%	475515
2018-01-02 ~ 2018-01-08	大毛领羽绒服	950540	1.97%	110215	-189.12%	25.50%	189.79%	514495
2018-01-02 ~ 2018-01-08	女羽绒服	877639	2.32%	106252	-184.71%	46.52%	157.71%	3174268
2018-01-02 ~ 2018-01-08	长款羽绒服	652631	5.92%	100046	-156.02%	43.63%	166.24%	2801663
2018-01-02 ~ 2018-01-08	修身羽绒服女	791669	4.07%	98574	-154.85%	44.99%	177.73%	1165069
2018-01-02 ~ 2018-01-08	奢华羽绒服女	523377	3.09%	89756	-628.35%	29.54%	127.87%	21395
2018-01-02 ~ 2018-01-08	小个子羽绒服女	519615	1.97%	79405	-357.18%	28.85%	144.00%	24413
2018-01-02 ~ 2018-01-08	丝绒羽绒服女	628451	3.23%	77905	-162.87%	34.94%	175.19%	23150
2018-01-02 ~ 2018-01-08	粉色羽绒服	546890	3.41%	77708	-187.90%	25.50%	156.59%	40774
2018-01-02 ~ 2018-01-08	收腰羽绒服女	655247	3.89%	74669	-142.97%	29.36%	183.30%	98880
2018-01-02 ~ 2018-01-08	短款羽绒服	303291	1.37%	61300	27.24%	40.52%	148.87%	1095887

无线端　pc端

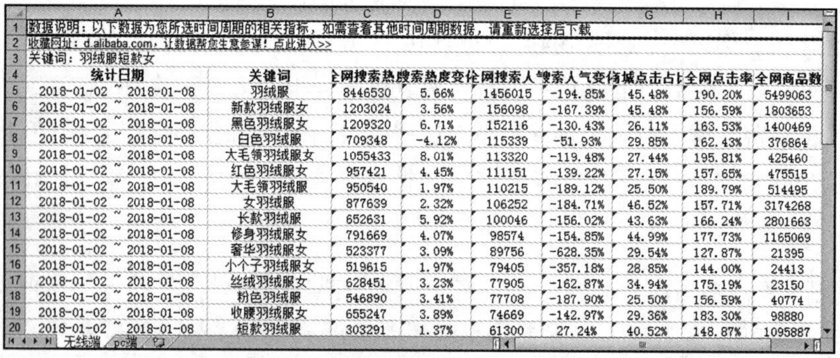

图9-10　查看下载的数据

9.2.2 查找淘宝中的关键词

除了通过生意参谋查找并下载关键词外，还可通过淘宝网的其他途径来查找关键词，如类目查找、淘宝搜索框下拉关键词查找、在淘宝搜索结果页中查找、通过淘宝系统推荐关键词查找、通过淘宝网排行榜查找等，下面分别进行介绍。

- **类目查找：** 为了方便买家查找所需商品，淘宝列举了非常详细的类目列表。在该类目列表中，有些词语是主要关键词，有些词语则是当前热销词语，或搜索量比较大的词语。进入淘宝网首页后，将鼠标指针移动到左侧类目上，即可查看该类目中当前的相应关键词，如图9-11所示。
- **淘宝搜索框下拉关键词查找：** 在首页的搜索文本框中输入主要关键词后，在打开的下拉列表中将显示系统根据客户搜索频率推荐的关键词，这些关键词的搜索频率较高，是商品标题必备的关键词，如图9-12所示。

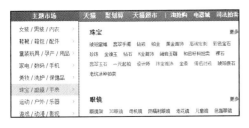 

图9-11　类目查找　　　　　图9-12　淘宝搜索框下拉关键词查找

- **在淘宝搜索结果页中查找：** 在淘宝搜索结果页面中，卖家也可以关注一下品牌词和属性词。以"双肩包"为例，在淘宝首页搜索双肩包后，在打开的搜索页上方的品牌、风格、材质、功能等栏中即可显示与搜索关键词相关的品牌词和属性词，如图9-13所示。
- **通过淘宝系统推荐关键词查找：** 在淘宝搜索页面中还会出现"您是不是想找："栏，该栏罗列了系统推荐的一系列关键词，这些关键词反映了市场风向，卖家如果把握并利用好这些关键词可以达到事半功倍的效果。

图9-13　在淘宝搜索结果页中查找关键词

217

- **通过淘宝网排行榜查找**：在淘宝网排行榜中可以获得搜索热度最高、搜索量上升最快的关键词数据。其方法为：在淘宝首页搜索框下方单击"更多"超链接，打开"淘宝网排行榜"页面，在其中选择需要查看的榜单，图9-14所示为淘宝一周关注人气排行榜。单击榜单下方的"完整榜单"超链接可查看更详细的信息。

图9-14　通过淘宝网排行榜查找

9.2.3　排除无效关键词

合理组合关键词可以组成宝贝标题，为了避免与他人宝贝标题重复，同时还应该对重复、违规、不相关等无效关键词进行排除。

1．删除重复关键词

当通过各种手段提取出行业关键词词库以后，首先必须删除重复的关键词。重复关键词对宝贝标题的质量有着非常重要的影响，也影响其他有效关键词的输入。为了防止关键词词库中出现重复关键词，可使用Excel的"删除重复项"功能对重复数据进行删除。

2．删除违规词

如图9-15所示，在淘宝店铺首页和某商品的详情页中，有时会看到"最××""第一××""首个××"等词语，这些词语的用法正确吗？

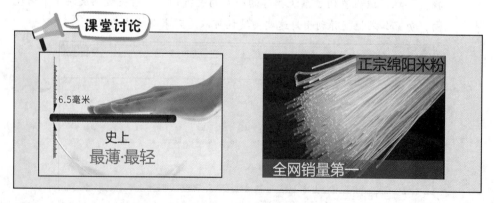

图9-15　店铺首页和详情页中词语的用法

2016年9月1日正式实施的《广告法》对禁用词进行了规定，极限用语不得出现在商品列表页、商品的标题、副标题、主图、详情页，以及商品包装等位置。

🎓 专家指导

> 极限用语包括与"最""第一""级/极""首/家/国"及与品牌、与虚假、与欺诈有关、与时间等有关的词语，如国家级、世界级、最高级、最佳、最低价、第一、首个、顶级、最新、第一品牌、全球首发、全网首发、世界领先、销量冠军、领袖品牌、独一无二、史无前例、万能等。

此外，淘宝网也对与宝贝无关的热词、品牌比较词、违禁词等进行了限制。

- **与宝贝无关的热词**：无关热词是指搜索量很大但与当前宝贝没有直接关系的词语，如当前宝贝是雪纺连衣裙，但标题中加入了"真丝连衣裙"热搜词。宝贝标题与宝贝不匹配，这属于违规行为。它不仅无法为宝贝带来流量，还可能导致宝贝下架降权。
- **品牌比较词**：宝贝标题中不能出现与其他品牌相比较的词语，如"媲美香奈儿的香水"。
- **违禁词**：涉及不良渠道的关键词，以及未参加相关活动但标题中出现相关营销内容的词语，都属于违禁词。

🎓 专家指导

> 《广告法》还规定不能为不具备某功能的商品描述该项功能，如商品批准文号为国妆备进字，并非特妆准字，不属于特殊化妆品，但却在商品描述页面宣传其具备特殊化妆品功效，就属于虚假宣传，违反广告法。其中育发、染发、烫发、脱毛、美乳、健美、除臭、祛斑、防晒、美白都属于特殊用途化妆品功能词。或是将普通食品描述为具备养肝护胃、提升免疫力、化痰止咳、促进××、改善××等功能，也同属于该情况。

9.2.4 关键词有效性分析

收集到关键词后，除了排除无效关键词外，还需要对剩余的关键词进行分析，以便于筛选出更为有效的关键词。分析关键词的重要数据包括关键词人群、关键词转化率、关键词点击率、全网商品数等，下面分别对这些数据进行具体介绍。

1. 关键词人群分析

关键词人群分析是指对适合店铺的买家人群进行分析，通过分析判定关键词词库中部分关键词的优劣。关键词人群分析主要包括人群筛选和人群定位两部分。

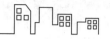
（1）人群筛选

人群筛选即市场定位，根据整个宝贝的市场行情判断自己店铺的宝贝的价格层次、目标人群的类型等。对于不符合当前宝贝层次和类型的关键词进行排除。

（2）人群定位

你和朋友、父母、同事的购物习惯一样吗？和同事有没有相同的地方？和父母的购物习惯有哪些区别？

人群定位是指对目标人群的年龄、性别、消费层次、职业、爱好、地区等数据进行分析。不同职业、不同性别、不同地区、不同消费层次的用户，通常购物习惯也会有一定差异，如果卖家可以针对目标人群筛选出合适的关键词，将会对搜索优化、展示量、点击率、转化率等数据十分有利。如分析"气质长裙"关键词，通过数据分析工具分析出该关键词的搜索热度，分析喜欢搜索该词的买家地域分布情况、年龄分布情况、消费等级和爱好等。

当确定了目标消费人群的特点之后，就可以针对该类消费者的搜索习惯和要求优化标题中的关键词内容，同时根据其消费层级有目的地选择宝贝，优化价格。

2．关键词转化率分析

关键词转化率分析是指通过分析转化率筛选掉转化率低的关键词。如果宝贝获得了一定的展示率，但却没有获得足够的转化率，淘宝会降低该宝贝的排名。一般来说，关键词的转化率低于0.003时，表示该关键词的有效性较低，应淘汰该关键词。

3．关键词点击率分析

关键词点击率分析可以从全网点击率的角度进行分析，全网点击率越高的关键词，表示其定位越精准，通常搜索这类关键词的买家，都需要符合该关键词的宝贝。如果全网点击率比较低，说明淘宝搜索结果显示了很多宝贝，但被买家点击的宝贝却较少。原则上，选择全网点击率更高的关键词。

4．全网商品数分析

全网商品数一般是指搜索某关键词得到的结果宝贝数的最大值。与该关键词有关的全网商品数越多，竞争越激烈，对店铺的排名要求越高。图9-16所示为使用生意参谋中的助手工具帮助卖家分析和选择"长裙"类热搜词的全网商品数。

专家指导

卖家可以试着查找搜索热度比较低，但是点击率较高，全网商品数较少的关键词，这样的词语面临的竞争比较小，且目标买家定位更准确。此外，还可以发掘一些长尾关键词。原则上，低销量多用长尾词，中销量多用中频词，高销量则用竞争热门词。

搜索词	全网搜索热度 ⇅	全网搜索热度变化 ⇅	全网商品数 ⇅	全网点击率 ⇅	全网商品数 ⇅	操作
气质长裙	55	↑37.50%	424,293	358.18%	424,293	☆ 收藏
学生长裙	42	↓31.15%	190,834	238.10%	190,834	☆ 收藏

图9-16　全网商品数分析

9.2.5　利用关键词确定宝贝标题

分析关键词数据后，即可在关键词数据的基础上选择合适的关键词，将其组合成商品的标题。

1．宝贝标题中包含的关键词种类

宝贝标题一般由多个关键词组合而成，如核心关键词、属性词、品牌词、促销词、功能词等，下面分别进行介绍。

- **核心关键词**：核心关键词即顶级关键词，是对商品本质的描述，如"连衣裙""笔记本"即属于核心关键词。
- **属性词**：描述商品的词语，如形状、尺码、材质、大小、颜色等。
- **品牌词**：即商品的品牌，如李宁、迪奥等。
- **促销词**：即对商品进行促销的词语，如买一赠一、包邮等。
- **功能词**：描述商品功能的词语，如保暖、防滑、防水、便捷等。

2．确定主要关键词

淘宝的宝贝标题不能超过30个汉字，卖家必须在30个汉字内对宝贝进行描述，这就意味着标题中的每一个关键词都必须有效，才能实现标题的最优化。主要关键词一般是宝贝标题中的主要引流词，原则上是选择搜索量比较大、热度比较高的关键词。淘宝卖家主要可以通过生意参谋、直通车、淘宝热销榜和排行榜等来确认关键词的热度。通过对关键词的搜索人气、搜索指数、搜索占比、点击指数、转化率等数据进行分析，选择具有优势的关键词。

3．组合关键词

在组合关键词前，可以先对当前宝贝不同类型的关键词进行排序和选择。如搜索关于宝贝属性、特征、功能、材质的关键词，筛选排序靠前或搜索量大的词语，去除重复的关键词，然后对筛选出的词语进行组合。在通常情况下，宝贝标题中关键词的种类越多，被搜索到的概率越大。下面以"雪地靴"的标题组合为例讲解组合关键词的思路。

（1）首先，确定核心关键词，如"雪地靴"。

（2）分析雪地靴的品牌、属性、材质、功能等。在分析这些关键词时，可以查看雪地靴搜索结果页上方的属性栏，或通过发布商品页面的属性设置选项来确定商品的属性，如该商品的属性为"圆头、平跟、两层牛皮、加绒加厚、短靴、软底"等，功能为"保暖、防滑"等。

（3）确定商品的品牌，如"达芙妮"等。

（4）根据用户的搜索习惯加入一些比较有人气的长尾词，如"休闲""舒适"等。

（5）最后再对关键词进行组合，形成宝贝标题，如"达芙妮2018年新款加绒雪地靴防滑软底平跟短靴女舒适保暖"。

为了使宝贝标题更符合用户的搜索习惯，增加宝贝被搜索到的概率，在组合宝贝标题的关键词时，可以遵循以下3大规则。

- **排序先后**：淘宝宝贝关键词的组合排序不分先后顺序，所以不需刻意调整关键词组的顺序。如在淘宝搜索页输入"加绒雪地靴"和"雪地靴加绒"，搜索结果一样。

- **排序紧凑**：关键词排序紧凑即关键词的紧密性。用户搜索的关键词与宝贝标题中某个关键词越接近，其排序将越靠前。如用户搜索"加绒雪地靴"时，"加绒雪地靴"将优先于"加绒短筒雪地靴"显示。

- **节省字符**：淘宝宝贝标题可以输入60个字符，卖家在设计宝贝标题时不要使用重复词语，要尽可能加入商品特性、商品功能等词语，这样不仅避免了字符浪费，还有利于锁定更多的目标客户群。

9.2.6　任务实训及考核

根据介绍的相关知识，完成表9-3所示的实训任务。

表9-3　实训任务

序号	任务描述	任务要求
1	查找店铺所经营类目的关键词	选择生意参谋、淘宝搜索下拉列表框或淘宝网排行榜等获取关键词，注意选择较长的周期
2	将收集的关键词整理到Excel中，筛选重复的关键词和无用的关键词	在Excel中删除重复关键词，查看关键词内容，并去掉不符合规则的关键词

续表

序号	任务描述	任务要求
3	筛选关键词并组合标题	定位关键词的有效范围，并通过点击率和全网商品数等数据确定最终关键词，然后将关键词组合为标题

填写表9-4的内容并上交，考查对本节知识的掌握程度。

表9-4　任务考核

	考核内容	分值（100分）	说明
1	关键词有哪些种类？		
2	如何获取并筛选关键词？		
3	怎么进行关键词的组合形成标题？		

9.3　宝贝主图优化

一般来说，网店宝贝推广优化主要包括3个方面的内容。第一是淘宝SEO优化，目的是让消费者看到宝贝。第二是宝贝主图优化，目的是让消费者点击查看商品。第三是宝贝详情页优化，目的是让消费者购买宝贝。在这3个重要优化内容中，主图优化是宝贝视觉营销的第一步，如果主图能够形成视觉冲击，吸引买家，就可以为宝贝带来点击量，为后面的成交打下基础。

课堂讨论

针对下列问题展开讨论：
（1）主图的哪些亮点会吸引买家进行点击？
（2）怎样通过文案与卖点的展示来突出产品优势？

淘宝网在展示商品时，通常是以商品主图加商品标题的形式进行展示的。宝贝在通过淘宝SEO优化获得展示机会后，其展示量能不能转变为点击率，很大程度取决于商品主图的质量。而为了优化宝贝主图，吸引买家点击，可以采用一些优化技巧，让展示的效果更佳符合买家的口味。

9.3.1　环境引导

环境引导是指通过将商品放置到实际使用环境中的方式来展示商品，通过为商品营造一种特殊的场景使买家产生代入感，提高买家的购物欲望，提高点击率。图9-17所示的两张主图，同样是沙滩长裙，第一张主图采用挂拍的方式进行展示，虽然看起来很整洁、唯美，但与第二张主图中的海滩场景相比，画面没有给人很好的代入感；而第二张主图通过沙滩、大海、蓝天等元素构建了一个引人入胜的环境，让顾客身临其境，放大了顾客购买该商品的欲望，比第一张主图具有更高的点击率。

　　环境的差异化也是影响买家点击主图的因素之一。对于目前的电商市场来说，大多数的宝贝主图都具有一定的相似性，如能快速从相同类型的主图中脱颖而出，引起买家对主图的兴趣，这样的宝贝主图就更具优势。一般来说，可以通过以下几种方法来营造差异化的环境。

　　（1）通过主图中的产品大小、摆放和数量来区别于其他的同类主图。图9-18所示的两张主图都是同类型的碟子，且都采用常见的盛放食物场景来进行环境引导，但第二张主图通过有序的摆放，使画面更加整洁，更容易引起消费者的点击。

　　（2）通过模特的姿势、穿着、表情、动作等来区别于其他的同类主图。如图9-19所示的同类型女士短靴，因为模特穿着靴子的姿势不同，靴子展示的效果也产生了差异。

　　（3）通过主图背景颜色、风格来区别于其他的同类主图。如图9-20所示的两张马克杯主图，第一张图片的背景效果就比第二张更好，看起来更加清爽。

图9-17　环境引导　　　　　　　图9-18　产品摆放差异化

图9-19　模特差异化　　　　　　图9-20　背景差异化

9.3.2　卖点优化

　　卖点是指商品具有的别出心裁、与众不同的特点。对于部分实用商品，特别是功能性商品而言，要想最大化引入流量，只凭借美观的图片是不够的，还需要展示足够的功能卖点来激发买家的购买欲望。卖点一般通过宝贝详情页进行展示，当然为了在消费者看第一眼时抓住消费者，也可挑选比较具有代表性的卖点展示在主图中。由于主图图片大小有限，所以卖点展示必须简练明确，这就需要卖家深入分析目标消费人群的特点，挖掘他们真正的需求。一般来说，商品性能、特点、价格、质量、促销信息、细节等都是买家想要了解的信息，都可作为卖点展示在主图中，例如通过商品使用图、细节图进行展示，或通过产品的配套装饰或配件或赠品展示，也可搭配文案展示。图9-21中的耳机文案"可洗澡"和将耳机置于流水中的场景就表现了该产品深度防水的卖点。

9.3.3　文案优化

商品的主图效果关系到品牌形象与品牌定位，不能使用"牛皮癣广告"式的文案。另外，主图与产品的搜索权重也息息相关，不能频繁更换，所以文案设计最好一步到位。一般来说，主图文案内容都比较简洁，要求能够直击要点。同时，在排版、字体搭配、颜色搭配上也有一定要求。

- **文案排版**：文案有左右排版、中心对称排版、中心围绕、上下排版等排版方式，具体采用哪种方式要根据图片的实际效果而定。如较规则的、整体呈竖式长方形的产品，可以采用中心对称和左右排版方式，不规则的产品则可以采用上下排版和中心围绕的排版方式，如图9-22所示。

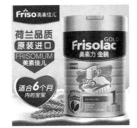

图9-21　卖点展示　　　　　　图9-22　文案排版

- **文案颜色**：文案颜色一般可尽量根据产品颜色来定位，可选择同色系或者补色系，保持整个主图效果的和谐统一。
- **图文比例**：为了使主图效果重点突出，在搜索页面中更具优势，一般产品比例保持在整个画面的2/3以上，文案内容不建议超过1/2。

9.3.4　为商品添加特殊效果

为了体现宝贝的真实性，很多商品一般都会选择实拍图作为主图。但对于很多

想要展示功能性的商品而言，还可以添加一些特殊效果，以便更清晰地展现宝贝的特点。如为了体现洗面奶深层清洁和补水的特性，可以添加一些水珠效果；为了表达食物现做或鲜香的特性，可以添加"烟"的效果；为了体现衣服加绒加厚的特点，可以添加"火"的效果，如图9-23所示。

图9-23　为商品添加特殊效果

9.3.5　任务实训及考核

根据介绍的相关知识，完成表9-5所示的实训任务。

表9-5　实训任务

序号	任务描述	任务要求
1	为经营的商品重新进行场景优化	可从商品摆放、模特穿戴等方面来营造差异化的环境
2	进行商品主图文案优化	要求从文案和卖点等方面进行优化

填写表9-6的内容并上交，考查对本节知识的掌握程度。

表9-6　任务考核

序号	考核内容	分值（100分）	说明
1	文案优化包含哪些方面的内容？		
2	怎样提取商品的卖点并使其体现在主图中？		

 9.4 宝贝详情页优化

当买家通过各种渠道进入店铺查看商品时，主要是通过宝贝详情页了解商品的基本信息的。宝贝详情页的好坏，直接影响买家的购买行为和商品的销量。因此，要对宝贝详情页进行优化，进一步引导买家一步步深入关注商品。宝贝详情页优化主要包括页面布局、加载速度、关联营销、添加品牌介绍等多个方面。

课堂讨论

针对下列问题展开讨论：
（1）打开宝贝详情页的速度会影响你对商品的好感吗？
（2）对于宝贝详情页中推荐的其他商品你有点击的欲望吗？

制作详情页通常是按照"诱发消费者兴趣→产品卖点展示→产品品质展示→打消消费者顾虑→营造紧迫感"的流程进行规划的。但在制作过程中，卖家可能由于其他方面的原因而导致详情页的转化效果不佳，此时就需要对详情页进行优化。本节将对详情页优化的相关知识进行介绍，帮助网店运营者提高店铺销量。

9.4.1 详情页布局优化

详情页的布局效果直接决定了买家对商品的视觉感受，好的详情页布局可以引导买家深入查看详情页信息并做出购物行为。进行详情页优化要从详情页的整体布局、图片布局和文案布局等方面着手。

- **整体布局**：详情页的整体布局应该遵循统一整洁的原则，即颜色统一、风格统一，版面整洁规范。同时，在内容安排上应具备一定的逻辑性，如在挖掘商品痛点时，应先列出买家关注的痛点，再提出解决方案，引导买家进行阅读。
- **图片布局**：宝贝详情页一般以图片为主，因此需要突出图片的表达效果。在布置图片时，尽量做到同等级的图片大小统一，颜色和谐。
- **文案搭配**：虽然图片是淘宝宝贝详情页的主体，但文案也是其中必不可少的因素。将文案中的设计元素与目标人群的喜好、详情页风格等相结合，不仅可以使文案起到描述说明商品的作用，还可以使图片更加生动充实，为商品增色。宝贝详情页的文案内容一般较少，且为了保持图片美观，文案不能覆盖图片本身。为了让文案排版更好看，还需对文字大小、字体搭配、颜色搭配进行优化和处理。

9.4.2 详情页加载速度优化

详情页的加载速度是买家网购体验中很重要的一个因素，如果宝贝详情页图片过多、容量过大，或者详情页内容的屏数过多，会延长用户加载网页的时间；加载时间太长，就非常容易增加用户的跳失率。一般来说，服装类目的详情页屏数都较

多，建议详情页内容多的类目在制作好详情页图片后，先对其大小进行调整，再上传到淘宝店铺中。这样做的目的是在加载每一张图片时，不需要花费太长的时间，图片依次加载，不影响买家查看。

9.4.3 关联营销优化

宝贝详情页中的关联营销实际是一种店内促销手段，其常见形式包括商品搭配套餐、商品搭配推荐、促销活动、商品推荐等。在详情页中添加适当的关联营销，不仅可以激发买家的潜在需求，提高客单价，还可以起到引导买家查看相关商品的作用。如果买家在看完了详情页的所有内容后，依然没有产生购物行为，则表示商品的某个或某些方面无法满足买家的需求，但商品或店铺本身又对买家具有吸引力，因此可以通过关联营销的形式为买家推荐其他相似商品。在设置关联营销时，建议推荐评价和性价比都较好的商品，或与该商品类似的商品，商品推荐在精不在多。关联营销的位置一般可以放在详情页开头，也可放在商品信息之后、售后信息之前。在设置关联营销时，注意设置商品的跳转链接，方便买家在查看关联商品的同时快速了解商品的属性、特点、价格等内容。

9.4.4 添加品牌介绍

如果商品有良好的品牌文化，或者具有一定的品牌知名度，也可以在详情页中添加品牌的相关信息。品牌介绍不仅可以增加商品可信度，传递商品价值，还可以增加商品曝光度，让更多人了解和记住品牌。但品牌信息不宜过多，否则容易引起买家的阅读疲劳和视觉疲劳。一般选择优质的商品图片，搭配可以体现品牌风格和特色的简单文案即可。品牌介绍一般做成图文结合的形式，必须保证视觉效果。

9.4.5 任务实训及考核

根据介绍的相关知识，完成表9-7所示的实训任务。

表9-7 实训任务

序号	任务描述	任务要求
1	查看详情页布局并对其进行优化	要求从整体布局、图片布局和文案搭配等方面进行优化
2	在详情页中添加品牌文化	撰写品牌文化并制作成图片上传到详情页中

填写表9-8的内容并上交，考查对本节知识的掌握程度。

表9-8　任务考核

序号	考核内容	分值（100分）	说明
1	详情页布局优化包括哪些内容？		
2	关联营销有什么作用？怎样进行关联营销优化？		

拓展延伸

店铺优化是网店经营过程中必不可少的过程，下面将对店铺优化中的常见问题进行分析，帮助读者解决店铺优化的疑难问题。

一、淘宝SEO与SEO有什么区别？

SEO是Search Engine Optimization的缩写，即"搜索引擎优化"，指通过站内优化和站外优化等方式对网站进行优化，从而提高网站的关键词排名和网站整体排名，继而达到提高网站产品曝光度并促成交易的目的。目前较为常用的搜索引擎有百度搜索引擎、谷歌搜索引擎、雅虎搜索引擎、必应搜索引擎等。

淘宝SEO是SEO的分支之一，其概念与SEO的概念十分类似。淘宝搜索引擎优化即通过各种优化技术和手段，获取更多淘宝站内的自然流量，提高店铺或商品的展示率，达到提高销售量的目的。淘宝SEO包含的内容较多，综合排名SEO、移动端淘宝SEO、人气排名SEO等都属于淘宝SEO的范畴，其中综合排名SEO是淘宝SEO优化的重点。

二、新手卖家可以采用哪些宝贝标题优化策略？

在淘宝网搜索宝贝时，通常显示100页搜索结果，每一页大约有40多个商品。买家在查看搜索结果时，一般只会查看前10页的宝贝。也就是说，显示在10页以后的宝贝的展示量将非常少。小卖家要让自己的宝贝排名靠前，首先就应进行宝贝标题优化。我们知道，淘宝热词的搜索量都非常大，但竞争也异常激烈，小卖家在面对这些热词时几乎没有竞争力，甚至在竞争一些热度中等的词语时，也无法获得优势。此时，小卖家或新手卖家就需要另辟蹊径，在冷词中寻找机会。冷词并不是没有搜索量的词，而是搜索量非常低的词语，这些词通常不会被大卖家采用，竞争度低，是小卖家前期积累客户和人气的关键。

三、不同类目的宝贝详情页有什么优化技巧？

要做好宝贝详情页优化，需要在了解该商品的目标客户群需求的前提下进行优化，下面介绍一些主要行业的宝贝详情页优化技巧。

• **服装行业：** 服装行业的宝贝详情页要求较好的视觉效果，即要有全方位、多角度的商品展示图，通常为模特展示图。另外还可放置一些细节图、款式和颜色图。

- **美妆行业：**美妆行业的目标客户通常比较关注商品的使用效果、包装、真伪、生产批号、功效等，因此美妆行业商品一般需要通过图片搭配文案的方式进行展示。此外，还可搭配商品全方位展示图、对比图等、商标图、认证证书和质检报告、使用效果对比、商品尺寸、实体店图片等，增加买家的信任感。

- **家居行业：**家居行业的买家通常比较关注商品的实拍效果和搭配效果，因此商品实拍图、做工和材质细节图、多方位展示图、商品搭配图、款式图都是比较受卖家欢迎的信息。可提供一些不同风格的搭配和摆放方案，展示商品在实际使用环境中的不同效果；也可放置一些认证证书和质检报告、商品尺寸、对比图、实体店图等，让数据体现得更加完整。

- **数码行业：**数码产品的详情页展示可以放置商品的全方位多角度展示图、实拍图和细节图等，然后搭配文案对商品功能、参数等进行介绍。此外，还可以放置一些尺寸图、配件图、材质图等让内容更加丰富。

📈 实战与提升

通过本章知识的学习，对下列问题展开讨论与练习，在巩固所学知识的同时，拓展视野，进一步提高自己的能力。

（1）小卖家与大卖家竞争"红海"关键词没有优势，此时，有搜索且竞争力度不大的"蓝海"关键词就成为小卖家更加关注的词语。那么，应该怎么来判断并选择这类关键词呢？

提示："蓝海"关键词一般都是长尾词，具有很高的精确度。如果关键词与买家的购物预期不同，即便买家搜索到商品后也不会形成转化。应从关键词的竞争度、搜索指数、匹配度等角度进行考虑。

（2）宝贝标题都是由关键词组合而成的，这些关键词的组合有什么规律？不同的组合方式会不会对搜索结果产生影响？

提示：分析组成标题的各关键词属于什么类型的词语，其组合方式是怎样的，更换顺序或修改为其他的关键词，是否效果会更好。通过分析，找出最佳的组合方式，并进行验证。

（3）某饰品店准备主推一款具有民族特色的饰品，如何对该宝贝主图和详情页进行优化？从哪些方面进行优化？

提示：主图和详情页都是以图为主，以文为辅的。要保证图片清晰、真实，选择多角度的图片，并搭配文字进行描述。注意文字应尽量简洁精练，不能繁杂，否则不仅影响图片的美感度，还会造成买家的视觉疲劳，难以促成交易。

第10章 移动电商，全方位覆盖人群

学习目标

在无线通信技术的带动下，传统的以桌面互联网为主的有线电子商务逐渐发展成移动电子商务。由于手机等移动终端设备体积小，便于携带，消费者不再受时间、地点的限制，移动电商的消费逐渐呈现出移动化、碎片化、个性化和多元化的特点。针对这些新的特点。移动电商必须不断创造新的营销模式来获取利润。

学习导图

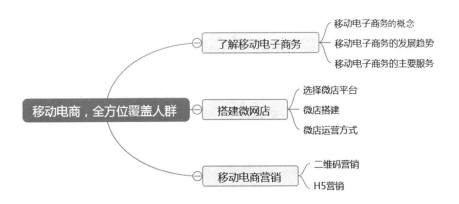

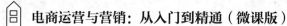
 案例导入

　　近年来，移动电子商务保持着高速发展的态势。据艾瑞咨询统计，2015年，我国移动端购物规模达2.1万亿元，同比增长123.8%，占网购规模比重55.5%。2016年，我国移动网购占整体网络购物交易规模比重的68.2%，比2015年增长22.8个百分点。2017年天猫平台"双十一"购物狂欢节实现总成交额1682亿元，同比增长39.35%，移动端成交占比90%。这说明近年来，移动终端已超过PC端成为网购市场主要的消费平台。并且，各大电商平台、品牌商陆续加大对移动端市场的投入，通过移动端进行消费的用户不断增长，未来移动电子商务市场仍将保持较快的增长速度。

　　移动电子商务环境下，消费者的习惯和需求逐渐发生变化，用户希望能够随时随地精准地享受到各项个性化的服务，这就需要更加精准的营销定位，更加完善的移动营销手段。除了通过微博、微信等渠道进行营销外，移动电商也发展出了针对性较强的营销手段，如二维码营销、H5营销等。各大电商企业要加强对移动端的重视，并掌握相应的营销方法。

【思考】

（1）什么移动电子商务？它可以提供哪些服务？

（2）移动电商怎样开店？怎样进行运营？

（3）二维码营销、H5营销的具体营销方法是怎样的？

10.1 了解移动电子商务

　　随着生活节奏的加快与移动互联网的普及，移动电商快速发展并成为主流的电商经营模式，为各大电商企业带来了新的商机。由于移动设备与计算机设备的不同特点，电商运营人员不能仍旧采用以往的营销策略来进行运营，这就要求我们必须熟悉移动电子商务并掌握其发展趋势。

 课堂讨论

针对下列问题展开讨论：

（1）为什么要进行数据分析？

（2）数据分析有哪些方法？

移动电子商务环境下，人们的生活习惯、上网习惯、娱乐习惯等都发生了巨大变化，了解并熟悉移动电子商务的相关知识，可以帮助电商运营人员掌握移动消费群体的需求，制订更合理的营销策略。

10.1.1 移动电子商务的概念

移动电子商务就是使用手机、PDA及平板电脑等无线终端进行的电子商务活动，它完美地结合了互联网技术、移动通信技术和其他信息处理技术，使人们能够随时随地开展各种活动，如移动购物、移动支付和移动办公等。

移动电子商务
的分类

移动电子商务是在电子商务的基础上延伸出来的，是对有线电子商务的整合与发展。与传统的基于PC端的电子商务相比，移动电子商务主要使用移动终端进行商务活动，其特点主要有以下5点。

- 移动电子商务由于采用移动终端进行商务活动，不受时间、地点等因素的影响，可以随时随地进行电子商务活动。
- 第42次《中国互联网络发展状况统计报告》显示，截至2018年6月，中国网民规模达8.02亿，手机网民规模达7.88亿，占比达98.3%。台式计算机、笔记本电脑等设备的使用率均出现下降，手机成为使用率最高的个人上网设备。由此可见，基于手机等移动终端设备的用户规模巨大，其消费能力已经超过了传统有线电子商务。
- 移动终端具有比PC端更高的连通性与定位性，能够更好地发挥电子商务的个性化特征，为用户提供更多定制化服务，以满足不同用户的需求。
- 移动电子商务灵活、便利的特点，使得它拥有更广泛的用户基础和应用领域。
- 移动电子商务基于互联网的诸多技术，可以保证交易的便捷；但又由于网络的开放性，移动电子商务交易也具有一定的安全隐患。

10.1.2 移动电子商务的发展趋势

随着移动设备的快速普及与发展，电子商务的终端由计算机设备逐渐向移动设备转移，越来越多的消费者趋向于使用移动设备进行电子商务活动，如移动购物、移动支付等。同时，各种移动应用App层出不穷，如支付宝、微信、手机淘宝等移动App，为消费者提供了更加便捷的服务方式，使消费者的需求得到了更大程度的满足。

移动电子商务的快速发展，使传统的营销方式也发生了变化，内容化、粉丝化

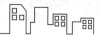

和场景化成为新的吸引消费者的营销方式，其中以微博、微信、直播等移动社交平台为依托，通过自媒体平台进行分享式传播来激发消费者的购买需求，以粉丝经济模式为主的营销方式已经逐步发展成为目前的主流方式。同时，线上购物和线下消费体验的双向需求推动了线上和线下的融合，传统企业也可以借此融入电商潮流。

移动电子商务时代，消费者的需求和网购发展环境都在快速发生变化，未来，智能商店、社交媒体平台购物车、本地化电子商务服务，这些更加符合消费者随时随地需求的电子商务将成为移动电子商务的主要发展趋势。

10.1.3　移动电子商务的主要服务

移动电子商务现已渗入人们工作与生活的方方面面，所涉及的领域非常广泛。下面主要从移动娱乐、移动办公、移动购物、移动金融、无线医疗和移动营销等方面进行介绍。

1. 移动娱乐

移动电子商务环境不再受空间和时间的限制，只需通过手机等移动终端设备即可接入，娱乐方式变得更加简单和方便。同时，娱乐的种类也更加丰富，如移动微信、移动QQ等以即时沟通为主的移动服务；移动微博、移动广播等以信息服务为主的移动服务；移动音乐、移动游戏和移动视频等以纯娱乐为主的移动服务。这些娱乐服务可以直接在网站或应用商店中下载或共享，并且能够为移动运营商、内容提供商和服务商带来附加的收入，是影响范围很广的移动电子商务应用服务。

2. 移动办公

移动办公是通过手机、平板电脑等移动终端设备中的移动信息化软件，将个人移动终端与企业的办公系统连接，将原本的公司内部局域网变为安全的广域网，摆脱传统办公时间和场所对工作的限制，实现随时随地移动办公的需求，如短信提醒服务、远程会议、信息浏览与查询、远程内部办公网络访问等。移动办公有效地解决了企业管理与沟通的问题，使企业整体运作更加协调。

3. 移动购物

随着移动电子商务的发展，传统电子商务商家纷纷进军移动市场，如淘宝、京东和当当网等大型电商平台开发的手机淘宝、手机京东和当当等购物App。用户下载并安装这些手机App后，即可直接在其中进行网上购物，如购买服装、鲜花预订和快餐订购等。除了传统的商品类购物外，车票、机票、电影票和入场券等票务购物也逐渐兴起并成为移动购物的一大主要业务。移动购物改变了用户传统的购物方式，为用户提供了更加方便和快捷的服务，手机淘宝、美团、闲鱼、蘑菇街和唯品会等都是常

主流手机购物App

见的移动购物平台。

4．移动金融

移动金融包含的内容较多，如移动银行、移动支付和移动股票等，用户可以随时随地通过移动终端设备进行金融业务活动，如账户余额查询、转账付款、话费充值、水电气缴纳、股市行情查询和股票交易等。用户还能获得实时财务信息并进行金融信息的查询和浏览，快速掌握金融市场动向。常见的移动金融应用有支付宝、中国建设银行、同花顺、中国工商银行和大智慧等。

5．无线医疗

医疗一直是备受人们关注的领域，随着医疗技术与无线技术的进步，无线医疗技术开始出现并逐步融入全球医疗系统。通过无线医疗系统，可以实现以下功能。

- 实现不同医疗机构之间的信息共享，加快疾病诊断和治疗方案出台的速度。
- 方便远程监控病患，确保医疗机构及时了解患者的情况。
- 更先进的技术和设备，能够帮助病患更好地进行治疗，降低由于医疗环境差带来的误诊率。

6．移动营销

电子商务向移动终端的转移带动了营销的移动化，通过移动营销可以更加快速、便利地进行信息传递和与消费者互动，能够帮助企业更快抢占移动互联网市场，促进消费市场的线上线下整合。移动营销具有受众目标群体明确、信息传递及时和互动性强等特点，是目前非常流行的营销方式，如微博营销、微信营销、App营销等。

10.1.4 任务实训及考核

根据介绍的相关知识，完成表10-1所示的实训任务。

表10-1 实训任务

序号	任务描述	任务要求
1	使用手机淘宝浏览购物信息	要求熟悉手机淘宝的界面，并比较其与PC端的区别
2	浏览12306票务网站，并订购火车票	要求熟悉移动票务的操作并了解移动支付

填写表10-2的内容并上交，考查对本节知识的掌握程度。

表10-2　任务考核

序号	考核内容	分值（100分）	说明
1	什么是移动电子商务？移动电子商务有什么特点？		
2	移动电子商务的应用领域有哪些？		

 10.2 搭建微网店

　　移动互联网与移动电子商务的快速发展改变了以计算机终端为主的有线电商市场，为商家提供了更多接触消费者的途径，如手机淘宝、微网站、微店等，这些平台都是为了满足消费者的各种需求而发展起来的，下面以微店为例讲解移动电商开店的相关知识。

 **课堂讨论**

针对下列问题展开讨论：
（1）微店平台有哪些？
（2）怎样开设微店？开设后怎么运营呢？

　　微店是专为移动端开店而开发的平台，任何用户都可以通过微店开设自己的移动店铺。微店是整合了移动端、计算机端、B2C和O2O等为一体的新商业模式，简化了用户开店的流程和营销模式，不仅能够满足企业移动端营销的需要，也为更多的个体用户提供了更为便捷的开店方式，是目前较为流行的移动电商的运营平台。本节将对微店的相关知识进行介绍，帮助读者掌握微店的运营方法。

10.2.1　选择微店平台

　　微店平台主要有两种模式，一类是B2C模式，如京东微店；另一类类似于C2C模式，如有赞、微盟等。其中C2C模式的用户较多。下面对常见的C2C模式下的几种微店进行介绍。

- **有赞：** 有赞原为口袋通，为商家提供了完整的微店解决方法，使商家可以快速创建微商城，并进行商品、订单的管理。有赞拥有自己的交易系统、会员系统和营销系统，商家可根据自身情况创建商城。图10-1所示为有赞界面。
- **微店（口袋购物旗下）：** 很多商店选择通过口袋购物旗下的微店进行手机开

店，该平台具有无门槛、零费用、一键分享吸引顾客、随时随地管理订单的优点。微店还有微店买家版，买家能找到附近优秀的卖家，畅享购物，如图10-2所示。

图10-1　有赞界面　　　　　　　　图10-2　微店（口袋购物旗下）

- **微信小店：**微信小店是基于微信公众平台打造的移动电商平台，具有添加商品、商品管理、订单管理、维权等功能。开通微信小店需要具备3个条件：一是微信账号必须为服务号；二是必须开通微信支付接口；三是服务号与微信支付都需要企业认证。登录微信公众平台，在服务中心选择"微信小店"选项即可打开微信小店界面，如图10-3所示。

- **微盟旺铺：**微盟旺铺是基于微信小店的第三方解决方案，主要为移动电商的运营提供相关服务。微盟旺铺不仅处理了商品上架难的问题，还增加了多款互动游戏，以提供良好的用户体验，提高购买率，如图10-4所示。

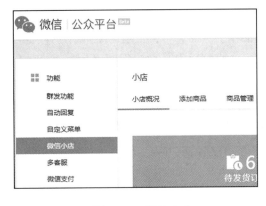

图10-3　微信小店　　　　　　　　图10-4　微盟旺铺

10.2.2　微店搭建

不同的微店平台，其开设方法有所区别，但总的来说，开设方法都较为简单，只需在对应的微店网站中按照提示进行操作即可，这里以微店（口袋购物旗下）为例进行介绍。其方法为：先通过手机下载"微店"App，然后打开微店登录页面，可注册新账号或直接使用微信账号登录，此时需要绑定手机号码，输入手机号码和验证码，单击 ▇▇ 确定 按钮，打开"创建店铺"页面，单击+按钮上传店铺图标，在下方的文本框中输入店铺名称，单击页面右上角的"完成"选项，完成店铺的创建操作，如图10-5所示。

图10-5　开设微店

店铺创建成功后将自动进入微店管理界面。

（1）点击"商品"选项，打开商品添加页面，可自主添加商品或选择货源进行添加。选择货源时可自主购买后上架，或直接以代理的方式进行售卖，如图10-6所示。

（2）点击"客户"选项，打开"客户管理"页面，系统将自动对客户总数、回头率和客单价等数据进行统计，同时店主还能在该页面中新建客户标签，对客户进行分类；也可创建会员，对重要客户进行管理，如图10-7所示。

（3）点击"订单和收入"选项，在打开的页面中可分别进行订单管理和资金管理，如图10-8所示。

（4）点击"经营分析"选项，打开"经营分析"页面，可对店铺数据进行全方位的分析，帮助店主更好地发现问题并解决问题，如图10-9所示。

（5）点击"消息"选项，打开聊天页面，可在该页面中与买家交流并查看历史交流信息。

（6）点击界面底部的"待办事项"选项，还可进行事项记录。

当然，所有的操作的前提是完成实名认证。

图10-6　发布商品

图10-7　客户管理　　　　图10-8　订单和收入　　　　图10-9　经营分析

10.2.3　微店运营方式

微店与淘宝网店一样都有一定的运营方式。首先，要确定售卖的商品类型，做好货源的选择。在微店中，不能售卖烟草、美瞳/隐形眼镜、仿真枪、军警用品、危险武器、易燃易爆、有毒化学物、毒品、色情低俗等产品，或其他违反国家行政法规且不适宜交易的产品。其次，要做好店铺的装修、商品的上下架与宝贝详情页的设计，要注意手机的屏幕较小，一屏不能展示太多的内容，因此尽量以图片的方式来说明信息，减少不必要的文字，保留核心卖点与必要的说明信息，方便买家浏览。

当然，做好这些工作并不意味着就可以坐等买家上门了，还必须采取一定的营销推广策略才能让买家看到你的微店，并对微店产生兴趣，进而产生访问流量与跳转转化，最终实现微店的盈利。那么，怎样来进行微店的营销推广呢？在微店首页点击"推广"选项，打开"推广"页面，该页面提供了各种推广工具，主要包括获得新客、营销工具、推广服务3类，如图10-10所示。

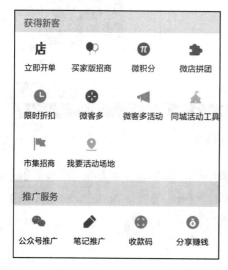
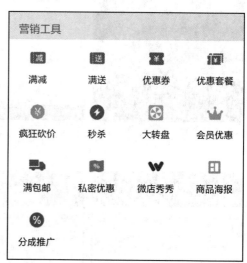

图10-10　微店推广

- **获得新客：** 它是指专为微店开发新客户而提供的一系列服务，以挖掘潜在的海量客户，获得更多精准定位的新客户。如微店拼团由多个小团组成，由商家设置参团的人数，需要客户下单后邀请剩余人数的好友一起参团才能成功参团购物。这种方式让客户主动成为商品推广的传播媒介，可以快速为店铺带来更多的新客户。
- **营销工具：** 它是指为微店营销商品而提供的一系列营销工具，如满减、满送、优惠券、优惠套餐、秒杀、满包邮、会员优惠等，与淘宝中的营销工具类似，商家可根据需要选择不同的工具进行营销，以吸引买家购买。

- **推广服务：** 推广服务包括公众号推广、笔记推广、收款码和分享赚钱4种形式。其中，公众号推广需要入驻微店公众平台，通过其提供的众多公众号投放资源来进行客户的引流、商品和店铺宣传。目前，微店公众号推广以图片推广为主，图片推广是指将自己的店铺/商品以图片的形式投放在公众文章内容的底部，它是一种图片广告形式。笔记推广则是将店主的笔记推广到公众号上，需要在微店管理页面中写下店长笔记，这些笔记可以分享给微信好友，以宣传店铺或商品。收款码是一种面对面支付的条形码。分享赚钱是通过社交软件分享内容来获得更多客流量。

 专家指导

> 除了微店内置的各种推广应用外，内容、微博、微信、直播等营销手段同样适用于移动电商，且由于移动端浏览时间碎片化的特点，更加注重推广内容的精准性。

10.2.4 任务实训及考核

根据介绍的相关知识，完成表10-3所示的实训任务。

表10-3 实训任务

序号	任务描述	任务要求
1	创建自己的微店	下载微店App并注册账号，添加店铺标志与名称
2	选择货源并添加商品	浏览货源市场并选择合适的商品进行发布

填写表10-4的内容并上交，考查对本节知识的掌握程度。

表10-4 任务考核

序号	考核内容	分值（100分）	说明
1	什么是微店？微店平台主要有哪些？		
2	微店的运营方式是怎样的？		

 ## 10.3 移动电商营销

微店只是移动电商的冰山一角，熟悉微店的操作并不代表着就完全掌握了移动

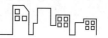
电商的运营。对于大多数企业来说，移动端还是一个营销推广的新方向，特别是在近年来移动端飞速发展的环境下，移动营销成为商家的必争之地。除了微博、微信、直播等朝移动端转移外，移动营销还发展出了更多的具有其自身特色的营销方式，掌握这些营销方式可以帮助运营人员更好地制订移动电商的运营策略。

课堂讨论

针对下列问题展开讨论：
（1）什么是二维码营销？二维码营销的方式是怎样的？
（2）什么是H5营销？怎样制作H5页面？

二维码营销和H5营销是目前移动营销的重要性方式，它们基于智能手机而兴起，现已成为移动营销的主要营销手段。本节将详细介绍这些营销方式的相关知识，帮助运营人员进行移动电商的战略调整。

10.3.1　二维码营销

二维码是将特定的几何图形按照一定的规律分布在二维方向上的黑白相间的图形。二维码图案指向的内容十分丰富，可以是产品资讯、促销活动、礼品赠送、在线预订、网址、文章等。它不仅为消费者提供了更加便利的服务，还给企业带来了更优质的营销途径。二维码营销，就是将企业的营销信息植入二维码中，通过对二维码图案进行传播，引导消费者扫描二维码，以推广企业的各种信息，刺激消费者产生购买行为。

二维码传播的途径非常广泛，可以直接在互联网中发布传播，也可以印刷到纸张、卡片上，通过传统线下途径进行传播，其中广场、社区、地铁、餐厅等公共生活场所是传播二维码的重要途径。当然，要想达到最佳的二维码营销效果，二维码的视觉设计、内容优化、制作与投放等都是必须掌握的。

1. 二维码的视觉设计

二维码默认情况下是黑白相间的图形，如图10-11所示。但其实二维码的外形是可以重新进行设计的，二维码的尺寸、颜色、类型，或中心的图片，都能够根据商家的需求自行进行设计。商家也可以结合自己的产品特色、品牌理念，添加一些能够展示自身特点的个性化元素，如某地产公司公众号的二维码就添加了建筑元素；某食品企业公众号的二维码以场景的形式来展现，如图10-12所示。

图10-11 黑白相间的二维码　　　　图10-12 个性化的二维码

2．二维码的内容优化

二维码可以存储的内容十分丰富，可以是文本、网址、名片、文件图片等，但由于二维码基于手机设备进行操作，因此要考虑手机屏幕的大小与用户操作的便捷性。一般来说，扫描二维码后的打开速度不能太慢，因此不能链接太大的文件内容；对于链接网址来说，尽量设置短链接，降低二维码的密度，避免二维码过密无法扫描。

另外，还要注意二维码的引导语，要求用语言简意赅，体现出营销的目的或以消费者能够获得的利益为主，以引起消费者扫描的兴趣，如图10-13所示。

图10-13 二维码内容优化

3．二维码的制作

完成二维码的视觉设计和内容优化后即可开始制作二维码。二维码的制作工具有很多，如草料二维码、联图网、视觉码等。现以草料二维码为例进行介绍，其具体操作如下。

STEP 01 ▷ 注册并登录草料二维码，进入活码管理系统界面，在左侧导航栏中选择需要制作的二维码类型，这里选择"网址码"选项，如图10-14所示。

STEP 02 ▷ 打开"网址码"页面，单击"页面跳转"选项中的 立即制作 按钮，如图10-15所示。

 专家指导

> 　　活码是二维码的一种高级形态，通过短网址指向保存在云端的信息。活码可以在不改变二维码图案的前提下，对二维码存储的内容进行更新、修改，更加方便企业进行宣传推广或记录保存。

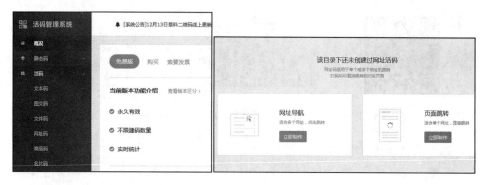

图10-14　选择二维码类型　　　　　图10-15　选择网址类型

STEP 03 ◐在打开页面的"目标跳转地址"文本框中输入网址，单击右侧的 预览效果 按钮，在打开的页面中预览效果；关闭效果页面返回二维码制作页面，此时将自动生成二维码。单击二维码下方的"二维码美化"超链接，如图10-16所示。

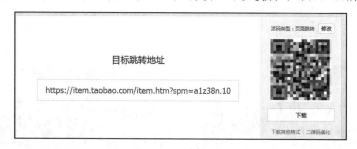

图10-16　设置跳转地址

STEP 04 ◐打开"快速美化器"界面，单击"经典样式"选项卡，在下方的列表中选择一种二维码样式，单击 下一步 按钮，如图10-17所示。

STEP 05 ◐打开"图标与文字"界面，选择一种图标样式，或本地上传自己设计的商家标识；然后在"文字内容"文本框中输入引导语，单击 下一步 按钮，如图10-18所示。

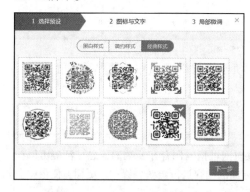

图10-17　选择二维码样式　　　　　图10-18　设置图标与文字

STEP 06 ▶打开"局部微调"界面，在其中设置二维码颜色、背景色、码眼样式、外框颜色、内框颜色等内容，然后单击 完成 按钮，如图10-19所示。

STEP 07 ▶完成二维码的制作，并选择需要的二维码格式进行下载，完成后单击 关闭 按钮进行关闭即可，如图10-20所示。

图10-19　局部微调二维码　　　　　图10-20　下载二维码

专家指导

> 完成二维码的生成后，还可通过Photoshop等图形图像处理软件将二维码加入产品促销海报或宣传海报中，通过海报的吸引力来增加二维码的扫描用户。

4．二维码的投放

完成二维码的制作后即可通过各种营销渠道来进行二维码的投放。二维码是整合了线上线下的营销方式，合理投放二维码可以为店铺带来更多流量，提高店铺销量和收益。

（1）线上投放

最常见的线上投放渠道有微博、微信和社区发帖，其营销方法与第7章介绍的微博、微信的营销方法相同，主要以图文结合的方式来写作营销的内容，然后在其中植入二维码。需要注意的是，在长文章中植入二维码时，二维码的位置一般在文章的开头或结尾，而且要加上对二维码的说明。图10-21所示为口碑中国通过二维码进行的营销。

（2）线下投放

将二维码印制在企业的产品宣传单、商品包装盒、名片、礼品卡片等物品上，在进行产品宣传时可发放到多个场所，被接收到该物品的每个用户看到并进行扫描。图10-22所示为某名片中印制的二维码。

图10-21　线上投放

图10-22　线下投放

10.3.2　H5营销

H5是Html5的简称，是一种制作万维网页面的标准计算机语言。H5营销是通过H5技术，将文字、图片、音乐、视频、链接等多种元素融合为一体的一种多媒体展示页面，多用于手机端的展示和分享，具有控件丰富、动画特效多样、交互应用强大等特点，可以非常便捷地实现信息的快速传播。对于电商营销来说，H5页面灵活性高、开发成本低、制作周期短，可以快速完成企业营销信息的制作与宣传，对扩大企业营销效果、提高企业品牌知名度有十分重要的作用。

1．H5营销的类型

H5营销根据营销目的的不同，其内容设置有所区别。一般来说，H5营销主要有活动运营型、品牌宣传型、产品介绍型、总结报告型4种不同的形式。

- **活动运营型：** 活动是企业运营过程中需要经常开展的营销策略。与一般的促销活动不同，H5营销的活动主要包括游戏、邀请函、贺卡、测试题等形式。它通过直观有趣的互动活动来吸引用户，让用户参与感更强；同时在活动中植入产品或品牌信息，收集参与活动的用户信息，以达到营销的目的。H5活动运营的重点是要将进入页面和落地页面与品牌或活动进行关联，如何根据活动目的来设计每个页面的内容是运营人员需要考虑的问题。图10-23所示为打地鼠的游戏类H5营销场景。

图10-23 游戏H5营销场景

- **品牌宣传型：** 与活动运营型H5营销注重时效性不同的是，品牌宣传型H5营销更注重对企业品牌形象的宣传，因此这种类型的H5营销要侧重于对品牌形象的塑造，可以从企业的品牌文化、具有代表性的品牌产品、富有企业文化特色的语言等方面来进行营销策划，向用户精准地传达企业的精神与态度，让他们留下深刻的印象。图10-24所示为某企业的品牌宣传H5营销场景。

图10-24 品牌宣传H5营销场景

- **产品介绍型：** 产品介绍型H5营销注重对产品功能的介绍，通过H5的互动特性来全方位展示产品的性能和优势，刺激用户产生购物行为，如图10-25所示。

图10-25 产品介绍H5营销场景

- **总结报告型：**总结报告型H5营销注重对数据与结果的展示，因此以图表为重要表现形式，通过直观的图表数据来引起用户的共鸣，吸引用户点击分享，达到营销的目的。图10-26所示为支付宝月账单H5营销场景。

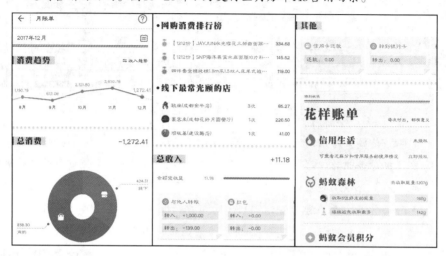

图10-26　支付宝月账单H5营销场景

2．H5营销页面制作

H5营销页面的制作需要在确定营销目的的前提下选择适合的营销类型，例如要开展促销活动，可选择活动运营型H5营销。对于中小型卖家来说，可直接通过H5页面制作工具来进行制作，如易企秀、兔展、MAKA等。下面在兔展中制作一个促销H5营销页面，其具体操作如下。

STEP 01 ▷注册并登录兔展，打开兔展首页。单击首页上方导航条上的"免费模板"超链接，如图10-27所示。

STEP 02 ▷在打开页面的搜索文本框中输入"促销"，按【Enter】键得到搜索结果。将鼠标放在第3个搜索结果上，单击 立即使用 按钮，选择H5模板，如图10-28所示。

图10-27　单击"免费模板"超链接

图10-28　选择H5模板

STEP 03 ▶打开"圣诞促销"页面，单击 去制作 按钮，如图10-29所示。

STEP 04 ▶打开模板页面，选择模板第一屏中不需要的图片"圣诞狂欢节"，按【Delete】键删除，如图10-30所示。

图10-29　打开模板页面　　　　　　　　图10-30　删除不需要的内容

STEP 05 ▶在左侧导航栏中选择"图片"选项，在展开的列表中单击"节日"选项卡，在下方选择如图10-31所示的图片进行添加。

STEP 06 ▶将图片放到合适的位置，然后选择"文本"选项，在展开的列表中选择"标题1"选项，将标题移动到添加图片的下方，双击标题文本，修改文本内容和格式，如图10-32所示。

图10-31　选择要添加的图片　　　　　图10-32　添加并修改文本

STEP 07 ▶滑动鼠标到第二屏，修改优惠券的金额和文字信息，修改前后的效果如图10-33所示。

STEP 08 ▶滑动鼠标到第三屏，选择"图片"选项，单击下方的 +上传图片 按钮，上传需要替换的促销产品图片，效果如图10-34所示。

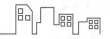

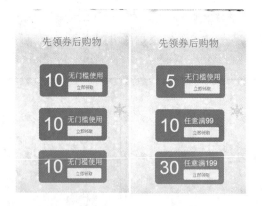

图10-33　修改优惠券内容

图10-34　上传图片

STEP 09 ▷删除第3屏中不需要的图片，添加上传后的图片，然后修改图片对应的文本，修改前后的效果如图10-35所示。

图10-35　修改其他内容前后的效果

STEP 10 ▷使用相同的方法，修改最后的二维码。滑动鼠标返回第二屏，单击 立即领取 按钮，在右侧的属性栏中单击"点击互动"栏后的"开关"按钮 ，然后选择"跳转链接"选项，在下方的文本框中输入链接的网址，如图10-36所示。

STEP 11 ▷使用相同的方法，为其他的按钮设置跳转链接，完成H5页面的制作。然后单击页面右上角的"保存"选项保存页面。单击"预览发布"选项，打开"作品设置"对话框，设置作品名称和说明，单击 发布 按钮进行发布，此时可获得H5页面的推广二维码和链接网址，如图10-37所示。

🎓 专家指导

　　在左侧导航栏中选择"互动"选项，还可添加系统预设的交互内容，如表单、按钮、倒计时器、点赞等；还可添加形状、Logo、视频、音乐等其他元素。

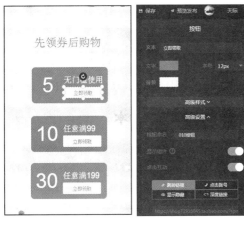

图10-36 设置跳转链接　　　　图10-37 预览并发布H5页面

对于有实力的企业来说，可自行开发H5页面，制作H5页面的重点是互动和功能。企业要以用户的感观和需求为基础，结合营销的目的，将品牌或产品的功能特效与页面设计的内容相结合，以贴近生活、诉求利益、精神追求等形式展现出来，才能吸引用户参与互动。

3. H5页面推广

H5主要以二维码和网页链接地址的形式植入，其营销推广渠道众多，微信、微博、社区等都是其常用的推广方式。通过这些途径进行宣传推广时要注意，可利用热点话题来增加营销的热度，但注意营销的内容要与话题相关，否则不能达到话题的传播效果。另外，还要注重H5内容的创意与实用性，有趣、好玩、实用的内容才是用户感兴趣的。

除了线上的推广方式外，企业也可充分利用二维码的营销方式来进行H5的营销，结合线下渠道开展多种多样的活动来促进营销。

10.3.3 任务实训及考核

根据介绍的相关知识，完成表10-5所示的实训任务。

表10-5 实训任务

序号	任务描述	任务要求
1	策划一个二维码促销活动	要求以二维码的方式来进行促销活动，二维码对应的落地页要指明活动开始的时间、活动参与方式、活动奖励等信息

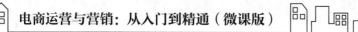

续表

序号	任务描述	任务要求
2	策划一个H5营销活动	要求制作一个企业宣传H5页面，内容主要包括企业历史、企业文化、企业特色产品和企业愿景

填写表10-6的内容并上交，考查对本节知识的掌握程度。

表10-6　任务考核

序号	考核内容	分值（100分）	说明
1	什么是二维码营销？二维码营销需要做哪些工作？		
2	什么是H5营销？H5营销的类型有哪些？		

拓展延伸

移动电商是电子商务不断发展的结果，要完全掌握电商运营与营销的方法，移动电商当然必不可少。下面将对移动电商运营过程中的常见问题进行分析，帮助读者解决在移动电商活动中的疑难问题。

一、移动电商的主要支付手段有哪些？

电子商务时代，人们的交易手段由现金支付转变为网上支付，而对于移动电商而言，主要的支付方式主要有微信支付、支付宝支付、网银支付等形式。

- **微信支付**：微信支付是集成在微信客户端的支付功能，通过微信绑定银行卡进行快捷支付，可供用户进行公众号、App的支付，也可通过扫码、刷卡等方式进行支付。同时，微信支付还支持账户互转、红包发送等功能，为不同的用户提供了不同的选择。

- **支付宝支付**：支付宝是阿里巴巴旗下的第三方支付平台，也是目前国内重要的第三方支付平台。支付宝主要提供支付及理财服务，包括网购担保交易、网络支付、转账、信用卡还款、手机充值、水电气缴费和个人理财等多项服务。

- **网银支付**：网银支付需要银行卡开通网银支付功能，它是一种不依托于第三方平台的，完全倚靠银行网银页面并在其上输入银行卡信息和密码信息进行支付的一种网上支付方式，具有稳定易用、安全可靠的特点。

二、二维码营销有什么注意事项?

二维码营销的目的是为了引导用户扫描二维码，查看商家的各种推广信息。因此，制作二维码时还需要注意以下事项才能最大限度地调动用户积极性，吸引他们扫描二维码达到营销的效果。

- **提供有价值的内容：** 二维码所指向的内容必须是在充分考虑用户需求的前提下制作的，如促销优惠、抽奖活动、礼品领取等都是用户感兴趣的内容，要有一定的吸引力才能刺激用户进行扫描。可通过一些文字信息说明扫描二维码后能够获得的价值，促进用户参与活动。
- **合适的二维码放置地点：** 线上放置二维码需要商家结合各种推广手段扩大二维码的受众群体。线下放置二维码则要注意放置的地点是否合适。一般来说，公交车站的灯箱、电影院候影区等人流较多的地方的放置效果会比街道的广告牌的效果更佳。
- **落地页移动化：** 用户扫描二维码后跳转的页面应该是直接针对手机用户的移动页面，切忌链接到PC端的网站，避免给用户带来不好的视觉和操作体验，影响用户对企业的印象。
- **内容简洁：** 二维码指向的内容一定要简洁明了，页面不要设计得太复杂，以直观、易操作为主，主要内容展示在手机屏幕的中央，方便用户阅读和操作。

📈 实战与提升

通过本章知识的学习，对下列问题展开讨论与练习，在巩固所学知识的同时，拓展视野，进一步提高自己的能力。

（1）在互联网中搜索移动电商，查看移动电商的发展现状与趋势，了解移动电商的特点与应用市场。

提示： 移动电商完美地结合了互联网技术、移动通信技术和其他信息处理技术，使人们能够随时随地开展各种活动，如移动购物、移动支付和移动办公等。从应用的角度对移动电子商务进行分类，主要包括信息服务类、交易服务类、娱乐服务类和行业应用服务类等。

（2）开通微网店，并发布商品进行商品管理和客户管理。

提示： 微网店的运营方式与PC端的网店运营方式类似，不同的是，其针对的目标受众群体从PC端变成了移动端。商家在运营的过程中，要合理结合移动用户的特

点进行分析与营销，不能照搬PC端的方法。

（3）通过线下途径进行二维码营销。

提示：二维码线下营销的途径非常多，企业要合理选择营销途径，并结合线上营销方式来进行营销，达到营销效果的最大化。

第11章 跨境电商，走向国际化

学习目标

在国内电子商务逐渐发展成熟的环境下，跨境电商也逐渐兴起并发展壮大，从最初的信息服务展示发展到了如今的全产业链服务，国际市场进一步拓宽，更多大型互联网服务商也纷纷加入跨境电商的行列，跨境电商平台的运作流程越来越规范，承载能力越来越强大，外贸活动产业链发展趋于成熟，并全面转向线上。本章将对跨境电商的相关知识进行介绍，帮助电商运营者走向更加广阔的电商市场。

学习导图

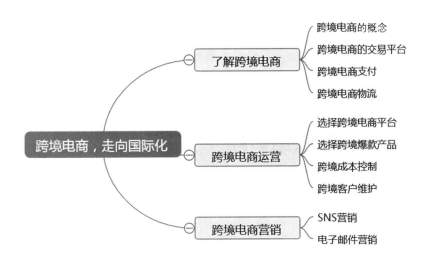

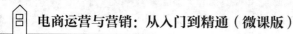
 案例导入

黑色星期五是美国每年年底的传统购物节，但在跨境电商越来越流行的今天，不仅美国可以全天狂欢购物，国内也将这一节日纳入营销的范围，开启了铺天盖地的购物宣传，让人们感受全球购物的乐趣。

2017年的"黑五"于11月24日举行，而在此之前，各大跨境电商平台就开始了预热，纷纷给出大量的优惠来吸引海淘买家，并且针对买家比较关心的关税问题给出了补贴或包税的优惠。同时，结合当前火爆的直播营销进行全球视频直播，进一步削弱消费者的心理防线，提高消费者的购物欲望。

为了彻底解决海淘买家的后顾之忧，当然还少不了全方位的供应链管理与物流管理系统，品质保障、售后服务等都是保证消费者购物体验的重要因素。

据统计，2017年"黑五"全球购的销售数据远超预期，天猫国际在"黑五"当天的销售额同比增长2倍，亚马逊海外购在"双十一"的基础上增长2倍，洋码头当日交易额是全年的6倍。

为什么2017年的跨境电商如此火爆呢？首先是因为电子商务在国家的大力支持下继续发展，特别是部分商品关税的调整，使跨境电商有了更加快速的发展；其次，各大跨境电商平台在商品管理、物流服务、品质保障等方面的能力越来越完善。另外，消费者日益增强的产品品质需求也是跨境电商快速发展的原因之一。

【思考】

（1）什么是跨境电商？跨境电商的平台有哪些？

（2）跨境电商怎么支付并实现物流服务？

（3）跨境电商怎么进行营销和运营呢？

11.1 了解跨境电商

跨境电子商务是在经济与互联网的快速发展下，为了实现与不同国家（地区）间的商贸合作而逐渐发展起来的电子商务模式。跨境电商模式下，境内的电商企业可以向境外的消费者销售商品，境内的消费者也可以通过跨境电商平台购买境外商品，它构建了一个开放、立体的多边经贸合作模式，拓宽了国际市场的范围，提高了企业的综合竞争力。

课堂讨论

针对下列问题展开讨论：
（1）跨境电商的交易平台有哪些？
（2）怎样保障跨境交易的支付与物流服务？

　　跨境电商是现今电子商务的重要内容，了解其原理和交易模式可以帮助企业判断是否进入境外市场，并制订更加符合境外市场的营销策略。下面将对跨境电商的相关知识进行介绍，包括跨境电商的概念、交易平台、支付和物流等内容。

11.1.1　跨境电商的概念

　　跨境电子商务是指分属不同关境的交易主体，通过电子商务平台达成交易、进行支付结算，并通过跨境物流送达商品、完成交易的一种商业活动。跨境电子商务主要由跨境电子商务平台、跨境物流公司和跨境支付平台3部分组成。跨境电子商务平台用于进行商品信息的展示、提供在线购物功能，如速卖通、亚马逊和易贝等；跨境物流公司用于运输和送达跨境包裹，主要有中国邮政、DHL和UPS等；跨境支付平台则用于完成交易双方的跨境转账、信用卡支付和第三方支付等支付活动。

跨境电子商务与外贸电子商务的区别

11.1.2　跨境电商的交易平台

　　速卖通、亚马逊（Amazon）、易贝（eBay）、Wish和敦煌网（DHgate）等都是典型的跨境电子商务平台，下面对这几个平台的相关知识进行介绍。

1. 速卖通

　　速卖通的全称是全球速卖通，是阿里巴巴旗下面向全球市场打造的在线交易平台，可以简单地理解为"国际版淘宝"。在速卖通平台上，卖家可以将宝贝信息编辑成在线信息发布到网上，供境外广大消费者查看并购买，然后通过国际快递进行货物运输，完成交易。

　　速卖通于2010年4月正式上线，目前已经发展成为覆盖220多个国家和地区的全球最大的跨境交易平台之一，其每天的海外买家已经超过5 000万。在俄罗斯、巴西、以色列、西班牙、乌克兰和加拿大等国家和地区，它是非常重要的购物平台。图11-1所示为速卖通的买家首页。

图11-1　速卖通

2．亚马逊

亚马逊（Amazon）是美国最大的一家网络电子商务公司，也是最早开始经营电子商务的公司之一。主营业务包括图书、影视、音乐和游戏、数码、电子产品和计算机、家居用品、玩具、婴幼儿用品、食品、服饰、鞋类和珠宝、健康和个人护理用品、体育及户外用品、汽车及工业产品等，现已成为全球商品品种最多的网上零售商。图11-2所示为亚马逊的首页。

图11-2　亚马逊

3. 易贝

易贝（eBay）于1995年9月4日由皮埃尔·奥米迪亚（Pierre Omidyar）以Auctionweb的名称创立于加利福尼亚州圣荷西，创建目的是为了帮助女友在全美寻找Pez糖果爱好者。但意外的是，网站非常受欢迎，并很快发展起来。

目前，eBay已经成为全球最大的电子交易市场之一，是美国、英国、澳大利亚、德国和加拿大等国家和地区的主流电子商务平台。eBay只有两种销售方式：一种是拍卖；另一种是一口价。eBay一般按照产品发布费用和成交佣金的方式收取费用。图11-3所示为易贝网页面。

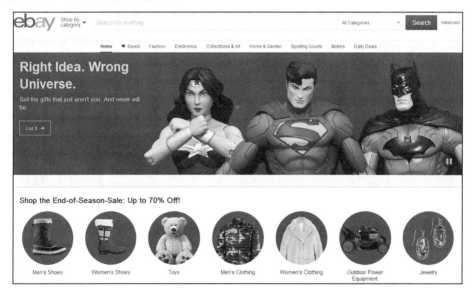

图11-3　易贝

4. Wish

Wish是一款基于移动端App的商业平台，于2011年创建于美国旧金山。创建之初，Wish只负责向用户推送消息，不进行商品交易，在2013年才开始正式升级成购物平台。与其他电子商务平台不同的是，Wish平台上的买家更倾向于无目的浏览，而不是关键字搜索。Wish也会通过卖家的浏览和购买行为，判断买家的喜好或其感兴趣的产品信息，并推送相关产品给买家。这种方式比较受欧美人的喜爱，超过60%的Wish用户都来自于美国和加拿大。

5. 敦煌网

敦煌网（DHgate）成立于2004年，是国内首个为中小企业提供B2B网上交易的网站，致力于帮助中国中小企业通过跨境电子商务平台走向全球市场，开辟更加安全、便捷和高效的国际贸易通道。

敦煌网是中小企业B2B跨境电子商务的首个实验者，免费注册，靠交易成功后收取佣金盈利。敦煌网与其他B2B电子商务网站的盈利模式不同，它以在线贸易为核心，以交易佣金收入为主要的盈利来源，所有卖家在敦煌网内进行注册、开店、发布和交易都是免费的；买家购买时需要支付一定的佣金。

11.1.3 跨境电商支付

跨境支付是跨境电商必不可少的环节，可以通过银行转账、信用卡支付和第三方支付等方式进行。特别是第三方支付，随着跨境电商的发展，其需求也日益增多。国际上最常用的第三方支付工具是易贝的贝宝（PayPal）。

2015年1月，国家外汇管理局正式发布了《国家外汇管理局关于开展支付机构跨境外汇支付业务试点的通知》和《支付机构跨境外汇支付业务试点指导意见》，开始在全国范围内开展部分支付机构跨境外汇支付业务试点，允许支付机构为跨境电商交易双方提供外汇资金收付及结售汇服务。跨境支付的发展不仅能为境内第三方支付企业打开新的广阔市场空间，还能帮助企业获取相对更高的中间利润。对于支付平台本身来说，还能在很大程度上增强其增值潜力，一方面有利于支付平台对跨境商户进行拓展并简化支付的结算流程；另一方面，境内买家无须再受个人结售汇等手续的困扰，直接使用人民币购买境外商家的商品或服务。目前境内的跨境支付工具排名前五的分别是支付宝、财付通、银联电子支付、快钱和汇付天下。

11.1.4 跨境电商物流

交易成功后需要进行商品的物流运输。与境内物流运输不同的是，跨境物流需要跨越关境，将商品运输到境外国家或地区。目前最常见的跨境物流的方式主要有邮政包裹、国际快递、专线物流和海外仓储4种。

1. 邮政包裹

邮政运输具有覆盖全球的特点，是最常使用的一种跨境物流运输方式。目前常用的邮政运输方式包括中国邮政小包、新加坡邮政小包和一些特殊情况下使用的邮政小包。

邮政包裹对运输的管理和要求较为严格，如果没有在指定日期内将货物投递给收件人，负责投递的运营商要按货物价格的100%赔付客户。需要注意的是，邮政包裹运输，含电、粉末、液体的商品不能通关，并且需要挂号才能跟踪物流信息，运送的周期一般较长，通常要15～30天。

2. 国际快递

国际快递主要通过国际知名的四大快递公司——美国联邦快递（FedEx）、联合国包裹速递服务公司（UPS）、TNT快递、敦豪航空货运公司（DHL）来进行国际快递业务的邮寄，具有速度快、服务好和丢包率低等特点，如使用UPS寄送到美国的包裹，最快48小时内可以到达，但价格较昂贵，一般只有在客户要求时才会使用该方式发货，且费用一般由客户自己支付。

3．专线物流

跨境专线物流一般是通过航空包舱的方式运输到境外，再通过合作公司去往目的地进行派送，具有送货时间基本固定、运输速度较快和运输费用较低的特点。

目前市面上最普通的专线物流产品是美国专线、欧美专线、澳洲专线和俄罗斯专线等，也有不少物流公司推出了中东专线、南美专线和南非专线等。整体来说，专线物流能够集中大批量货物发往某一特定国家或地区，通过规模效应降低成本，但有一定的地域限制。

4．海外仓储

海外仓储是指在其他国家（地区）建立海外仓库，货物从本国（地区）出口通过海运、货运和空运等形式储存到该国（地区）的仓库。当买家通过网络下单购买所需物品时，卖家可以第一时间做出快速响应，通过网络及时通知海外仓库进行货物的分拣、包装，并且从该国（地区）仓库运送到其他地区或国家，大大减少了物流的运输时间，保证货物安全、及时和快速地到达买家手中。

海外仓储的费用由头程费用、仓储管理费用和本地配送费用组成。头程费用是指货物从我国国内到海外仓库产生的运费；仓库管理费用是指货物存储在海外仓库和处理当地配送时产生的费用；本地配送费用是指在海外具体的国家（地区）对客户商品进行配送产生的本地快递费用。这种模式下运输的成本相对较低，时间较快，是未来的主流运输方式。

11.1.5　任务实训及考核

根据介绍的相关知识，完成表11-1所示的实训任务。

表11-1　实训任务

序号	任务描述	任务要求
1	浏览并分析速卖通	进入速卖通首页，查看速卖通网站结构并与淘宝网进行对比，分析其在跨境方面做了哪些优化
2	浏览并分析亚马逊	进入亚马逊网站，对比分析其与速卖通的不同，并尝试在网站上购物，体验跨境支付与跨境物流服务

填写表11-2的内容并上交，考查对本节知识的掌握程度。

表11-2　任务考核

序号	考核内容	分值（100分）	说明
1	什么是跨境电子商务？主要的跨境电商平台有哪些？		
2	跨境电子商务物流有哪些方式？		

 ## 11.2 跨境电商运营

随着互联网和电子商务的快速发展，越来越多的企业开始涉足跨境电商，虽然跨境电商也属于电子商务的一个分支，但它与一般电商还是存在一定的差异的。企业在开展跨境电商业务时要先掌握跨境电商运营的相关知识，才能避免走入误区。

 课堂讨论

针对下列问题展开讨论：
（1）怎么选择适合自己跨境业务的电商平台？
（2）怎么选择跨境产品，进行成本控制？
（3）如何进行跨境客户维护？

了解跨境电商的相关知识后，企业即可开展跨境电商业务。首先，要选择适合自己的跨境电商平台，然后制订相应的选品策略和成本控制计划。当跨境电商业务发展到一定阶段后，还要对其进行维护，保证跨境电商的正常有序发展。下面将对跨境电商运营的相关知识进行介绍，帮助运营者更好地开展跨境业务。

11.2.1　选择跨境电商平台

跨境电商平台主要有速卖通、亚马逊、易贝等平台，这些平台各有自己的优势，但其运营规则和策略都有所不同。速卖通是阿里巴巴旗下的面向全球的在线交易平台，有"国际版淘宝"之称，是目前的新兴跨境电商平台。速卖通主要以中小卖家为主，在淘宝的强力支持下，其产品类目也十分丰富，如3C数码、服装、鞋包、家居、饰品、手机通信、美容健康等，其目标消费群体主要以个人消费者和企业商家为主，是拓展跨境B2C和B2B业务的一个很好的途径。亚马逊则主要面向企业招商，对招商商品的质量要求相当严格，具有较好的质量与品牌保障，因此适合

品牌企业入驻，帮助企业开拓全球市场。易贝拥有较为完整的运营体系，具备供应链和支付等优势，也比较适合中小卖家以此平台进行业务拓展。但总的来说，要选择哪一个平台作为跨境业务的突破口，还需要企业根据自身的发展计划来进行确定；也可进入每个跨境电商平台查看其入驻要求和规则，再根据情况进行取舍或调整。

11.2.2 选择跨境爆款产品

我国商品在国际市场中一直比较受欢迎，这是因为我国，制造产品的成本更低，价格相对便宜。企业要进入国际市场，首先要考虑的就是选择适合销售的产品。适宜销售的产品可以为跨境企业带来丰厚的利润，促进企业的持续发展，因此一定要慎重选择产品，可参考以下4点要素来进行选择。

- 跨境电商与国内电商相比，运费成本更加昂贵，因此企业可以考虑选择具有"轻便""小巧"特点的产品来进行销售，以降低运输成本。
- 不管进行何种产品销售，都要保证产品质量和运输的方便，尽量选择质量过关、不宜磨损的产品，减少产品的退换率。
- 国际市场销售，产品必然要经过海关，因此要选择可以进行海外代购的产品进行销售。一般来说，药品、粉末状物品、液体、易燃物品等是不允许通关的。另外，还要考虑目标市场对产品的接受程度，不要选择不受人喜欢的产品。
- 最好选择易耗的产品进行销售，如食品、美妆等产品，使消费者养成复购的习惯，增强用户黏性，以增加销售利润。

11.2.3 跨境成本控制

成本是企业开展跨境业务时必须考虑的问题，也是制定产品价格、开展营销策略的前提。对于跨境电商来说，主要涉及的成本包括入驻费用（即入驻跨境电商平台的费用，根据平台和入驻类目的不同而不同）、成交费用（根据成交金额收取一定的佣金，不同平台的费用也不同）、推广费用、外币结汇损失费用、人工成本、办公成本、运输物流成本等。企业要根据成本的费用来计算盈利的比重，至少保证利润不能低于成本的20%，这样才能保证跨境业务为企业的发展提供帮助。

在成本控制的基础上决定产品价格，由于跨境运费昂贵，产品的价格不宜制定得过低，但产品的价格又与企业能够获得的直接利润挂钩。怎样才能在既保证利润的前提下又能够吸引消费者呢？可按照以下原则进行综合定价。

- 确定产品价格的首要考虑因素是利益的合理化，因此要以利润为衡量标准，

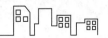

在保证收益的前提下以扩大销售市场份额为目标来定价。可在其他同类产品还没有进入市场时抢先抓住机会，制定稍高的价格入市，让消费者先接受该品类的产品并迅速盈利；当竞争者增多时再适当降价，吸引更多消费者。

- 参考竞争对手的产品价格和市场需求定价，企业的优势产品的价格可以高于同类产品的价格，劣势产品可以适当降低价格。

对于线上销售来说，产品价格可以分成上架价格、销售价格和成交价格。上架价格是指商品上传时填写的价格；销售价格是指商品打折后的价格；成交价格是指消费者最终支付的价格。如果要打造爆款产品，建议先确定该产品在行业中的最低价，在该价格的基础上降价5%~15%，并将降价后的价格作为爆款产品的销售价格，将爆款价格提高1.15~1.5倍作为产品的上架价格，这样可以在不亏损或稍微亏损的情况下实现爆款引流；后期可通过调整折扣来恢复产品的正常销售价格，便于对成本进行调控。

专家指导

货物丢失和交易纠纷等也容易产生额外的成本费用。企业在进行产品定价时，还要将损失也考虑进去，否则后期容易造成成本控制超出预算的情况。

11.2.4　跨境客户维护

客户也是决定跨境电商运营是否成功的重要因素，做好客户的维护可以吸引更多的客户到店购买商品，提高商品的复购率和转化率。那么怎样才能做好跨境电商的客户维护，稳定客源，增加自身竞争力呢？下面分别进行介绍。

- 首先，要做好客户的分类、记录和管理，了解客户的需求，提供良好的售后服务，给客户良好的服务体验。特别是对于跨境电商来说，客户与商品和商家之间的距离跨越了国（区）界，只有通过良好的售后服务才能让客户感受到商家的用心，使客户留下良好的印象，将有利于提高店铺的复购率。
- 定期向客户推送产品优惠信息或在新产品上架时优先向老客户发送消息，可以体现客户的重要性，并刺激客户产生购物的兴趣，增强客户的黏性。
- 节假日时向客户发送祝福或寄送纪念品，让客户受到关怀。要注意的是，发送的祝福或纪念品一定要表明自己的身份，因为客户不止在一家网店购物，其他网店可能也会采取这种方式进行客户维护，商家一定要让客户记住自己并留下印象。
- 对于店铺的老客户，可以制定一些会员优惠政策，根据不同的消费额度来决定优惠力度。

11.2.5 任务实训及考核

根据介绍的相关知识，完成表11-3所示的实训任务。

表11-3 实训任务

序号	任务描述	任务要求
1	根据自身情况，选择一个适合开展跨境业务的电商平台	熟悉各跨境电商平台的招商规则并选择一个平台进行注册
2	根据成本制定产品价格	制定详细的产品成本表，计算产品的总成本，再根据成本确定产品的销售价格和上架价格

填写表11-4的内容并上交，考查对本节知识的掌握程度。

表11-4 任务考核

序号	考核内容	分值（100分）	说明
1	怎样选择在跨境平台中营销的产品？		
2	如何进行跨境电商产品定价？如何进行跨境电商客户维护？		

 11.3 跨境电商营销

　　跨境电商的受众群体跨越国（区）境，采用一般的境内营销手段很难取得很好的营销效果，因此，针对跨境电商的特点，要采取合适的方法来进行营销，让境外的消费者能够收到营销信息并产生营销变现。

针对下列问题展开讨论：
（1）跨境电商怎么进行 SNS 营销？有哪些 SNS 工具适合营销？
（2）跨境电商怎么进行邮件营销？有什么注意事项？

　　针对跨境电商跨境的特点，其营销途径主要有跨境SNS营销和电子邮件营销等。本节将重点讲解这两种跨境营销的方法，帮助企业更好地进行跨境运营，提高消费者的转化率。

11.3.1　SNS营销

SNS（Social Network Services，社会性网络服务）营销是指利用各种社交网络来建立产品和品牌的群组，然后通过SNS分享的特点进行各种营销活动，达到"病毒式"传播的效果。下面对跨境电商SNS营销的工具、步骤、技巧分别进行具体介绍。

1. SNS营销的工具

针对跨境的特点，SNS营销的途径主要采取国际社交网站，如Facebook、Twitter、Tumblr、YouTube、Vine、Pinterest等广受国际消费者喜爱的网站。

（1）Facebook

Facebook俗称"脸书"，是全球知名的社交网站，创立于2004年，到2015年时Facebook的单日用户数已突破10亿，每月的活跃用户数高达13亿人。Facebook作为一个世界排名领先的社交网站，不仅个人可以在其中发布信息，企业也可注册账号，将其作为宣传推广的平台，如兰亭集势、DX等品牌就通过Facebook创建了自己的官方网页，并进行广告投放。

（2）Twitter

Twitter相当于国际版的微博，它是全球访问量最大的社交网站及微博服务网站之一。在Twitter上，用户可以发布不超过140个字符的最新动态消息，这些消息以短消息（推文）的形式进行发布，也可以绑定即时通信软件。企业可以通过Twitter发布产品上新信息等，以吸引消费者的注意。2014年9月，Twitter还新增了购物功能，更加方便企业进行跨境电商营销。

（3）Tumblr

Tumblr（汤博乐）是成立于2007年的一个轻博客网站。所谓轻博客就是随着互联网的发展而产生的一种既注重表达、又注重社交和个性化的新媒体形态，这种社交网站广受年轻群体的喜爱。在Tumblr上进行跨境营销，要特别注意营销内容的表达，可以将其看作国际化的内容营销，发布的博客内容可以是趣味性、传奇性的故事；也可以是经验的传授或功能性的说明。总之，要在消费者容易接受的范围内展开内容营销，让消费者主动传播内容，扩大营销的影响力和企业的品牌知名度。通过Tumblr可以很好地进行品牌营销，树立品牌形象，给消费者留下良好的印象。

（4）YouTube

与前面的几个社交网站不同，YouTube是一个视频网站，用户可以在YouTube中上传视频和短片来进行跨境营销。其营销的原理类似于视频营销，即通过有价值的视频内容来实现产品营销与品牌传播的目的，视频要保证为原创内容，这样才能吸引消费者点击观看视频并进行传播。如papi酱、办公室小野等都是以视频的方式来进行营销的，企业在YouTube中上传视频时，可以采取类似的策略，先录制视频内容，在视频中植入需要营销的产品或品牌，如发布教学视频，并以自己的产品作为示例，让观看者在观看视频的同时接收产品信息，达到产品宣传的目的。

（5）Vine

Vine与Twitter比较类似，是一款基于地理位置的SNS系统，于2012年被Twitter收购。在Vine上，用户可以发布6秒短视频，企业可利用这个短视频来进行营销，效果与淘宝中的主图短视频类似。由于播放时长短，视频的内容建议不要制作得太复杂，可以是连续播放的商品图片或商品结构展示等，以达到展示商品和宣传品牌的目的。

（6）Pinterest

Pinterest是全球知名的图片社交分享网站，在该网站中用户可以保存自己感兴趣的图片，并支持好友关注或转发。与文字型社交网站相比，Pinterest可以更加直观地投放产品宣传广告，让消费者在看到图片的同时看到图片对应的广告信息。同时，由于Pinterest精确的用户数据分析功能，这些信息能够被精确地推送到喜欢它们的消费者眼前，实现广告的精准投放，增加营销的成功概率。

🎓 专家指导

除了以上介绍的几个社交网站外，Linkedin、Google+、Instagram、VK、Flickr、Tagged等网站也是使用人数较多的社交网站。另外，也可通过论坛、博客、问答社区等途径进行SNS营销。

2. SNS营销的步骤

掌握SNS营销的步骤可以帮助运营人员更好地制订营销策略。一般来说，SNS的营销步骤包括以下6个方面。

（1）选择合适的社交平台

在互联网和电子商务高速发展的环境下，社交网站层出不穷，同质化现象越来越严重。怎样选择一个合适的社交平台是运营人员进行SNS营销前需要首先考虑的问题。在选择时，建议从自身和用户两个方面来进行考虑，首先从社交平台所能提供的资源及其与自身的契合度出发，从社交平台的技术、人员、对发布内容的质量监测等角度进行考虑，筛选对自身最有利、最适合自己发展的社交平台。其次，还要考虑该平台中的用户，是否与企业的目标用户群体定位存在差异，能否在今后的营销过程中快速吸引这一类型的用户。最后，还要考虑花费在社交平台上的时间，一般来说，在开始进行SNS营销时，要多花费一些时间和精力来进行客户资源的累

积；后期则可减少投入的时间，依靠用户的传播来带动营销。

（2）完善社交平台上的企业信息

在社交网站中注册账号后，该账号就是企业形象的代表，要对账号的企业信息进行完善，如简介、头像、说明等，并定期根据营销的目的进行更新，给消费者留下专业、认真的良好印象。需要注意的是，若企业在其他平台中也有类似的营销账号，要保证账号信息和风格的一致性，如Facebook和Twitter上的头像、名称等都最好保持一致。同时，要体现出自己的个性化，以区别于其他同类产品的营销账号，做到对消费者有更强的吸引力。

（3）确定营销的基调

做好企业信息的完善后即可在社交平台中发布信息。发布信息前需要先确定营销的基调，确定自己营销的风格，定位品牌与客户之间的关系，找准竞争对手，这样才能增加营销的成功率，树立在客户心中的良好印象。

（4）合理制作营销内容

在社交平台中发布营销内容，常常采用图片与文字结合的方式。一般来说，图片的展现效果会比文字更加突出，更容易引起用户的查看、评论和转发，因此，制作营销内容时要合理进行内容的搭配，确定一个主要的内容类型，是以文字、图片为主，还是以视频为主，然后搭配其他的元素，在丰富内容的同时也更全方位地展示营销信息。

另外，还要注意营销内容发布的时间与频率。不同的社交平台，其用户的活跃时间与内容发布限制不同，应该要在熟悉社交平台规则的前提下通过数据统计分析得出结果。据新浪财经网的数据统计，Facebook在工作日的13:00~14:00、16:00~17:00；Twitter在工作日的13:00~15:00；Tumblr在工作日的19:00~22:00和周五16:00~17:00；Pinterest在工作日的14:00~16:00、20:00~23:00；Google+在工作日的9:00~11:00是用户高度活跃的时间，企业可在这些时间段内发布营销内容。同时，还要注意发布的频率不要过多或太少。一般来说，Facebook一周5~10篇；Twitter每天至少5篇；Linkedin工作日每天一篇的频率较为合适。当然，这些数据都是平均测验的结果，企业可根据自己的营销目的来调整发布的频率、时间及内容，以达到最佳的营销效果。

（5）分析并检测数据

随着营销的深入开展，企业可以从中获得越来越多的反馈信息，这些信息是企业制订下一步营销计划的基础，要通过数据分析来得到一个衡量的标准，如点击、评论、转发是否达到这个标准，方便后期调整营销策略。另外，对于营销内容的展示效果也要不断进行测试，如果测试结果良好则说明营销内容起到了积极的作用，可以继续采用这种方法；反之则要进行改进。

（6）保持与用户的互动

网络信息化时代，话题与信息都在快速变化，因此营销的内容要能够跟上信息变化的速度，保证与用户之间的良好沟通与互动，从互动中了解客户的需求和关注点，挖掘更多的潜在客户。

3．SNS的营销技巧

跨境电商的SNS营销需要具备一定的营销策略才能最大化地扩大营销的效果，实现提高用户转化率的目的。可以参考以下4种营销策略。

- **增加网络曝光率：** 社交平台拥有广泛的用户基础，这些用户不仅可以在同一个平台之间进行信息传播，还能实现跨平台的信息分享与传播。对于企业开展跨境营销来说，这些用户不仅是营销信息的目标接受群体，还是营销信息的主动传播对象。要想达到"病毒式"的营销传播效果，必须依靠社交平台上用户的自发传播，因此，企业要增加自己产品和品牌的网络曝光率，需通过良好的沟通和服务树立起产品和品牌在用户心中的良好形象，从而提高用户的忠诚度，使用户自动发起口碑传播，产生社群效应，从而不断增加企业的知名度与影响力。

- **加大合作力度：** 社交平台中的广大用户中不仅有一般的目标消费群体，还有一部分企业用户，要处理好与这些企业用户之间的关系，加强企业与企业之间的沟通与合作，实现企业的合作共赢。另外，社交平台中信息的公开性与有效性，可以更加方便企业选择合作伙伴，并进行合作企业的评估，增强企业的综合竞争力。

- **加强交互性：** 社交媒体具有很强的交互性，能够快速实现与用户之间的互动，进而吸引更多的粉丝。同时这些粉丝的口碑和社群传播又为企业带来更多的主动搜索，有助于提高企业的搜索排名，带来更多的销售机会。

- **加强粉丝分享传播：** 社交媒体本身拥有庞大的流量，这些流量中包含了企业的目标消费群体，企业通过一系列营销策略可以将潜在用户转化为自己的忠实粉丝，通过粉丝的分享传播可以实现更低成本的营销，为企业资源的优化和高效利用提供更好的途径。

总的来说，SNS营销是一种基于UGC（用户创造内容）和多渠道整合的互动式营销模式，其关键是企业要提供优质的品牌服务和树立独特的价值理念，同时结合其他渠道，如邮件营销、博客营销等方式才能更好地扩大企业品牌的影响力，达到营销效果的最大化。

11.3.2 　电子邮件营销

电子邮件营销是在用户事先许可的前提下，通过电子邮件的方式向目标用户传

递信息的一种网络营销推广手段，也可以叫作许可式电子邮件营销，常用的方法包括电子刊物、会员通信或专业服务商的电子邮件广告等。电子邮件营销根据许可用户的电子邮件地址来展开营销，通过电子邮件广告的形式向用户发送信息。

1. 电子邮件营销的优势

许可式电子邮件营销比传统的推广方式更具优势，它能够减少广告对用户的滋扰、增加潜在客户定位的准确度、增强与客户的关系、提高品牌的忠诚度。它既可以与其他的营销推广手段结合使用，也可以单独进行推广。

- **覆盖范围广，成本低：** 不管用户在世界上的哪个角落，只要他有电子邮箱就能够收到企业发送的电子邮件。并且电子邮件的操作方式十分简单，无须掌握复杂的技术就可以操作；也无须花费大量的人工成本雇用专门的营销人员来进行推广，与其他不加定位地投放广告的媒体相比，大大减少了营销费用。

- **精准定位客户，回应率高：** 电子邮件营销是点对点的推广方式，企业可以针对某一特定的人群发送特定的邮件，也可以根据行业、地域等进行分类，针对这些客户进行推广，大大增加了目标客户群体的精准度，使宣传推广更加到位，能够获得客户的良好反馈，便于推广工作的开展。

- **促进顾客关系：** 在开展电子邮件营销工作的同时，可以和客户之间形成一个良好的信息传递通道，企业既可以通过电子邮件给客户发送推广信息，也可以在节假日、客户生日的时候，发送电子贺卡，送上温馨的祝福，与客户之间保持一种长期的关系，促进与客户之间的交流，维护与现有客户之间的友好关系。长期坚持下去，就会获得客户的好感与信任，也会在一定程度上提高客户的回访率，久而久之，就会使客户记住企业的网站并养成经常登录的习惯。

- **满足用户的个性化需求：** 电子邮件营销可以为用户提供更多的个性化服务，用户可以选择自己感兴趣的信息，也可以退订不需要的服务，如图11-4所示。用户对电子邮件营销的内容具有主动选择权，可以自主决定是否需要接收这些内容，因此用户对决定接收的信息的关注度也更高，这也是电子邮件营销能够获得较好效果的原因。

- **传播迅速，营销周期短：** 电子邮件营销可以让邮件在几秒到几个小时内将数以万计的邮件快速传递给用户，及时让用户接收企业的最新动态，实现快速沟通。如果邮件没有被接收，也可以立即退回到企业的电子邮件账户。营销的周期较短，可以在几天内完成所有的工作。

图11-4 查看或退订电子邮件

- **提高知名度：**电子邮件营销还有一个特点，就是只要知道目标客户的电子邮
  箱地址就可以发送信息，这样可以通过发送企业相关信息的邮件来提高知名
  度，让客户对企业产生一定的印象。

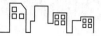
2. 电子邮件营销的流程

利用电子邮件营销可以进行多种形式的营销推广，如电子广告、产品信息、销售信息、市场调查、市场推广活动等，其营销方式十分丰富，是一种多元化的营销推广方式。企业运营人员在进行电子邮件营销前需要先了解其营销流程，主要包括建立电子邮件地址数据库、制定发送方案、撰写邮件内容、发送邮件等，下面分别进行介绍。

（1）建立电子邮件地址数据库

进行电子邮件营销必须提前获得目标用户的电子邮件地址，根据这些地址来建立营销的电子邮件地址数据库。对商家来说，就需要通过各种方式来获取电子邮件地址信息，如购买第三方邮件数据库、共享其他邮件地址数据库、搜集调查问卷或优惠活动中用户主动留下的邮件地址等。通过各种方法获得的邮件地址需要进行筛选与分类，对用户信息进行细化和定位，才能将营销信息更加精准地推送到需要它的用户面前，提高营销的精准度。

专家指导

> 定期更新邮件地址信息，清除不满足条件的邮件地址，继续开发更多的潜在客户。可以创建一个与服务和产品相关的客户数据库，将客户信息与其需求一一对应，深入分析并归纳，保证联系人的有效性。

（2）制定发送方案

做好邮件地址的分类后，还要制定邮件的发送方案。一般来说，电子邮件的发送频率不能太高，应该根据实际需求，与产品特点、客户的预期相结合，不能对同一位客户长时间发送邮件，也不能将相同内容的电子邮件频繁发送。研究表明，同样内容的电子邮件，一般每个月发送2~3次为宜。

（3）撰写邮件内容

电子邮件的内容对营销的效果有着直接的决定作用，应该避免发送单一、重复、没有价值的内容。在写作邮件内容时，应该先确定一个特定的主题和方向，给用户一种全新的体验，让用户感到受重视，才能培养用户的阅读习惯，增强用户的持久性和黏性。否则，用户容易产生退订行为。

此外，在写作邮件的过程中，还要注意邮件格式和排版，注意邮件主题、寄信人、收信人、邮件正文和寄信人签名等内容的齐全与创新。在保证信息清晰完整的前提下，以更加便于阅读的方式呈现在用户眼前，与用户建立紧密的联系与融洽的关系。

总的来说，要以用户需求为中心，创造尽量多的对用户来说有价值的内容，才能提高用户对邮件的接受度。

（4）发送邮件

将邮件发送给目标受众群体后即可完成电子邮件营销的前期工作。此时可通过邮件发送软件向邮件地址库中的大量用户发送信息，但要注意发送的邮件质量，若太差则容易被判断为垃圾邮件而直接进入垃圾箱，或者被用户频繁举报，降低邮件的可信度。常见的外贸邮件群发软件有Expertsender、SendCloud、AMAZON SES、亚云邮件等。

11.3.3 任务实训及考核

根据介绍的相关知识，完成表11-5所示的实训任务。

表11-5 实训任务

序号	任务描述	任务要求
1	在Facebook社交网站中注册账号并设置运营专页	在Facebook官网中注册一个账户，依次设置个人简介、信息等内容，并进行信息编辑。然后选择网络并发布营销信息
2	根据收集的用户电子邮件地址发送推广消息	将在店铺中购买过产品的买家信息收集起来并组建一个详细的地址库，将店铺最近的优惠信息以电子邮件的方式推送给买家

填写表11-6的内容并上交，考查对本节知识的掌握程度。

表11-6 任务考核

序号	考核内容	分值（100分）	说明
1	什么是SNS营销？跨境SNS营销有什么注意事项？		
2	电子邮件营销的操作方法是怎样的？		

拓展延伸

跨境电商营销主要有海外直邮和保税进口两种方式，企业可以根据自己的实力选择合适的方法开展跨境业务。在运营跨境电商的过程中，要时刻关注跨境电商政策、国外消费者市场等是否发生变化，要灵活采取策略来应对，提高自己在跨境电商中的生存能力和竞争能力。下面将对跨境电商营销过程中容易遇到的问题进行分析，帮助读者解决对跨境电商运营的疑难问题。

一、Facebook营销推广有哪些方法？

Facebook作为最受外国用户青睐的社交平台，拥有非常庞大的用户基数和活跃用户，其使用频率非常高，是跨境电商进行跨境营销的常用平台。在该平台中进行营销时，要掌握其不同于国内社交平台的营销方法，主要包括以下4点。

- **建立公共主页：** 根据营销目标建立自己的公共主页，主页就是商家向用户推广信息的场所，其形式多样，可以是文字、图片、链接、视频等各种与品牌推广、产品促销、客户关系维护相关的内容。
- **吸引粉丝：** 商家在Facebook上的官方账号要通过不断吸粉来扩大自己的影响力，可通过发布有质量的内容吸粉、合作号引粉、官方粉丝引流、粉丝分享等方式获得更多的粉丝。
- **粉丝互动：** 使用Facebook营销时，注意不要直接以广告推送的形式来进行营销，应该发布目标消费者感兴趣的内容，让用户参与内容的讨论与分享。可以发布一些话题或举办一些小活动，激励用户参与，并给予积极参与的用户一定的奖励，从而增加用户的黏性，与用户建立起良好的关系。
- **大号引流：** 所谓大号即在社区网站中拥有较高知名度的账号，它们一般拥有大量的粉丝。通过与Facebook中的社区大号进行合作，如让大号帮助商家发帖营销，可以充分利用大号的粉丝力量与影响力，扩大自己的营销效果。当然，大号的选择是非常重要的，一般来说，要根据营销的目标消费群体需求来选择具有影响力的大号，并对大号能够带来的流量进行评估，选择点赞和转发多、关注度高的优质大号进行合作。

二、为什么电子邮件要提供退订功能？

推送给目标消费群体的电子邮件中必须包含退订功能，方便用户可以根据自身的喜好来选择是否再次接收类似的电子邮件。这是因为，互联网时代的用户注意力和兴趣会随着不断出现的新鲜事物和信息而发生转移，如果一如既往地给用户推送没有价值或用户不感兴趣的内容，用户会产生反感，而退订功能就可以方便用户随时退订邮件信息。

在设计邮件的退订功能时要注意两点。

- 退订的方法应该简单便捷，方便用户操作，如回复"×××信息"或单击"退订"超链接等。
- 在用户进行退订操作时，可以为其设计一些简单的问题，通过分析用户提交的问题来找到引起用户退订的原因，进而对电子邮件营销的策略进行改进，以更加精准地定位用户，为用户提供更加完善的服务，增加用户黏性，提高用户的忠诚度。

三、怎样评估电子邮件的营销效果？

电子邮件营销具有成本低、目标明确、高效便捷等优点，但怎么知道营销的效果是否达到预期了呢？可以通过对邮件推送的成功率、邮件的点击率和阅读率等指标来进行评估，及时获得营销效果的反馈，并对发现的问题予以解决。

- **邮件推送的成功率**：邮件推送的成功率也叫作有效率，其计算公式为：成功率＝成功发送数量÷发送总量。成功发送数量是指成功接收到营销邮件的地址数量，也叫电子邮件数据库的有效量；发送总量是指最初发送营销邮件的地址总数量。由于电子邮件地址的真实性不可预计，因此评估出成功率后，就要及时筛选出无效地址，以提高其营销效率。

- **邮件的点击率**：点击率与电子邮件推送的内容有直接关系，其反映的是用户对邮件内容的敏感程度。只有有价值和个性化的内容才能吸引用户点击邮件进行查看。一般来说，可以通过统计邮件内容中的超链接来判断用户是否打开邮件并查看内容，从而把握用户对邮件的感兴趣程度，制订更具针对性的营销策略。

- **邮件的阅读率**：阅读率主要由邮件内容的展示形式来决定，展示的内容越有创新性和吸引力时，阅读率就会越高。阅读率的计算公式为：阅读率＝打开量÷成功发送数量。打开量是指接收到电子邮件的用户打开邮件的数量，若同一用户多次打开同一个邮件，则计数一次。营销人员可以在邮件的标题和内容上进行创新，通过具有吸引力的标题来激发用户的阅读欲望，增加邮件的阅读率。

📈 实战与提升 ●●●●●●

通过本章知识的学习，对下列问题展开讨论与练习，在巩固所学知识的同时，拓展视野，进一步提高自己的能力。

（1）在Google+社交平台中开展SNS营销，首先注册Google+账号，并完善信息页中的内容，然后确定圈子并对指定的圈子进行营销。

提示：Google+是Google搜索引擎针对社交领域而发展出来的社交平台，用户可以直接使用Google账号登录。没有Google账号的用户使用该社交平台前需要先注册账号，要求注册用户必须年满18周岁，且上传自己的真实头像，填写自己的真实信息。Google+为用户提供了信息页作为营销的场所，在该页面中可以直接以店铺的名称或URL地址为页面名称，但店铺描述、页面背景、头像等则需要根据营销的目的来进行个性化设置。通过Google+进行SNS营销时，应该关注营销的圈子，加入并形成有利于自己营销的特定用户圈，方便进行营销推广。

（2）分别进入"亚马逊海外购"和"京东全球购"跨境电商网站，浏览网站并分析网站结构，然后对比两者电子邮件营销的策略。

提示：亚马逊海外购网站主要为国内消费者提供中文海外购物服务，以亚马逊强大的全球采购链和配送输出为支撑，为消费者提供了品类丰富、质优价廉的服务。京东全球购是京东商城提供的海外购物平台，它提供的"国家地区馆""全球名店"等版块为消费者提供了全方位的海外购物模式。亚马逊和京东都是电子邮件营销的常客，对比两者可发现，亚马逊的邮件内容以产品推广、客户评论收集、产品售后服务为主；京东的邮件内容则以产品推广、优惠促销为主；另外，专题创意邮件也是两者进行电子邮件营销的常用方法，如结合时事热点来挖掘用户需求，提升用户购物欲望，如京东的"情人节定制鲜花"专题邮件和亚马逊的"全球尖货TOP榜"专题邮件等。